麦读
MyRead

走 向 上 的 路　追 求 正 义 与 智 慧

The Law of Data Trade

The EU Model and Chinese Rules

作者简介

金 晶

中国政法大学民商经济法学院民法研究所副教授。中国政法大学
钱端升青年学者，德国柏林洪堡大学访问学者。

中国政法大学法学学士、法学硕士，德国慕尼黑大学法学硕士
（LL.M.），德国明斯特大学法学博士。曾任教于中国青年政治
学院法学院（2013-2017）。

主要研究方向为合同法、数据法，曾在《法学研究》《中外法
学》《法学家》《环球法律评论》《欧洲研究》《政治与法律》
等期刊发表论文若干。

The Law of Data Trade
The EU Model and Chinese Rules

数据交易法

欧盟模式与中国规则

金晶 著

中国民主法制出版社
全国百佳图书出版单位

总目录

目　录

第二章　数据监管的全球范式

第三章 数据流通的理论基础

第四章　数字产品合同

第五章　数据流动的法律工具

第六章　标准合同条款

结论　建构数据法的理性主义

序言

数据交易的法律工具箱

数据交易是数据法的核心议题，也是现代法律的新命题。

数据交易并不是严格的法律概念。与汽车交易、能源交易类似，数据交易是一种描述性、非专业化的概念用语。数据交易很难被界定为某种外延清晰、内涵明确的特定法律概念，数据交易无法被归入某种既有的典型合同，数据交易也难以被确定为某种新的合同类型。

数据交易是一种经济生活概念，描述的是数字经济时代的生活事实。数据交易也是"口袋"概念，囊括了数据要素市场化流通的种种交易行为，数据交易所、数据空间，则是开展数据交易活动的有形组织体与无形场域。

数据法和传统部门法有何不同？相较于按照社会或功能领域切割的部门法，数据法呈现出迥异于传统民法、行政法的复杂面貌。以数据交易为例，数据交易的私法规则尚未明确，数据交易如何与合同订立、违约救济、格式条款控制等制度相衔接,有待明晰。数据交易的公法面向"挥之不去",数据流通与数据监管、国家标准等公法命题交织,关涉国家安全、数据安全和公共利益。数据法是沿用传统的法教义学(Rechtsdogmatik)工具,还是要建构全新的法律工具(法律体系),这是立法、司法和学理面临的时代挑战。

一、数据交易法的三个维度:政策、理论、规则

合同自由是现代交易规则的基础价值。合同自由意味着人人都可自主决定是否订立合同(缔约自由),自由决定合同内容(内容自由)和合同形式(形式自由)。但合同自由绝非毫无限制的自由,不同的经济社会发展阶段,合同自由受到不同的限制。数字经济时代,合同自由是否受到了新的限制? 如何为数据要素的市场化流通提供更佳监管? 数据交易需要什么样的法律工具箱(law toolbox)?

本书以《数据交易法:欧盟模式与中国规则》为题,从法政策、法理论和法技术三个维度展开:

第一,法政策之维。政策动机形塑法律规则。法政策的起始性问题,在于我国数据交易立法的政策立场为何。数据流通虽然是不同法系、法域和国际统一法须面对的共同命题,但数据监管愈发显示出国家竞争的战略意味。数据监管竞争的实质,是各国寻求全球数字经济的领导地位,数据监管由此成为数字时代国家竞争的新赛道。

第二,法理论之维。法律理论支撑制度构建。法学理论亟需回应的问题,是面对新兴数据交易形态,经典法律理论是否足堪适用。不同于传统的商品或资产,数据具有非竞争性、非消耗性、非绝对排他性等特性,数据价值不仅受制于数据的体量、种类、完整性,也与算法关联密切。数据流通虽以合同为主要交易架构,但以有体物为原型的经典合同法理论体系,能否应对数据交易的现实需求,又有何障碍,殊值探究。

第三,法技术之维。规范功能是规则配置的目标。数据交易立法可谓"牵一发而动全身"。数据交易的立法目标为何?应如何平衡公共秩序、意思自治、交易安全、交易效率等不同法律价值?数据交易如何融通公私法价值?立法者究竟应当大刀阔斧地更新现行法律体系,还是应尽可能以"微创"形式,于确有必要之处,引入新的规则制度?

二、数据交易法的二分结构:总论与分论

本书共分六章,由六个相互关联又自成一体的专题组成:

第一章　数据监管的法律竞争

第二章　数据监管的全球范式

第三章　数据流通的理论基础

第四章　数字产品合同

第五章　数据流动的法律工具

第六章　标准合同条款

上述六章内容可以分为宏观、中观、微观三个层面:

宏观层面(第一章至第二章),旨在从数据监管的政策定位、范式观察中,提取与数据交易相关的法政策、法技术研究主题。

中观层面(第三章),基于私法理论,考察数据交易中,合同订立、合同类型、格式条款、违约救济等合同法理论制度的适用空间。

微观层面(第四章至第六章),局部观察数字产品合同、数据传输合同、标准合同条款等具体交易架构。

按照"总分"结构,本书第一章至第三章构成数据交易法的"总论"部分,关注数据交易的宏观背景和理论基础,第四章至第六章构成数据交易法的"分论"部分,聚焦具体、个别的交易形态和合同架构。

三、法律工具箱的两相观照:欧盟模式与中国规则

欧盟模式与中国规则,构成本书研究的双重视角,此亦是本书特色所在。欧盟模式与中国规则有所不同,却又两相观照,可谓是成文法传统下,不同政治、经济、文化、社会背景下法学家对新兴命题的共同探索。寻找数据交易立法的更佳方案,是本书研究的题中之义,也是建构数据交易法律工具箱的必经之路。

(一)欧盟模式

本书首先将研究的比较法视角,放置于欧盟的数据规则和标准(欧盟模式),所涉问题如下:

第一,欧盟模式的政策动机为何。欧盟模式是全球数据立法

中较主流的监管模式,欧盟模式甚至已在全球数据监管竞争中"先下一城",率先成为全球数据跨境传输的主流范式。但值得追问的是,欧盟是否具有法律输出动机?欧盟是否自始就具备向全球"出口"规则和标准的政策动机?欧盟立法者是否主动"嵌入"了具有扩张功能的概念和规则?欧盟模式的全球化是否具备充分的理论基础?这是第一章的研究重点。

第二,欧盟如何建构数据流动体系。欧盟《一般数据保护条例》(General Data Protection Regulation, GDPR)既是个人信息保护的典型立法,也建构了数据跨境流动的基本制度。《一般数据保护条例》并非一蹴而就,而是服务于"基本权利保护"和"内部市场统一"的双重目标,在立法政策、司法政策和立法形式上经历了复杂变迁。《一般数据保护条例》建构了何种数据跨境流动制度,欧盟法院如何实现对数据跨境流动的全球监管?《一般数据保护条例》的哪些概念、制度具有借鉴价值,其本身又存在哪些价值困境与技术障碍?这是本书第二章和第五章所欲探究的问题。

第三,欧盟如何设计数字交易规则。欧盟数字单一市场新近立法之重点,在于数字交易的规则设计。欧盟采取了何种立法形式,创设了何种法律规则,是否以及如何进行法律创新,这是第三章的关注所在。以德国为代表的欧盟成员国如何调整本国的传统民法典来转化欧盟法,我们又应如何评价以欧盟、德国为代表的域外立法模式,这是第四章的研究重点。

（二）中国规则

本研究落脚于数据交易的本土方案(中国规则)，围绕如下两点展开：

第一，如何定位我国的数据监管模式。我国是数据监管的法律实验室，《个人信息保护法》《数据安全法》《网络安全法》和《关键信息基础设施安全保护条例》构成我国数据立法的起点，我国数据法的体系建构正逢其时。在《全面与进步跨太平洋伙伴关系协定》(CPTPP)和《数字经济伙伴关系协定》(DEPA)的国际背景下，我国早已被卷入全球数据监管竞争的洪流之中。我国的数据监管，呈现出"基于GDPR，超越GDPR"的强监管趋势。但现阶段实行强监管，是否会产生中国规则和标准取代欧盟模式的法律竞争结果？法律移植欧盟模式的风险何在？这是本书第一章的关注所在。

第二，数据交易立法应往何处去。《中共中央、国务院关于构建数据基础制度更好发挥数据要素作用的意见》将数据明确提升到生产要素的高度，提出"数据作为新型生产要素，是数字化、网络化、智能化的基础"。数据交易立法如何定位国家和市场的关系？这是数据交易立法的前置问题。具体而言，数据要素的市场化流通，应当匹配何种基础性交易规则，又应如何衔接国家监管，合同法能否并如何安置公法义务和标准？对此，国家互联网信息办公室颁布的《个人信息出境标准合同办法》及其附件《个人信息出境标准合同》构成了一个崭新的研究视角，标准合同条款既有私主体的合同义务，又涉及国家对个人信息主体的保护，构成了特殊的跨境传输监管工具，本书第六章即以此展开。

四、致谢

合同法是本人的研究兴趣所在。对数据法的关注始于合同法，亦终于合同法基础理论。

作为欧洲私法研究的旗帜性学者，我的博士生导师Reiner Schulze教授深耕欧盟消费者法，他更是开拓了欧盟数据私法的一方新天地。导师创建的德国明斯特大学欧洲私法中心(Centre for European Private Law, CEP)是欧洲大陆私法研究的学术重镇，我正是在此受到了体系化的学术训练。从2010年在德国明斯特大学攻读法学博士，到2018年至2019年两度以访问学者身份赴德国柏林洪堡大学法学院展开数据法研究，欧盟法和德国法构成了我的一个重要科研维度，但这也仅是一个比较法维度，而一切的学术研究，都将落脚于中国规则、中国方案的探寻和建构。

本书研究得到André Janssen教授、陈大创教授、戴孟勇教授、李永军教授、刘家安教授、龙卫球教授、陆青教授、缪宇教授、聂卫锋教授、Reiner Schulze教授、Sebastian Lohsse教授、王天凡教授、王泽荣博士、席志国教授、姚明斌教授、易军教授、于飞教授、章程教授、张海洋教授、张彤教授、庄加园教授等诸多师友的帮助与指导，中国政法大学民商经济法学院民商法专业2021级研究生李祥伟、严少泽同学审校全书，于此一并致谢。

本书出版得到中央高校基本科研业务费专项资金资助，本书撰写得到中国政法大学青年教师学术创新团队支持计划资助。本研究亦是国家社科基金项目"数据流通合同法原理体系的构

建与展开"(项目编号:22BFX180)和中国政法大学钱端升杰出
学者支持计划的阶段性成果。

　　百舸争流,奋楫者先。
　　本书只是数据交易法律研究的第一步,
　　数据法的学术研究,与数字经济发展同行。

金晶

2023年9月9日

第一章
数据监管的法律竞争

目 次

引言: 数据监管的国家竞争

我国是数据监管的法律实验室, 被誉为"效仿欧盟数据保护法的最重要司法辖区之一"。[1]《个人信息保护法》《数据安全法》《网络安全法》和《关键信息基础设施安全保护条例》(后文简称"三法一条例")皆不同程度地移植了欧盟《一般数据保护条例》(GDPR)的核心概念和典型制度, 2023 年国家互联网信息办公室公布的《个人信息出境标准合同办法》及其附件《个人信息出境标准合同》和《数据出境安全评估办法》亦以欧盟的标准合同条款(SCCs)和数据保护影响评估(DPIA)为"底版"。[2]

反观欧洲, 欧盟虽是数字经济的幼儿, 却是数据监管的巨匠。欧盟身处数字经济边缘, 几无大型数字平台, 仅占全球 70 个大型数字平台市值的 4%(中美占 90%), 却在为全球数据立法制定"黄金标准"。[3]有数据表明, 在欧盟以外的 120 个国家中, 约 67 个国家遵循了 GDPR 框架, GDPR 俨然成为个人信息

---

〔1〕Anu Bradford, *The Brussels Effect-How the European Union Rules the World*, Oxford University Press, 2020, p. 153.

〔2〕例如,《个人信息保护法》第 13 条的立法逻辑与 GDPR 类似, 以告知同意作为处理个人信息的合法事由, 该法第 56 条的个人信息保护影响评估制度, 亦与 GDPR 的 DPIA 有相似之处。参见周汉华主编:《〈个人信息保护法〉条文精解与适用指引》, 法律出版社 2022 年版, 第 103 页, 第 336 页。

〔3〕United Nations Conference on Trade and Development, Digital Economy Report 2019-Value Creation and Capture: Implications for Developing Countries, UNC-TAD/DER/2019, United Nations Publications, 2019, p. xvi.

保护的全球范式。[4]不仅如此，欧盟在数字内容、数字服务、[5]数字市场、[6]数据流动、人工智能[7]等各领域的立法更是迭代更新，全领域、全类型的数据监管方兴未艾。欧盟数据规则和标准（后文简称"欧盟模式"）的全球影响甚巨，各国或是迫于全球贸易的市场压力，或是因循"西法东渐"的历史惯性，皆在不同程度上借鉴或移植"欧盟模式"：不仅以日韩为首的东亚国家纷纷效仿 GDPR，巴西、阿根廷、乌拉圭等拉美国家也将 GDPR 奉为圭臬。美国学者阿努·布拉德福德（Anu Bradford）更是在其 2023 年新作《数字帝国》中直截了当地区分三大数字经济监管模式：美国的市场驱动型监管模式（market-driven regulatory model）、中国的国家驱动型监管模式（state-driven regulatory model）以及欧盟的权利驱动型监管模式（rights-

---

〔4〕Committee of Experts under the Chairmanship of Justice B.N. Srikrishna, A Free and Fair Digital Economy: Protecting Privacy, Empowering Indians, Ministry of Electronics and Information Technology, Government of India, 2018. Available at:https://www.meity.gov.in/writereaddata/files/Data_Protection_Committee_Report.pdf (Accessed: 15.10.2023).

〔5〕Regulation (EU) 2022/2065 of the European Parliament and of the Council of 19 October 2022 on a Single Market for Digital Services and amending Directive 2000/31/EC (Digital Services Act), OJ L 277, 27.10.2022, pp. 1-102.

〔6〕Regulation (EU) 2022/1925 of the European Parliament and of the Council of 14 September 2022 on Contestable and Fair Markets in the Digital Sector and amending Directives (EU) 2019/1937 and (EU) 2020/1828 (Digital Markets Act), OJ L 265, 12.10.2022, pp. 1-66.

〔7〕Proposal for a Regulation of the European Parliament and of the Council Laying Down Harmonised Rules on Artificial Intelligence (Artificial Intelligence Act) and Amending Certain Union Legislative Acts, COM(2021) 206 final, 21.04.2021.

driven regulatory model)。[8]从严格的类型区分而言，上述论点所用的区分标准并不统一，而是一种特征性描述区分，但无论称谓为何，可以认为，欧盟的"数据法律帝国"已初现雏形。不过，数据立法的"欧洲中心主义"雄心与数字经济的"欧洲洼地"现实，却并不相称。

在我国，自"三法一条例"颁行以来，外国法渐次退居为本土规则解释与适用的比较法素材，我国的数据法研究，围绕数据流动、[9]数据权利、[10]个人信息权利、[11]数据交易[12]等议题，成

---

[8] Anu Bradford, *Digital Empires: The Global Battle to Regulate Technology*, Oxford University Press, 2023, pp.33-145.

[9] 参见赵精武：《论数据出境评估、合同与认证规则的体系化》，载《行政法学研究》2023年第1期，第78—94页；赵精武：《数据跨境传输中标准化合同的构建基础与监管转型》，载《法律科学》2022年第2期，第148—161页；洪延青：《推进"一带一路"数据跨境流动的中国方案——以美欧范式为背景的展开》，载《中国法律评论》2021年第2期，第30—42页。

[10] 参见王锡锌：《个人信息可携权与数据治理的分配正义》，载《环球法律评论》2021年第6期，第5—22页；戴昕：《数据界权的关系进路》，载《中外法学》2021年第6期，第1561—1580页；许可：《数据权利：范式统合与规范分殊》，载《政法论坛》2021年第4期，第86—96页；申卫星：《论数据产权制度的层级性："三三制"数据确权法》，载《中国法学》2023年第4期，第26—48页。

[11] 参见姚佳：《个人信息主体的权利体系——基于数字时代个体权利的多维观察》，载《华东政法大学学报》2022年第2期，第87—99页；程啸：《论个人信息共同处理者的民事责任》，载《法学家》2021年第6期，第17—29页；申卫星：《论个人信息权的构建及其体系化》，载《比较法研究》2021年第5期，第1—13页。

[12] 参见高郦梅：《论数据交易合同规则的适用》，载《法商研究》2023年第4期，第31—44页；林洹民：《个人数据交易的双重法律构造》，载《法学研究》2022年第5期，第37—53页；梅夏英：《数据交易的法律范畴界定与实现路径》，载《比较法研究》2022年第6期，第13—27页；姚佳：《数据要素市场化的法律制度配置》，载《郑州大学学报(哲学社会科学版)》2022年第6期，第43—50页。

果丰富。但数据法研究中，与外国法紧密相关的如下前提问题，始终未予明晰：

一是如何解释数据规则的全球趋同现象？欧盟何以成为全球数据立法的"原产地"？"欧盟模式"的全球化，究竟仍遵循传统的法律移植路径，抑或突破为一种新的法律传播形式，相关研究尚无定论。[13]

二是如何定位我国的数据监管模式？我国早已被卷入数字经济全球竞争的洪流之中，尤其在我国开启谈判《全面与进步跨太平洋伙伴关系协定》(CPTPP)和《数字经济伙伴关系协定》(DEPA)等多边协定的国际背景下，我国数据立法应在何处适度调整，以便于与全球监管潮流接轨？我国数据立法又应在何处有所保留，从而在全球监管协同的大环境下坚守国家利益？全球法视野下的数据监管比较研究仍不充分，本土监管模式的理论探寻亦待深入。[14]

为回答上述两个问题，本章以"双重模式＋一种趋势"来分析当下的全球数据监管状况：

双重模式，即"欧盟模式"的全球输出，以及基于全球价值

---

〔13〕学界对美国法的全球化已有深入研究，但对欧盟数据法的全球化研究，尚不多见。参见高鸿钧：《美国法全球化：典型例证与法理反思》，载《中国法学》2011年第1期，第5—45页。

〔14〕欧美数据跨境流动政策的相关研究，参见王融：《数据跨境流动政策认知与建议——从美欧政策比较及反思视角》，载《信息安全与通信保密》2018年第3期，第41—53页；刘文杰：《美欧数据跨境流动的规则博弈及走向》，载《国际问题研究》2022年第6期，第65—78页；李艳华：《隐私盾案后欧美数据的跨境流动监管及中国对策——软数据本地化机制的走向与标准合同条款路径的革新》，载《欧洲研究》2021年第6期，第25—49页；李墨丝：《中美欧博弈背景下的中欧跨境数据流动合作》，载《欧洲研究》2021年第6期，第1—24页。

链的私人法律移植。欧盟正在向全球"出口"数据立法并试图成为全球数据规则和标准的制定者,跨国公司的全球运营则加剧了"欧盟模式"的全球输出,印证了私人法律移植的发生。

一种趋势,即数据监管的"逐顶竞争"趋势。尽管全球数据监管呈现"逐顶竞争"的阶段性特征,即满足特定条件时,规则越严格,越容易实现全球趋同,但我国现阶段并未满足"逐顶竞争"的前提条件,采取强监管模式,既不能触发私人法律移植,也无法取代"欧盟模式"。

行文逻辑上,本章首先探明欧盟向全球输出数据法律规则的政策动机(第一部分),其次识别欧盟采取的显性和隐性两类法律输出途径(第二部分),进而基于传统法律移植、私人法律移植、规范性力量和布鲁塞尔效应四种理论方案,来提炼数据监管竞争的影响因素(第三部分),最后将"欧盟模式"的全球化放大到数据流动监管的国家竞争之下,探寻全球数据监管竞争的底层逻辑(第四部分)。

一、"欧盟模式"全球输出的政策动机

政策动机形塑法律规则。"欧盟模式"的全球输出,应首先具备充分的法政策依据。欧盟数据政策的特殊之处,在于以"基本权利保护+建构内部市场"为双重目标,数据立法既要保障与数据保护相关的个人基本权利,[15]也要实现欧盟数字单一市场。

---

[15]欧盟从"人权保护"的历史传统出发,采取"权利本位"的价值取向,主导"权利话语"。参见许多奇:《个人数据跨境流动规制的国际格局及中国应对》,载《法学论坛》2018年第3期,第130—137页;彭岳:《贸易规制视域下数据隐私保护的冲突与解决》,载《比较法研究》2018年第4期,第176—187页;梅傲:《数据跨境传输规则的新发展与中国因应》,载《法商研究》2023年第4期,第58—71页。

尽管欧盟数据政策具有内向型特征，但这并不意味其毫无外部性目标，内向型特征反而使得数据政策中的法律输出目标更为隐蔽。宏观层面，从2010年《欧盟个人数据保护整体方案》到2020年《欧洲数据战略》，欧盟数据政策从未放弃向全球输出数据规则、标准和共同价值观的外部目标。微观层面，无论是1995年《数据保护指令》，2016年《一般数据保护条例》(GDPR)和2019年《非个人数据自由流动框架条例》，还是新近的《数字市场法》和《数字服务法》，欧盟始终要求进入单一市场的外国公司(数字平台)以遵守欧盟规则为前提。由此可见，欧盟数据政策并不如其所宣称的那样，仅为实现内部市场或单纯保护欧盟公民，"基本权利保护+建构内部市场"的双重目标，恰是其对外输出数据监管模式的政策动机。

（一）外部动机：从附带性输出到战略性输出

以GDPR为分界点，可以将近三十年的欧盟数据政策区分为政策初定期、转型期和战略扩张期三个阶段，每一阶段的政策目标各有不同，渐进发展：最初旨在建构内部市场，继而想向全球推广GDPR范式，当下意在制定全球规则和标准。

1995年至2015年，欧盟数据政策初步成型，以建构内部市场为要义。1995年《数据保护指令》颁行后的一段时间，欧盟数据政策相对内敛，聚焦于统一数据监管环境，旨在消弥成员国之间的贸易壁垒。此时，欧盟数据立法对外产生的法律趋同仅是一种附带结果，属于偶然发生的外溢效应，有学者称之为消极外部化(passive externalization)现象，即是在欧盟监管议程意料之外的副产品。[16]在政策内容上,欧盟在这一阶段仅提出,要推动制定个人数据保护的国际法律标准和技术标准,但并未确定数据保护普遍原则的内容。例如,《欧盟个人数据保护整体方案》(2010)和《在互联世界中保护隐私:面向21世纪的欧洲数据保护框架》(2012)仅将完善立法、明确充分性评估标准确定为首要立法目标,在数据保护的五项关键目标中,欧盟委员会将"数据保护的全球维度"列为目标之四,并将推广普遍原则(universal principles)列为该目标的次位任务,位置靠后,重要性亦不突出。[17]此时,"对外推广欧盟标准"和"全球适用欧盟规则"仅构成数据政策实现内部市场的附带性目标,"欧盟模式"对外产生的法律趋同仅是一种附带性外溢效应。

2016年至2019年,欧盟数据政策逐步转型,以全球推广GDPR为标志。2016年的GDPR可谓欧盟数据政策的转折点。欧盟通过颁行GDPR统一个人数据保护规则之后,便以法律趋同之名向全球推广GDPR。[18]在这一阶段,欧盟的法律输出路径逐渐明晰,借助法律移植来推广GDPR,立法者有意识地引入充分性认定等制度来加速移植。但对数据政策的转型而言,GDPR仅起到了催化剂作用。事实上,早在GDPR通过前,欧盟政策立

---

〔16〕Anu Bradford, *The Brussels Effect-How the European Union Rules the World*, Oxford University Press, 2020, pp. 18-20.

〔17〕European Commission, A Comprehensive Approach on Personal Data Protection in the European Union, COM(2010) 609 final, 04.11.2010, pp.15-19; European Commission, Safeguarding Privacy in a Connected World-A European Data Protection Framework for the 21st Century, COM(2012) 9 final, 25.01.2012, pp. 10-13.

〔18〕参见金晶:《个人数据跨境传输的欧盟标准——规则建构、司法推动与范式扩张》,载《欧洲研究》2021年第4期,第89—109页。

场就已发生微妙变化,欧盟政策文本中,已经开始出现"制定国际标准""国际推广欧盟规则"等表达,欧盟委员会甚至在《欧美数据流的信任重建》中明言"大西洋两岸正在进行的数据保护法改革,为欧盟和美国提供了一个独特的机会来制定国际标准"。[19]GDPR颁行之后,欧盟提出,许多国家采取了与GDPR类似的数据保护规则,数据保护的规则和重要基本原则出现了全球趋同,因此,应当发挥GDPR的范式效应,通过法律制度的趋同,来推广欧盟的数据保护价值,制定全球数据保护标准。[20]

自2020年至今,欧盟的数据政策开始战略扩张,意欲为全球制定规则和标准。在后GDPR时代,欧盟数据政策升级到技术主权的战略高度。乌尔苏拉·冯德莱恩(Ursula von der Leyen)领衔的新一届欧盟委员会倡导重夺技术主权,内部市场委员蒂埃里·布雷顿(Thierry Breton)提出要让欧盟成为标准制定者。[21]欧盟数据政策明确表达出数字战略意义上的地缘政治诉求,《欧

---

〔19〕European Commission, Rebuilding Trust in EU-US Data Flows, COM(2013) 846 final, 27.11.2013, p. 9.

〔20〕European Commission, Transatlantic Data Flows: Restoring Trust through Strong Safeguards, COM(2016) 117 final, 29.02.2016, p. 5; European Commission, Exchanging and Protecting Personal Data in a Globalised World, COM(2017) 7 final, 10.01.2017, p. 2; European Commission, Stronger Protection, New Opportunities-Commission Guidance on the Direct Application of the General Data Protection Regulation as of 25 May 2018, COM(2018) 43 final, 24.01.2018, pp. 5-6; European Commission, Data Protection Rules as a Trust-enabler in the EU and Beyond-Taking Stock, COM(2019) 374 final, 24.07.2019, pp. 1, 11, 19.

〔21〕Thierry Breton, The Geopolitics of Technology. Available at: https://ec.europa.eu/commission/commissioners/2019-2024/breton/announcements/geopolitics-technology_en (Accessed: 15.12.2021).

洲数据战略》《塑造欧洲的数字未来》《人工智能白皮书》频现"欧盟有能力发挥全球领导作用""欧盟作为数字经济监管的全球标准制定者"等提法,欧盟不仅要求在扩大政策、邻国政策时更注重数字化,甚至提出要制定欧洲标准,确保充分遵守欧盟价值观和规则,利用监管权力推进欧洲方法、制定全球标准。[22]2022年《欧盟标准化战略:制定全球标准,支持一个有弹性、绿色和数字化的欧盟单一市场》甚至将欧盟的角色定位为"全球标准制定者",将设定全球标准(global standards-setting)作为支持数字单一市场、促进欧盟核心价值的关键途径,旨在塑造符合欧盟价值观和利益的国际标准。[23]例如,2022年《数据治理法案》第六章专设欧洲数据创新委员会(European Data Innovation Board),设定数据共享、数据传输、数据空间之标准。

(二)内部动机:公平贸易和基本权利

"欧盟模式"全球输出的内部诱因,在于欧盟共同价值观,其以公平贸易和基本权利为典型表现。公平贸易侧重经济之维,是欧盟在全球贸易中追逐自身利益的规范表达,旨在实现欧洲资本的全球化,基本权利是深层意识形态因素,更隐蔽,更具争议。

----

[22] European Commission, A European Strategy for Data, COM(2020) 66 final, 19.02.2020, pp. 5, 23-24; European Commission, White Paper on Artificial Intelligence-A European Approach to Excellence and Trust, COM(2020) 65 final, 19.02.2020, p. 8; European Commission, Shaping Europe's Digital Future, COM(2020) 67 final, 19.02.2020, pp. 2, 13.

[23] European Commission, An EU Strategy on Standardisation Setting Global Standards in Support of a Resilient, Green and Digital EU Single Market, COM(2022) 31 final, 02.02.2022, pp. 5-7.

第一，公平贸易(fair trade)[24]是"欧盟模式"全球输出的经济动因。欧盟欲保护和发展内部单一市场，就须为欧盟企业提供有利竞争环境。在内部单一市场中，欧盟实现外国公司和欧盟企业"公平竞争"的重要政策工具，是为市场准入设置合规门槛，数字单一市场亦如是。早在2014年的政治指导方针中，容克委员会(Juncker Commission)就表明，欧洲的数据保护标准是自由贸易不可动摇的内容，"数据保护是一项特别重要的基本权利……不会在自由贸易的祭坛上牺牲欧洲数据保护标准"。[25]为实现数据流动领域的公平贸易，欧盟既要求外国公司遵守欧盟规则，又着手解决欧洲公司在域外受到的数据本地化等不合理限制，还通过世界贸易组织来破解欧洲公司域外经营面临的数字壁垒。简言之，基于公平贸易价值，数字市场的公平竞争和反垄断监管，实质是欧盟经济利益最大化的规范表达，《数字市场法》和《数字服务法》即为典型。

第二，基本权利(fundamental rights)则构成"欧盟模式"全球输出的价值根基，其是欧盟价值观、意识形态的规范表达。欧盟数据政策绝非价值中立，欧盟的数据规则以共同价值观为基础。例如，欧盟将价值观认同视为国际合作的前提，无论是与发

---

〔24〕欧盟贸易政策以自由和公平贸易价值(the value of free and fair trade)为基础，以《欧洲联盟运行条约》第207条为依据。参见王展鹏、夏添：《欧盟在全球化中的角色——"管理全球化"与欧盟贸易政策的演变》，载《欧洲研究》2018年第1期，第77—97页。

〔25〕Jean-Claude Juncker, Political Guidelines for the Next European Commission-A New Start for Europe: My Agenda for Jobs, Growth, Fairness and Democratic Change, Strasbourg, 15 July 2014. Available at:https://commission.europa.eu/system/files/2019-09/juncker-political-guidelines-speech_en.pdf (Accessed: 29.09.2023).

展中国家、新兴国家发展数字伙伴关系,还是向非洲国家提供数字经济支持,都以符合欧盟价值观为前提。[26]欧盟甚至认为,其有能力在不牺牲强大的基本权利价值观和传统的情况下解决问题,[27]并应通过鼓励全球法律体系趋同,来借机推广欧盟的数据保护价值观。[28]

据上所述,欧盟数据政策的三十年演进表明,欧盟具备向全球输出数据监管模式的政策动机。对外,通过为全球制定数据规则和技术标准,欧盟以更具规范性的方式发挥影响力。在数字经济不甚发达却欲形塑全球规则的矛盾之下,欧盟借助成文法传统优势之"利器",走上了"出口"法律规则来影响全球数字经济的独特道路。对内,将数据合规作为外国公司准入内部单一市场的前提,欧盟创造了更有利于欧盟公司的竞争环境。行文至此,"欧盟模式"全球输出的政策动机确凿,但是,法律输出绝非易事,端赖于有效的制度供给,故须进而探究,微观层面的法律输出如何实现。

二、数据流动监管模式的两类输出形式

"欧盟模式"得以全球扩张,很大程度上取决于立法者有意识地"嵌入"具有扩张功能的概念、规则等规范要素,欧盟的数

---

〔26〕European Commission, 2030 Digital Compass: the European Way for the Digital Decade, COM(2021) 118 final, 09.03.2021, pp. 18-19.

〔27〕European Commission, Transatlantic Data Flows: Restoring Trust through Strong Safeguards, COM(2016) 117 final, 29.02.2016, p.15.

〔28〕European Commission, Exchanging and Protecting Personal Data in a Globalised World, COM(2017) 7 final, 10.01.2017, p.2.

据流动监管即为一例。欧盟数据流动的监管模式,可以区分为显性输出和隐性输出两种形式:显性输出指欧盟对外输出数据规则,具有公开性,以充分性认定、标准合同条款等成文规则为内容;隐性输出指欧盟数据标准的全球影响,具有隐蔽性,以欧洲法院司法审查确立的"实质等同"数据保护标准为典型。

(一)数据流动规则的显性输出

数据流动规则是"欧盟模式"的显性输出途径,具有成文化、官方化和外交化三项特征。成文化,即GDPR和《非个人数据自由流动框架条例》分别确立个人数据和非个人数据的流动规则,形成了全类型数据的流动规则。官方化,即以欧盟委员会决定(commission implementing decision)的正式形式,来通过充分性认定和标准合同条款。外交化,即欧盟借助颁行充分性认定的权力,积极将充分性认定纳入双边谈判之中,以国别性谈判形式认可域外国家的数据保护水平,由此实现对外"出口"数据保护标准。例如,2019年,欧盟委员会通过对日本的充分性认定,充分性认定构成欧盟和日本《经济伙伴关系协定》(EPA)之补充。[29]2022年,欧盟和日本正式启动了将数据流动规则纳入《经济伙伴关系协定》的谈判。[30]

---

〔29〕Available at: https://ec.europa.eu/commission/presscorner/detail/en/IP_19_421 (Accessed: 16.09.2023).

〔30〕Available at: https://policy.trade.ec.europa.eu/news/eu-and-japan-start-negoti-ations-include-rules-cross-border-data-flows-their-economic-partnership-2022-10-07_en (Accessed: 16.09.2023).

1.充分性认定:国别性输出

充分性认定(adequacy decision),可谓欧盟对域外国家设置的一种数据跨境自由流动的"白名单"机制。充分性认定以GDPR第45条为依据,该条第1款规定,当欧盟以欧盟委员会决定的形式,认定某个国家、某个国家的特定区域或行业、或者某个国际组织能够提供充分的数据保护水平时,个人数据即可向前述国家、区域或国际组织传输,该传输无需欧盟的额外授权。换言之,当某个国家获得了欧盟的充分性认定,该国的数据进出口方与欧盟之间可以直接进行数据跨境传输,而无需进一步的数据保护或特别授权。不仅如此,即便是特定国家一朝获得充分性认定,也绝不意味该国能够"一劳永逸",永久性获得与欧盟自由传输数据的"通行证"。依据GDPR第45条第3款,欧盟有权定期审查域外国家的数据保护水平,至少每四年一次,这一规定为欧盟持续性监督域外国家的数据保护水平提供了正当性依据。因此,充分性认定,形式上是设立欧盟与域外国家、地区间的双边性数据自由流动区,实质上是欧盟整体审查、持续监督域外国家、地区的数据保护水平。基于确保出境数据持续延续欧盟高水准保护之理由,欧盟整体审查和评价域外国家、地区或组织的数据保护水平,在认定第三国能提供充分数据保护时,通过充分性认定,数据跨境传输无需另行审批。

充分性认定之所以是一种有效的国别性法律输出工具,理由有三。一是适用对象上,充分性认定类似双边机制,具有整体性,针对域外国家、地区或组织,不针对单独商主体。二是经济动因上,欧洲公司更倾向于在获得充分性认定的区域设立公司或数据中心,为便利与欧盟的数据流动,域外国家存在获得充分性认定的动力。三是立法推动上,欧盟要对特定国家通过充分性认定,首先是要整体审查该国家的数据立法,评估该国家的数据保护水平。倘若域外国家数据立法遵循GDPR范式,其更易被欧盟认可,有助于获得充分性认定。简言之,充分性认定反向推动了域外国家对"欧盟模式"的法律移植,促使域外国家主动采纳欧盟模式以"换取"充分性认定。

2.标准合同条款:个别性输出

欧盟亦配置了具有个别输出功能的法律工具,典型者当属标准合同条款、有拘束力的公司规则、行为准则和认证机制。这四类替代性数据传输工具适用于全球商事交易中的数据传输,不局限于特定国家。当数据流向未获得充分性认定的国家时,数据进口方可以通过此类工具实现数据流动。

标准合同条款本质上是个人数据跨境传输的监管工具,是欧盟针对商事交易"定制"的标准化条款,通过条款的强制使用和内容强制机制,将监管要求"渗透"到个别交易之中。[31]内容强制是标准合同条款的制度特色,指欧盟在标准合同条款中提前"固定"特定数据传输中所欠缺的数据保护内容,以强制性合同义务的形式,来弥补特定第三国数据保护水平之不足,同时引入条款禁止变更规则,强化内容强制。例如,欧盟将数据保护标准转化为具体合同义务,拘束数据进出口方,并通过标准合同条款第8条,对"控制者—控制者""控制者—处理者""处理者—处

---

〔31〕参见金晶:《作为个人信息跨境传输监管工具的标准合同条款》,载《法学研究》2022年第5期,第19—36页。

理者""处理者—控制者"四类传输模块区分配置数据保护义务。

欧盟标准合同条款对我国2023年的《个人信息出境标准合同办法》及其附件《个人信息出境标准合同》产生了深刻影响。规范结构上,《个人信息出境标准合同》参考了欧盟标准合同条款的权利义务结构,采纳了个人信息处理者的义务(第2条)、境外接收方的义务(第3条)和个人信息主体的权利(第5条)的三分式结构。制度构成上,利益第三人合同并非全球通行的合同法制度,两大法系制度构造不同,但随着欧盟标准合同条款将受益第三人条款确立为核心条款,此类条款"潜移默化"地成为数据跨境传输合同的典型规则,受到国际立法实践认可,《东盟跨境数据流动示范合同条款》(MCCs)就在"个人救济的附加条款"中引入此类条款。[32]我国借鉴了欧盟标准合同条款中的受益第三人(third-party beneficiaries)概念,将个人信息跨境传输合同构造为真正利益第三人合同,《个人信息出境标准合同》第5条明确引入"第三方受益人"概念,个人信息主体有权以第三方受益人的身份,执行标准合同中个人信息处理者和境外接收方关于个人信息保护义务的权利。

数据流动规则是欧盟向全球"出口"数据流动监管模式的显性输出形式。法律规则的规范性和明确性固然是显性输出的优势所在,但其缺点亦在于此:数据传输技术迭代迅速,成文规则缺乏弹性,单凭数据规则,不足以"一劳永逸"实现持续性输出,法律规则中的一般概念和基本原则,亦需要司法裁判的后续解释和发展。

---

〔32〕参见《东盟跨境数据流动示范合同条款》模块一"个人救济的附加条款"第1.1条,第1.2条,模块二"个人救济的附加条款"第1.1条至第1.3条。

（二）个人数据保护标准的隐性输出

欧洲法院的司法审查是"欧盟模式"对外输出的隐蔽途径，旨在确保"欧盟模式"持续性发挥影响。欧盟在GDPR数据流动规则中"嵌入"司法审查的规则"接口"，为法院持续监管全球数据流动提供了合法基础。无论是主权国家，还是商主体，但凡适用充分性认定、标准合同条款等数据传输工具，都有可能触发欧洲法院司法审查，而个人数据保护标准作为司法审查基准，灵活并极富自由裁量空间。个人数据保护标准之所以是一种隐性输出，在于其审查对象、裁判依据和辐射效应的隐蔽性。

一是审查对象的扩张。欧洲法院裁判虽仅限于欧盟权力范围，但司法审查的对象却扩至域外国家数据保护水平，全面审查域外国家数据保护法治状况。在2020年Schrems II案中，[33]欧洲法院不仅审查了美国的数据保护法，还审查了美国法是否符合欧盟的基本权利保护水准。

二是双层裁判法源。欧盟法的双层法源结构是基本权利保护价值输出的正当基础。作为条例，GDPR仅是派生性立法，基于"基础性法律的位阶高于派生性法律"的基本原则，欧洲法院的裁判依据可以直述《欧盟基本权利宪章》第7条(私人生活和家庭受到尊重的权利)和第8条(个人数据受保护权)。欧洲法院以保障宪法层面的"基本权利保护"为目标，以处于效力位阶顶端的基本权利为审查基准，本质上是通过司法判例向全球扩张基本权利保护的欧盟价值观。

三是司法审查的辐射效应。司法审查虽针对个案，但实质上

〔33〕Facebook Ireland and Schrems, Data Protection Commissioner v. Facebook Ireland Limited and Maximillian Schrems, C-311/18, 16.07.2020.

是一种宪法审查式的效力审查。法院通过审查欧盟法律文件之效力,以欧盟标准评价第三国数据保护水平,进而借助判例奠定的个人数据保护标准引发全球效应。例如,Schrems II案确立了个人数据保护水平的实质等同(essentially equivalent)标准,为全球数据流动监管确立了保护标准。

欧盟数据保护标准的隐性输出是卓有成效的,个人数据保护的实质等同标准即为一例。在Schrems II案中,欧洲法院将GDPR第46条第1款和第2款第c项"适当保障"和"可执行的(数据主体)权利和有效法律救济"解释为"基于标准合同条款传输到第三国的个人数据所获得的保护水平,应确保与在欧盟基于GDPR和《欧盟基本权利宪章》所享受的保护水平实质等同"。法院将《欧盟基本权利宪章》视为GDPR国际适用的标准,认为美国法在隐私领域不符合欧盟保护标准,在美国企业侵犯欧盟公民隐私时,欧盟公民缺乏有效的法律保护工具,尤其缺乏独立的法院审判,构成对《欧盟基本权利宪章》第7条、第8条和第47条之违反,判定《欧盟委员会关于美欧隐私盾的充分性决定》无效,《标准合同条款决定》未违反《欧盟基本权利宪章》,因而有效。[34]与标准合同条款类似,有拘束力的公司规则的效力审查亦属于实质司法审查范围。[35]无论采纳何种欧盟数据传输方式,域外法律必须实质符合欧盟基本权利保护标准,如若不然,数据传输都可能违法无效,而欧洲法院对此拥有终极司法裁量权,欧

---

〔34〕Facebook Ireland and Schrems, Data Protection Commissioner v. Facebook Ireland Limited and Maximillian Schrems, C-311/18, 16.07.2020, paras. 176-178, 199.

〔35〕European Data Protection Board, FAQ on the Judgment of the ECJ in Case C-311/18, p. 3.

盟成为了个人数据流动标准的全球输出者。实质等同标准亦在某种程度上影响了我国,《个人信息保护法》第38条第3款规定个人信息处理者应采取必要措施,保障境外接收方的处理活动达到个人信息保护标准,构成我国的"同等保护水平"标准,与"实质等同"标准可谓大同小异。

三、"欧盟模式"全球化的多元解释

即便证实欧盟存在法律输出的政策动机,并查明欧盟数据监管工具具备法律输出功能,仍须进一步追问,"欧盟模式"何以从全球数据监管模式中"脱颖而出"并"风靡全球",其原因为何。"欧盟模式"的全球化究竟只是一时性、阶段性的偶发事件,还是长期规律性的必然趋势? 鉴于数据所涉议题的复杂性,"欧盟模式"的全球化很难仅从法律之维圆满解释,而须基于政治、经济等多重维度展开,传统法律移植、私人法律移植、规范性力量、布鲁塞尔效应构成四种可能的解释方案。

(一) 传统法律移植

法律移植是比较法解释法律趋同的经典路径。"欧盟模式"的全球化,看似属于艾伦·沃森(Alan Watson)传统法律移植理论中"主动大规模移植"的第三种类型,即一个民族自愿接受另一个民族的法律。[36] "欧盟模式"的全球输出以获得欧盟充分性认定为驱动因素,以主权国家移植GDPR的概念、规则和制度为表

---

[36] Alan Watson, *Legal Transplants: An Approach to Comparative Law*, Athens: University of Georgia Press, 1993, p. 21.

现,呈现出如下两个特点:

其一,第三国的法律移植以GDPR为范本。无论是日本、韩国、巴西、南非等大型经济体,还是哥伦比亚、泰国等中型经济体,乃至加利福尼亚、印度、印尼、智利、肯尼亚、塞内加尔等新兴国家地区,各国和地区的数据立法都不同程度地借鉴GDPR范式。[37]例如,2021年1月韩国《个人信息保护法(修正案草案)》新设"个人信息境外传输"章节,第28-8条第2款列举个人信息境外传输的四类情形,第28-9条第1款第2项引入与欧盟类似的条款。巴西《通用数据保护法》第五章确立了与GDPR类似的数据传输规则,塞内加尔《个人数据保护法案》在解释性声明中明言,其以"欧盟向第三国传输数据的要求"为基础,专设个人数据委员会作为独立监督机构,以符合欧盟的监管要求。[38]

其二,各国受到获得欧盟充分性认定的利益驱动,主动法律移植欧盟模式。域外国家移植GDPR范式,以"换取"欧盟的充分性认定,两者虽无绝对因果,却有必然联系。未获得充分性认定时,域外国家与欧盟之间数据跨境流动的整体性通道存在障碍,充分性认定成为了域外国家与欧盟建立数据自由流动区的主要途径。相关国家修改本国立法和获得充分性认定的时间线,亦为两者之间的联系提供了佐证。例如,2016年日本修订《个人信息保护法》,旨在与GDPR保持一致,以加速充分性谈判。2019年,

---

〔37〕European Commission, Data Protection as a Pillar of Citizens' Empowerment and the EU's Approach to the Digital Transition-Two Years of Application of the General Data Protection Regulation, COM(2020) 264 final, 26.06.2020, p. 3.

〔38〕Loi sur la protection des donnees a caractere personnel. Available at: https://www.wipo.int/edocs/lexdocs/laws/fr/sn/sn009fr.pdf (Accessed: 16.09.2023).

日本获得欧盟的充分性认定。[39]2020年日本再次修法,确立了个人数据跨境传输的域外适用和罚则,在第24条设置与欧盟类似的"确保数据接收方持续采取与日本《个人信息保护法》要求等效的方式处理数据"的等效处理(equivalent action)规则。[40]又如,2000年,阿根廷以欧盟1995年《数据保护指令》为范本,通过《个人数据保护法》。2003年,阿根廷获得充分性认定。阿根廷甚至为了保持其充分性地位,在2016年专设工作组,研究GDPR时代所需要的立法改革。[41]乌拉圭2008年通过的《数据保护法》亦以欧盟数据保护框架为模板,[42]其在2012年获得充分性认定。[43]

传统法律移植的理论局限,在于难以解释跨国公司等私主体

〔39〕Commission Implementing Decision (EU) 2019/419 of 23 January 2019 Pursuant to Regulation (EU) 2016/679 of the European Parliament and of the Council on the Adequate Protection of Personal Data by Japan under the Act on the Protection of Personal Information, C(2019) 304, OJ L 76, 23.01.2019, pp. 1-58.

〔40〕Amended Act on the Protection of Personal Information (2016). Available at: https://www.ppc.go.jp/files/pdf/Act_on_the_Protection_of_Personal_Information.pdf(Accessed: 16.09.2023). Amended Act on the Protection of Personal Information (2020). Available at: https://www.ppc.go.jp/files/pdf/APPI_english.pdf (Accessed: 16.09.2023).

〔41〕Commission Decision of 30 June 2003 Pursuant to Directive 95/46/EC of the European Parliament and of the Council on the Adequate Protection of Personal Data in Argentina, 2003/490/EC, OJ L 168, 05.07.2003, pp. 19-22.

〔42〕Ley No. 18331 de Proteccion de Datos Personales. Available at: http://www.impo.com.uy/bases/leyes/18331-2008 (Accessed: 16.09.2023).

〔43〕Commission Implementing Decision of 21 August 2012 Pursuant to Directive 95/46/EC of the European Parliament and of the Council on the Adequate Protection of Personal Data by the Eastern Republic of Uruguay with regard to Automated Processing of Personal Data, 2012/484/EU, OJ L 227, 23.08.2012, pp. 11-14.

在"欧盟模式"全球化中的作用。传统法律移植以国家为主导，是在政府、法院等国家公权机关主导下，将规范从一个国家移植到另一个国家的过程。域外国家在获得充分性认定的驱动下，将GDPR作为本国立法范本，尽管国家主导型的传统法律移植理论可以部分解释GDPR的法律移植现象，却无法解释跨国公司在全球传播中的贡献。就欧盟数据传输机制的整体而言，充分性认定仅构成欧盟数据跨境传输工具之一种，这难以解释，为何在充分性认定之外，标准合同条款、有拘束力的公司规则、认证等替代性传输工具亦能风靡全球，这些法律工具受域外国家立法影响较小。在"欧盟模式"全球输出的过程中，在传统法律划分上属于私主体的跨国公司（尤其是跨国科技巨头）也在推进法律移植，但传统法律移植理论无法涵盖前述主体的法律传播行为。

（二）私人法律移植

作为新兴的比较法理论，私人法律移植(private legal transplant)、通过私合同的法律移植(legal transplants through private contracting)(简称"私人法律移植")或可为跨国公司在"欧盟模式"全球输出中的推进作用提供新的解释。[44]私人法律移植以全球商事交易为背景，是一种未获关注、被低估的现象。跨

---

〔44〕私人法律移植、通过私人合同的法律移植，相关概念阐述，参见Tomaso Ferrando, "Private Legal Transplant: Multinational Enterprises as Proxies of Legal Homogenisation", *Transnational Legal Theory*, 5(1), 2014, 20(21); LIN Liwen, "Legal Transplants through Private Contracting: Codes of Vendor Conduct in Global Supply Chains as an Example", *The American Journal of Comparative Law*, 57(3), 2009, 711(741); 高祥主编：《比较法学原理》，中国政法大学出版社2019年版，第373—378页。

国公司成为全球法律传播的新主体,法律的制定和流通不再专属于传统的公权力机关,而愈发与跨国公司等非国家主体的商业经营相关联。传统法律移植概念与跨国公司的上述行为模式并不契合。比较法学者多基于国家视角来理解法律移植,鲜少关注非国家主体在法律共振峰传播中的作用,罗道尔夫·萨科(Rodolfo Sacco)语中"由国家公权机关制造、借用、接受和调整法律规范"的法律共振峰(legal formants)[45]概念,亦难解释跨国公司引发的法律全球传播现象。私人法律移植实质上构成法律共振峰的一种"变体",是一种与资本全球化密切相关的、全球范围内的非制度性跨国流通,以跨国公司为代表的资本全球化,是法律全球传播的推动力。

私人法律移植的理论优势在于,其能解释跨国公司在"欧盟模式"全球化过程中的独特作用。例如,跨国公司自愿适用欧盟的标准合同条款等法律工具,并将之纳入公司全球经营,这加速了"欧盟模式"的全球传播。由此,欧盟无需依靠国际机构,仅凭跨国公司的全球经营,并借助充分性认定建立数据自由流动区,就能自然地向全球输出其数据流动监管模式。而私人法律移植之实现,主要基于如下两个维度展开:

---

[45] Rodolfo Sacco, "Legal Formants: A Dynamic Approach to Comparative Law (Installment I of II)", *The American Journal of Comparative Law*, 39(1), 1991, 1(30); Rodolfo Sacco, "Legal Formants: A Dynamic Approach to Comparative Law (Installment II of II)", *The American Journal of Comparative Law*, 39(2), 1991, 343(343).

一方面,全球价值链[46]是私人法律移植的基础。跨国公司在制定和执行统一的全球隐私政策或行为准则后,出于合规成本和统一运营原因,会要求其全球分公司、子公司或商业合作伙伴协同遵守,公司的规范文件由此突破商业经营的地理边界,借助全球生产链在其他国家发挥作用。由于跨国公司全球运营覆盖不同司法辖区的公司产品和服务,其需要根据各辖区的监管要求来调整本地业务的合规政策。实践中,跨国公司大多会按照总部设立地、所在地或主要市场地的核心监管要求设计合规模板。为满足全球合规的经营需求,跨国公司就会采取选取最高合规标准的逻辑,"自上而下"地主动选择目标市场的最高标准,将之作为全球合规政策模板。例如,为满足欧盟的市场准入要求,跨国公司常常在其全球隐私政策中原封不动地"复制"GDPR的监管要求。正是通过跨国公司的全球经营,隐私政策等公司规范性文件得以在全球传播,私人法律移植逐步实现。

另一方面,行为准则是私人法律移植的典型形式。数据跨境流动机制中,有拘束力的公司规则是一种典型的行为准则。此种公司规则由跨国公司单方面拟定,作为公司内部规范性文件在整个公司传播,构成公司集团内部的数据传输机制,适用于控股企业及其控制的企业的公司集团。由于全球供应商和经销商的生产、销售、经营行为密切关联,无需国家或公共当局之干预,跨国公司自主拟定的有拘束力的公司规则能够超越公司集团,传播到

---

〔46〕全球价值链的新近研究,参见吕越、谷玮、包群:《人工智能与中国企业参与全球价值链分工》,载《中国工业经济》2020年第5期,第80—98页;王展鹏、夏添:《欧盟在全球化中的角色——"管理全球化"与欧盟贸易政策的演变》,载《欧洲研究》2018年第1期,第77—97页。

全球生产网络之中。而当跨国公司自主选择的规则以跨越司法辖区、地理边界和法律秩序的方式扩展到全球之时，就发生了法律共振峰的移植，法律趋同随之而来。[47]相较于传统法律移植理论，行为准则的制定无需国家参与，公权机关不介入企业内部规范的事前选择。不仅如此，行为准则的内容来源多元，不受法律传统和法律秩序约束，企业可以从完全不相关的法律传统或制定法中选取、移植规则，行为准则的传播亦无需法律移植的"接受国"介入，跨国公司只需在一国领土上从事经营活动，即可实现公司内部规范的域外传播。

（三）规范性力量

欧盟规范性力量(normative power)是国际政治理论解释欧盟政策外部影响力的理论依据。[48]欧洲学者伊恩·曼纳斯(Ian Manners)认为，规范性力量是欧盟通过宣言、条约、政策、标准、条件等规范性基础来传播欧盟价值原则并形成规范性概念的能力，规范性力量侧重于非物质性的影响力，强调世界政治中的规范正当性，以欧盟的民主、人权和法治原则为中心，试图让世界

---

〔47〕Tomaso Ferrando, "Private Legal Transplant: Multinational Enterprises as Proxies of Legal Homogenisation", *Transnational Legal Theory*, 5(1), 2014, 20(45).

〔48〕我国关于"规范性力量""规范性力量欧洲"的相关研究，例如朱立群：《欧盟是个什么样的力量》，载《世界经济与政治》2008年第4期，第16—23页；张茗：《"规范性力量欧洲"：理论、现实或"欧托邦"？》，载《欧洲研究》2008年第5期，第1—16页；洪邮生：《"规范性力量欧洲"与欧盟对华外交》，载《世界经济与政治》2010年第1期，第52—65页；金玲：《规范性力量：欧盟战略自主的依托》，载《世界知识》2021年第9期，第20—21页。

接受其普适规范，主张在世界政治中以规范的方式行事。[49]

规范性力量的解释力在于，其能在一定程度解释欧盟在数据监管领域的相关行为。尽管欧盟的数字经济远远滞后于中美两国，但欧盟选择通过制定成文法的传统优势，选择以法律输出形式来谋求在全球数字经济竞争中的战略地位，来施展其在数据领域的国际影响力，并将输出欧盟共同价值观作为内部动机。公平贸易、公平竞争就是欧盟在全球贸易中追求自身利益的规范表达。

规范性力量的局限在于，其难以圆满解释欧盟数据政策的所有发展阶段。本章将欧盟数据政策发展进程划分为政策初定期(1995—2015)、政策转型期(2016—2019)和战略扩张期(2020至今)三阶段，分别以建构内部市场、扩张GDPR范式和制定全球标准为要旨。规范性力量显然无法圆满解释第一阶段的欧盟数据政策。在政策初定期，欧盟数据政策相对内敛，数据立法对外产生的法律趋同影响仅是一种偶然外溢效应，数据政策中的"对外推广欧盟标准"和"全球适用欧盟规则"内容，仅是实现内部市场这一"头等要务"的监管议程副产品。换言之，在GDPR范式效应形成之前，向全球输出"欧盟模式"并非欧盟对外政策的首要目标，第一阶段的欧盟政策仍是非主动型对外输出，规范性力量难以对这种消极外部化的外溢效应提供合理解释。

---

〔49〕Ian Manners, "Normative Power in Europe: A Contradiction in Terms?", *Journal of Common Market Studies*, 40(2), 2002, 235(235-258); Ian Manners, "The European Union as a Normative Power: A Response to Thomas Diez", *Journal of International Studies*, 35(1) Millennium, 2006, 167(179-180); Ian Manners, "The Normative Ethics of the European Union", *International Affairs*, 84(1), 2008, 45(59-60).

（四）布鲁塞尔效应

如果说规范性力量将欧盟描述为一种非强制的新型权力，2012年以来美国学者阿努·布拉德福德(Anu Bradford)提出的布鲁塞尔效应(the Brussels Effect)则为欧盟的外部影响力，尤其是为"欧盟模式"的全球输出提供了新的解释方案。布鲁塞尔效应，指欧盟单方面监管全球市场的能力，这是一种市场将欧盟规则传播给欧盟外的市场主体和监管机构的现象，其源于市场规模和跨国公司在全球范围内采用欧盟严格标准的自身利益。[50]布鲁塞尔效应以单边监管全球化(unilateral regulatory globalization)为基础，单边监管全球化的假设是，采用全球统一标准比遵守多种监管标准(较宽松标准)的好处更多，当一个国家能够通过市场机制将其法律法规外部化到境外，进而导致标准的全球化时，单边监管全球化就发生了。[51]事实上，欧洲对全球市场的单边监管权力被严重低估，欧盟正在通过法律制度和标准影响全球，其仅凭市场力量，就足以将欧盟标准转化为全球标准。[52]

布鲁塞尔效应的理论贡献有二。一是提炼单边监管全球化

〔50〕Anu Bradford, "The Brussels Effect", *Northwestern University Law Review*, 107(1), 2012, 1(64); Anu Bradford, "Exporting Standards: The Externalization of the EU's Regulatory Power via Markets", *International Review of Law & Economics*, 42, 2015, 158(158); Anu Bradford, *The Brussels Effect-How the European Union Rules the World*, Oxford University Press, 2020, pp. 7-387.

〔51〕Anu Bradford, "Exporting Standards: The Externalization of the EU's Regulatory Power via Markets", *International Review of Law & Economics*, 42, 2015, 158(159).

〔52〕Anu Bradford, "Exporting Standards: The Externalization of the EU's Regulatory Power via Markets", *International Review of Law & Economics*, 42, 2015, 158(158, 159, 170).

的前提条件。这包括市场规模、监管能力、监管倾向、监管对象
无弹性和标准不可分割性,其中以市场规模、监管倾向、监管对
象无弹性、标准的不可分割性最为关键。其一,市场规模(market
size)是监管权力的基石,外国公司倾向于采用重要市场的普遍
标准以确保市场准入,进口国的标准制定权力受到外国公司对进
口国市场依赖性之影响。[53]其二,监管倾向受制于监管环境所
依赖的普遍政治经济条件,高收入国家更倾向于强监管(stringent
regulations),以牺牲公司盈利来保护消费者。[54]其三,若监管对
象缺乏弹性(inelastic targets),无法通过迁徙来逃避严格监管,市
场主体就很难主动寻求更宽松的监管环境,企业行为对强监管的
破坏能力就相对有限,只有对无弹性的监管对象施以强监管,才
能确保此种强监管能够超越其他替代性监管标准。[55]其四,就
标准不可分割性(non-divisibility)而言,当出口商的生产或行为在
不同市场之间不可分割时,当公司遵守全球单一标准的成本收益
优于遵守多种不同监管标准时,出口商才有动力采用统一的全球
标准,欧盟标准才能成为全球标准。[56]

二是甄别出市场强制(market forces)在"欧盟模式"全球化
中的助推作用。市场强制指外国公司无法放弃欧盟市场,但又忌

---

[53]Anu Bradford, *The Brussels Effect-How the European Union Rules the World*, Oxford University Press, 2020, pp. 26-30.

[54]Anu Bradford, *The Brussels Effect-How the European Union Rules the World*, Oxford University Press, 2020, pp. 37-39.

[55]Anu Bradford, *The Brussels Effect-How the European Union Rules the World*, Oxford University Press, 2020, pp. 48-53.

[56]Anu Bradford, *The Brussels Effect-How the European Union Rules the World*, Oxford University Press, 2020, pp. 53-63.

惮于违反欧盟监管所面临的高昂违规成本,因此主动调整其合规政策和市场行为,以适应欧盟的强监管。[57]在市场强制创造非自愿激励(involuntary incentives)的过程中,可以区分事实上和法律上的布鲁塞尔效应,前者改变了外国跨国公司的动机,后者则是指跨国公司积极游说本国市场,通过游说行为,使本国调整监管政策。具体而言,事实上的布鲁塞尔效应(de facto Brussels Effect),是指外国公司必须调整其行为或生产以符合欧盟标准,才能与欧盟开展贸易,否则就只能完全放弃欧盟市场。[58]但由于欧盟主要监管的是缺乏弹性的消费者市场,而不是弹性更大的资本市场,外国公司就很难通过将监管对象迁徙到欧盟外的司法辖区来规避监管。[59]这意味着,虽然欧盟只监管自己的内部市场,但因跨国公司既无法割舍欧盟市场,又不能规避监管,其便产生了在全球范围内依据一套统一的规则、将全球生产标准化的动力,由此也就将欧盟的规则转化为了全球规则。[60]跨国公司按照"欧盟模式"调整其全球行为,例如更新全球隐私政策之后,跨国公司也有动力游说本国采纳与欧盟相仿的规则和标准,以确

〔57〕Anu Bradford, "The Brussels Effect", *Northwestern University Law Review*, 107(1), 2012, 1(9).

〔58〕Anu Bradford, "Exporting Standards: The Externalization of the EU's Regulatory Power via Markets", *International Review of Law & Economics*, 42, 2015, 158(159).

〔59〕Anu Bradford, "Exporting Standards: The Externalization of the EU's Regulatory Power via Markets", *International Review of Law & Economics*, 42, 2015, 158(159).

〔60〕Anu Bradford, "Exporting Standards: The Externalization of the EU's Regulatory Power via Markets", *International Review of Law & Economics*, 42, 2015, 158(159).

保其在与国内非出口型公司竞争时的优势地位,事实上的布鲁塞尔效应由此就转化为法律上的布鲁塞尔效应(de jure Brussels Effect)。[61]

布鲁塞尔效应的解释力在于,其更契合欧盟数据政策的演进过程。首先,布鲁塞尔效应将"欧盟模式"的全球化界定为偶然外部效应,认为欧盟成为全球监管范式是欧盟在建构内部单一市场中的监管行为所产生的偶然性副产品。[62]这一界定符合欧盟数据政策在政策初定期(1995—2015)的阶段特征。其次,相较于传统法律移植理论,布鲁塞尔效应能更合理解释,外国公司为何能将欧盟标准推向全球并转化为本国法。再次,相较于规范性力量,布鲁塞尔效应能更周延解释"欧盟模式"全球化的实现过程。对欧盟公司而言,欧盟规则旨在增强欧洲公司的竞争力,欧盟规则的全球化,能使欧洲公司获得更佳竞争环境,对外国公司而言,外国公司难以轻易放弃欧盟市场,故以数据合规来换取市场准入,但为降低同时遵守多国监管制度产生的合规成本,外国公司亦有动力将欧盟标准扩展到全球经营。

布鲁塞尔效应的局限在于,其仅是一种阶段性解释方案,而非持续性的科学定理。布鲁塞尔效应之实现,须以特定条件满足为前提。一旦前提条件发生变化,或是数据技术变革或国际政经格局骤变时,都有可能影响布鲁塞尔效应的实现。倘若监管对象

---

[61] Anu Bradford, "Exporting Standards: The Externalization of the EU's Regulatory Power via Markets", *International Review of Law & Economics*, 42, 2015, 158(159).

[62] Anu Bradford, "Exporting Standards: The Externalization of the EU's Regulatory Power via Markets", *International Review of Law & Economics*, 42, 2015, 158(160).

能够借助新的数据技术来实现自身的物理迁徙，当企业遵守全球单一标准不会比遵守宽松监管要求产生更大收益时，当出口商的生产或行为在不同市场之间能够顺利分割时，当遵守多元监管标准不会比遵守单一标准产生更高成本时，都会阻碍布鲁塞尔效应的形成。尽管布鲁塞尔效应能够合理解释当下"欧盟模式"的全球化现象，但其仅是一种阶段性解释方案。

综上，传统法律移植、私人法律移植、规范性力量和布鲁塞尔效应都可以解释"欧盟模式"的全球化现象，各有其解释力与局限性。"欧盟模式"的全球输出是传统法律移植和私人法律移植共同作用的结果。传统法律移植能够解释，域外国家为获得充分性认定而在本国立法中移植GDPR。私人法律移植则表明，跨国公司的全球经营加速了"欧盟模式"的全球传播。跨国公司使用标准合同条款、有拘束力的公司规则等法律工具触发了市场强制，形成了事实上的布鲁塞尔效应，布鲁塞尔效应又反向印证了私人法律移植在"欧盟模式"全球输出中的作用。从四种解释方案中可以发现，全球市场构成了数据监管全球趋同的共同要素，无论是国家立法，还是跨国公司全球合规，均服务于经济目标。

四、全球数据监管竞争的底色与天花板

（一）数据监管的"逐顶竞争"

"欧盟模式"的全球输出，可谓全球数据监管"逐顶竞争"之

例证。[63]监管竞争理论中,就全球监管究竟是一种向上竞争还是向下竞争,素来有"逐底竞争"(race to the bottom)和"逐顶竞争"(race to the top)两种假设。前者指政府降低监管标准来吸引辖区内的经济活动,由此提高全球经济中的相对竞争地位,税收和劳工监管即为其例;后者指政府提高监管标准,强监管的全球扩张使国内规则愈发严格,环境和数据监管即是如此。[64]数据监管的"逐顶竞争"意味着,数据规则和标准愈严苛,法律趋同愈易实现。本质上,市场强制是数据监管"逐顶竞争"得以实现的关键前提。"欧盟模式"的全球传播,在于其确立了数据保护的若干全球最高标准,引发外国公司忌惮违规成本而进行非自愿调整。欧盟并未强迫别国采纳其规则,跨国公司的自发行为,助

---

〔63〕"逐顶竞争"也并非"放之四海而皆准",不同企业、行业和市场之间存在差异。有研究表明,在没有法律强制的前提下,美国企业也会自发调整其隐私政策或自愿采纳第三方隐私政策。参见Florencia Marotta-Wurgler, "Self-Regulation and Competition in Privacy Policies", *The Journal of Legal Studies*, 45(2), 2016, 13(22-37)。

〔64〕Daniel W. Drezner, "Globalization, Harmonization, and Competition: The Different Pathways to Policy Convergence", *Journal of European Public Policy*, 12, 2005, 841(856); Katharina Holzinger/Thomas Sommerer, "'Race to the Bottom' or 'Race to Brussels'? Environmental Competition in Europe", *Journal of Common Market Studies*, 49(2), 2011, 315(334); Bruce G. Carruthers/Naomi R. Lamoreaux, "Regulatory Races: The Effects of Jurisdictional Competition on Regulatory Standards", *Journal of Economic Literature*, 54(1), 2016, 52(57); David Vogel, "Trading Up and Governing Across: Transnational Governance and Environmental Protection", *Journal of European Public Policy*, 4, 1997, 556(560).

推了严格规则的全球趋同。[65]

尤值一提的是,欧盟强监管模式仍在"自我强化",新近出现了从行业细分式监管转型为全行业监管的趋势。欧盟既往的数据监管,主要采取区分特定部门设定具体规则(sector-specific rules)的纵向监管路径,但以2022年《数据法(草案)》为转折,欧盟通过颁行横向草案和横向规则(horizontal proposal and rules),为所有行业部门设定基本规则,转向了全领域、全行业的横向监管路径。《数据法(草案)》的解释性备忘录甚至明确规定,草案所涉领域的未来立法,将与草案中的横向原则保持一致。[66]一旦全领域、全行业的横向监管规则借助"逐顶竞争"在全球传播,"欧盟模式"对全球数据产业的影响将进一步加剧,"欧盟模式"本身的影响力也将增加。

(二)强监管的弱点

强监管的力量在于保障国家安全、公共利益并提高消费者福祉(个人信息保护)。监管者在产品性能、安全性等标准上设定严格标准,能够促使本国企业改善质量、提高技术能力,驱动本国企业领先开发新的产品和服务性商品,由此创造和提升竞争优

---

〔65〕Anu Bradford, "Exporting Standards: The Externalization of the EU's Regulatory Power via Markets", *International Review of Law & Economics*, 42, 2015, 158(160); European Commission, Stronger Protection, New Opportunities-Commission Guidance on the Direct Application of the General Data Protection Regulation as of 25 May 2018, COM(2018) 43 final, 24.01.2018, pp. 5-6.

〔66〕Proposal for a Regulation of the European Parliament and of the Council on Harmonised Rules on Fair Access to and Use of Data (Data Act), COM(2022) 68 final, 23.02.2022, p. 5.

势。[67]某些情况下,强监管会使外国公司更难销售数据产品和数据服务,从而为国内数据生产商创造竞争优势,增强国内数据产业的国际竞争力。[68]

但强监管是有代价的。强监管需要大量的监管资源,还需匹配的监管能力。若一味追求强监管,有可能引发限制数据市场发展、转嫁监管成本、数据保护主义等风险。例如,美国信息技术与创新基金会(ITIF)曾根据OECD的产品市场监管(Product Market Regulation, PMR)综合指标体系对数据本地化造成的潜在影响进行测算,以5年为周期,一国的数据限制性增加1%,其对外贸易将减少7%,生产率降低2.9%,相关业务的产品和服务价格会上涨1.5%。[69]对国内市场而言,强监管可能会阻碍数据产业创新,合规成本增高后,企业可能会压缩产品的创新支出。相较于大型跨国企业,中小型企业更难负担高昂的合规成本,强监管可能会进一步巩固大型企业的市场权力。强监管还会提高数字产品和服务的标准,增加的企业合规成本最终就会以产品涨价的形式转嫁给消费者。对国际市场而言,强监管可能会削弱本国出口型企业的全球竞争优势,强监管还很容易变成受保护主义驱动的限制性政策,扭曲市场竞争秩序,反向推动跨国科技巨头区

---

[67][美]迈克尔·波特:《国家竞争优势(下)》,李明轩、邱如美译,中信出版社2012年版,第159—160页。

[68] David Vogel, "Trading Up and Governing Across: Transnational Governance and Environmental Protection", *Journal of European Public Policy*, 4, 1997, 556 (560).

[69] Nigel Cory/Luke Dascoli, *How Barriers to Cross-Border Data Flows Are Spreading Globally, What They Cost, and How to Address Them*, ITIF. Available at: https://itif.org/publications/2021/07/19/how-barriers-cross-border-data-flows-are-spreading-globally-what-they-cost (Accessed: 16.09.2023).

分区域产品。

（三）监管竞争的底层逻辑

市场是数据监管全球竞争的底层逻辑,主权国家通过监管竞争来抢夺数字经济红利,获得数字经济的竞争优势,由此形成新的国家竞争优势。由是观之,数据监管竞争的根源,或在于数据重构了全球价值链,成为国家竞争优势的新"增长点"。

一方面,数据跨境流动之监管,可能触发全球价值链"共振"。数据跨境流动是数字经济时代的贸易命脉,是创造数据价值的必要一环。基于全球价值链,数据的价值创造过程往往涉及数据跨境流动,跨境数据流已成为跨国公司全球经营的要素之一,已渗透至全球贸易的各个环节:在生产阶段,企业想要控制和协调各地分散的生产过程,就需要发送库存、销售、订单状态、生产计划等数据;在交付阶段,通过数据,企业不仅能追踪货物进出口实时状态,数据本身也是跨境提供数字服务的媒介;在使用阶段,消费者的体验依赖于售后服务的有效响应,经营者需要准确监测产品性能并及时维护、修理和备件,这些都通过数据流连接。[70]由此可见,数据流将全球价值链中地理上分散的生产阶段连接了起来,针对数据跨境流动的监管措施,不仅会给数据控制者,而且会给整个社会带来巨大的机会成本。[71]一旦数据成为通过全

---

〔70〕Francesca Casalini/Javier López González, *Trade and Cross-Border Data Flows*, OECD Trade Policy Papers, No. 220, 23. 01. 2019, OECD Publishing, Paris, p. 14, 31.

〔71〕OECD, *Mapping Approaches to Data and Data Flows, Report for the G20 Digital Economy Task Force*, Saudi Arabia, 2020, pp. 4, 8, 9, 10-11.

球价值链进行国际生产的关键要素,对数据跨境流动的监管就有可能产生贸易后果。[72]限制数据跨境流动,采取严格的数据本地化措施,非但不能促使本国数据产业融入全球价值链,甚至可能扼杀本国数据产业的全球化发展。

另一方面,数据监管模式的全球扩张可能暗含"价值提取"逻辑(extractive logic),数字经济和数据技术欠发达国家地区或面临"数据殖民主义"风险。[73]当原始数据流向境外,发达国家具有将之加工为数字智能(数据产品)并获取数据价值的技术能力,发达国家由此具有从发展中国家采集原始数据,并通过数据处理来创造价值的经济动机。倘若发展中国家需要进口先进的算法等数据产品来支持本国发展,数据原产地所在国在某种程度上就依赖于提取、控制数据的国家,而数据监管模式的全球化,就可能引发全球价值链中的不平等交换。[74]数据监管模式全球扩张的市场逻辑在于,通过扩张本国监管模式、制定全球标准,来尽可能使自身从数据中获益。在这种"价值提取式"的监管竞赛中,成熟的数字经济体可能因其有利的市场规模和技术实力成为赢家,但大多数中小型数字经济体将失去提高本国数字

---

〔72〕Francesca Casalini/Javier López González, *Trade and Cross-Border Data Flows*, OECD Trade Policy Papers, No. 220, 23. 01. 2019, OECD Publishing, Paris, p. 14.

〔73〕United Nations Conference on Trade and Development, *Digital Economy Report 2021-Cross-border Data Flows and Development: For Whom the Data Flow*, United Nations Publications, 2021, pp. 115-116.

〔74〕Evgeny Morozov, *Digital Intermediation of Everything: At the Intersection of Politics, Technology and Finance*, Council of Europe, 4th Council of Europe Platform Exchange on Culture and Digitisation, Karlsruhe, 2017, pp. 1-2.

竞争力的机会。[75]

结语:"逐顶竞争"下的本土监管选择

数据监管是国际竞争的新赛道。数据监管并无放之四海而皆准的"黄金标准",而是因国家、地区的经济、社会、政治、文化、价值观和优先发展事项而异。数据监管竞争的实质,是各国寻求全球数字经济中的领导地位,抢夺全球数据规则标准的话语权,抢先形成新的国家竞争优势。

数据规则和标准的全球趋同,绝非单纯自发形成的法律现象。欧盟正在有意识地向包括中国在内的世界其他国家和地区进行法律输出。"欧盟模式"的全球化呈现出不同于往昔的复杂面貌,不仅传统法律移植仍在发挥作用,跨国公司的私人法律移植更是加速了欧盟规则的全球传播。

我国的数据监管,呈现出"基于GDPR,超越GDPR(更严规则)"的强监管趋势。[76]但现阶段实行强监管,不必然产生中国

---

[75] United Nations Conference on Trade and Development, *Digital Economy Report 2021-Cross-border Data Flows and Development: For Whom the Data Flow*, United Nations Publications, 2021, pp. 115-116.

[76] 我国对数据出境采取强监管。例如,《个人信息保护法》第40条设置了跨境提供个人信息的"个案审批式"安全评估义务,《网络安全法》第37条确立了严格的数据本地化要求,《数据安全法》第24条引入了数据安全审查制度。《数据出境安全评估办法》第4条将向国家网信部门申报数据安全评估的阈值限定在重要数据、关键基础设置运营者和处理100万人以上个人信息、上年度累计提供10万人个人信息或1万人敏感个人信息以及其他四类情形。《个人信息出境标准合同》第4条甚至将当地个人信息保护政策法规对合同履行的影响,作为数据进出口方应履行的强制性合同义务。

规则和标准取代"欧盟模式"的法律竞争结果。我国无力阻拦欧盟监管其内部单一市场,我国主动移植"欧盟模式"更存在制度、价值观差异。强监管并非我国现阶段数据市场立法的最优解,我国不能也不应陷入盲目移植"欧盟模式"的历史惯性或立法惰性。布鲁塞尔效应下,"欧盟模式"的全球化高度依赖于欧盟市场的全球影响力,若欧盟以外国家地区的贸易机会和规模增加,跨国公司放弃欧盟市场并将数字贸易转移到其他国家地区就将更为可行,欧盟的规则制定权力自然受限。反之,跨国公司对我国数字市场的依赖程度,将显著影响我国在数据市场的规则制定权力。相较于跨国公司在本国或第三国(欧盟)市场份额,其对中国市场的数据产品和服务的出口比例越高,我国的数据监管权力就越大。我国的数字经济发展迅速,2017年至2021年,我国数字经济规模从27.2万亿增至45.5万亿元,总量位居世界第二;2022年,我国数字经济规模一跃达到50.2万亿元,总量亦居世界第二。[77]2022年,我国数据产量达8.1ZB,占全球数据总产量10.5%,位居世界第二。[78]中国信息通信研究院的新近研究指出,中美欧形成了全球数字经济发展的三极格局,中国拥有全球最大的数字市场,数据资源领先全球。[79]但从数字服务的进出口额度观察,2019年,我国云计算整体市场规模达1334亿美元,可数字化服务贸易额超2700亿美元,数字服务进出口总额2718.1亿美元,其中数字服务出口额为1435.5亿美元,数字服务进口额

---

〔77〕参见国家互联网信息办公室:《数字中国发展报告(2021年)》,第2页;国家互联网信息办公室:《数字中国发展报告(2022年)》,第4页。

〔78〕参见国家互联网信息办公室:《数字中国发展报告(2022年)》,第5页。

〔79〕参见中国信息通信研究院:《全球数字经济白皮书(2022年)》,第13页。

为1282.6亿美元,数字服务出口全球排名第八,数字服务进口全球排名第七,为数字服务顺差国。[80]由此可见,中国虽是全球数据市场的重要组成部分,但并非典型的出口国,美欧仍是全球数字服务供给的核心区域。换言之,即便我国采取更强监管,跨国公司虽难以割舍中国市场,但更难放弃欧盟市场,跨国公司为进入中国市场所进行的非自愿市场调整,可谓动力不足。市场规模是我国的比较优势,也是全球数据监管竞争的底层逻辑。我国应避免盲目移植GDPR一味推行数据强监管,而是应着力提高具有高附加值的数据产品、数字服务的技术能力,增强数据经济力量,这是我国开放数据流动、获取全球数据红利的前提。

全球数据法律竞争中,我国应着眼监管能力、市场准入和精准政治协调。数据立法不应盲目移植GDPR,一味推行强监管,本章试提出如下三点建议:

我国削弱欧盟数据监管权力的最优解,或在于培育本土数据市场规模,为数字产品和服务提供替代市场。基于市场逻辑,我国应加强数据规则的供给能力,坚持自由市场和合同自由原则,为数字产品和服务的典型合同设置任意性规范,特别是要区分监管对象,在商事交易领域松化管制,培育本土数据市场和贸易机会,避免盲目强监管,应积极开展试点,加大外国公司对中国市场的依赖度,降低欧洲市场的机会成本,减小欧盟监管的影响力。

我国应借助私人法律移植的法律传播效应,制定符合我国现状的数据跨境传输标准合同条款。我国应避免单一复制欧盟的

---

〔80〕参见中国商务部:《中国服务贸易发展报告(2020)》,第31—32页;中国信息通信研究院:《数字贸易发展白皮书(2020年)》,第22—26页;中国信息通信研究院:《全球数字经贸规则年度观察报告(2022年)》,第29页。

标准数据保护条款,而是应当立足《个人信息保护法》第38条第
1款第3项的标准合同规则,并且与数据出境安全评估的阈值设
定进行整体设计,充分发挥标准合同条款作为数据传输交易的基
础制度功能,基于数据出境的企业实际需求,将数据传输标准合
同条款界定为数据流动的监管工具,积极寻求与东盟跨境数据流
动示范合同条款等其他地区类似法律工具的兼容性。此外,我国
还应增加微观法律规则的制度供给,例如,在数据交易、人工智
能、企业数据等领域引入技术性价值中立规则(私法规则),价值
中立工具更易于被其他国家认同并进行法律移植。

　　数据监管的政治合作,可能比单纯的国家监管竞争,会产生
更优结果。不过,这种政治协调必须基于市场力量、公平贸易等
多种因素展开,也必须进行精准政治协调。例如,在缺乏公平竞
争环境时,出口导向型企业将难以进入域外市场,当我国是某类
数字产品或数字服务的净出口国时,那么就应更关心出口市场地
的法律规则和准入标准,进行多边谈判,但当我国是某类数字产
品或数字服务的净进口国时,则应当将准入中国市场作为施加影
响力的有效工具,努力将中国标准纳入国际组织的技术标准之
中,以提前"锁定"中国标准。此外,与中型经济体(例如东盟)达
成区域性协定,加速数据流动,或为突围欧盟监管模式困局的一
种路径。主管机关应特别重视对数据市场规模和进出口规模的
精准数据测算,在此基础之上,数据立法方能"有的放矢",才能
经济效益与政治效益双收。

本章参考文献

◎中文文献

1.程啸:《论个人信息共同处理者的民事责任》,载《法学家》2021年第6期。

2.戴昕:《数据界权的关系进路》,载《中外法学》2021年第6期。

3.高鸿钧:《美国法全球化:典型例证与法理反思》,载《中国法学》2011年第1期。

4.高郦梅:《论数据交易合同规则的适用》,载《法商研究》2023年第4期。

5.高祥主编:《比较法学原理》,中国政法大学出版社2019年版。

6.国家互联网信息办公室:《数字中国发展报告(2021年)》。

7.国家互联网信息办公室:《数字中国发展报告(2022年)》。

8.洪延青:《推进"一带一路"数据跨境流动的中国方案——以美欧范式为背景的展开》,载《中国法律评论》2021年第2期。

9.洪邮生:《"规范性力量欧洲"与欧盟对华外交》,载《世界经济与政治》2010年第1期。

10.金晶:《个人数据跨境传输的欧盟标准——规则建构、司法推动与范式扩张》,载《欧洲研究》2021年第4期。

11.金晶:《作为个人信息跨境传输监管工具的标准合同条款》,载《法学研究》2022年第5期。

12.金玲:《规范性力量:欧盟战略自主的依托》,载《世界知识》2021年第9期。

13.李墨丝:《中美欧博弈背景下的中欧跨境数据流动合作》,载《欧洲研究》2021年第6期。

14.李艳华:《隐私盾案后欧美数据的跨境流动监管及中国对策——软数据本地化机制的走向与标准合同条款路径的革新》,载《欧洲研究》2021年第6期。

15.林洹民:《个人数据交易的双重法律构造》,载《法学研究》2022年第5期。

16.刘文杰:《美欧数据跨境流动的规则博弈及走向》,载《国际问题研究》2022年第6期。

17.吕越、谷玮、包群:《人工智能与中国企业参与全球价值链分工》,载《中国工业经济》2020年第5期。

18.[美]迈克尔·波特:《国家竞争优势(下)》,李明轩、邱如美译,中信出版社2012年版。

19.梅傲:《数据跨境传输规则的新发展与中国因应》,载《法商研究》2023年第4期。

20.梅夏英:《数据交易的法律范畴界定与实现路径》,载《比较法研究》2022年第6期。

21.彭岳:《贸易规制视域下数据隐私保护的冲突与解决》,载《比较法研究》2018年第4期。

22.申卫星:《论个人信息权的构建及其体系化》,载《比较法研究》2021年第5期。

23.申卫星:《论数据产权制度的层级性:"三三制"数据确权法》,载《中国法学》2023年第4期。

24.王融:《数据跨境流动政策认知与建议——从美欧政策比较及反思视角》,载《信息安全与通信保密》2018年第3期。

25.王锡锌:《个人信息可携权与数据治理的分配正义》,载《环球法律评论》2021年第6期。

26.王展鹏、夏添:《欧盟在全球化中的角色——"管理全球化"与欧盟贸易政策的演变》,载《欧洲研究》2018年第1期。

27.许多奇:《个人数据跨境流动规制的国际格局及中国应对》,载《法学论坛》2018年第3期。

28.许可:《数据权利:范式统合与规范分殊》,载《政法论坛》2021年第4期。

29.姚佳:《个人信息主体的权利体系——基于数字时代个体权利的多维观察》,载《华东政法大学学报》2022年第2期。

30.姚佳:《数据要素市场化的法律制度配置》,载《郑州大学学报(哲学社会科学版)》2022年第6期。

31.张茗:《"规范性力量欧洲":理论、现实或"乌托邦"?》,载《欧洲研究》2008年第5期。

32.赵精武:《数据跨境传输中标准化合同的构建基础与监管转型》,载《法律科学》2022年第2期。

33.赵精武:《论数据出境评估、合同与认证规则的体系化》,载《行政法学研究》2023年第1期。

34.中国商务部:《中国服务贸易发展报告(2020)》。

35.中国信息通信研究院:《数字贸易发展白皮书(2020年)》。

36.中国信息通信研究院:《全球数字经贸规则年度观察报告(2022年)》。

37.中国信息通信研究院:《全球数字经济白皮书(2022年)》。

38.周汉华主编:《〈个人信息保护法〉条文精解与适用指引》,法律出版社2022年版。

39.朱立群:《欧盟是个什么样的力量》,载《世界经济与政治》2008年第4期。

◎外文文献

1. Alan Watson, *Legal Transplants: An Approach to Comparative Law*, Athens: University of Georgia Press, 1993.

2. Anu Bradford, "The Brussels Effect", *Northwestern University Law Review*, 107(1), 2012.

3. Anu Bradford, "Exporting Standards: The Externalization of the EU's Regulatory Power via Markets", *International Review of Law & Economics,* 42, 2015.

4. Anu Bradford, *The Brussels Effect-How the European Union Rules the World*, Oxford University Press, 2020.

5. Anu Bradford, *Digital Empires*: *The Global Battle to Regulate Technology*, Oxford University Press, 2023.

6. Bruce G. Carruthers/Naomi R. Lamoreaux, "Regulatory Races: The Effects of Jurisdictional Competition on Regulatory Standards", *Journal of Economic Literature*, 54(1), 2016.

7. Daniel W. Drezner, "Globalization, Harmonization, and Competition: The Different Pathways to Policy Convergence", *Journal of European Public Policy*, 12, 2005.

8. David Vogel, "Trading Up and Governing Across: Transnational Governance and Environmental Protection", *Journal of European Public Policy*, 4, 1997.

9. Evgeny Morozov, *Digital Intermediation of Everything: At the Intersection of Politics, Technology and Finance*, Council of Europe, 4th Council of Europe Platform Exchange on Culture and Digitisation, Karlsruhe, 2017.

10. Florencia Marotta-Wurgler, "Self-Regulation and Competition in

Privacy Policies", *The Journal of Legal Studies*, 45 (2), 2016.

11. Francesca Casalini/Javier López González, *Trade and Cross-Border Data Flows*, OECD Trade Policy Papers, No. 220, 23. 01. 2019, OECD Publishing, Paris.

12. Ian Manners, "Normative Power in Europe: A Contradiction in Terms?", *Journal of Common Market Studies*, 40(2), 2002.

13. Ian Manners, "The European Union as a Normative Power: A Response to Thomas Diez", *Journal of International Studies*, 35(1) Millennium, 2006.

14. Ian Manners, "The Normative Ethics of the European Union", *International Affairs*, 84(1), 2008.

15. Katharina Holzinger/Thomas Sommerer, "'Race to the Bottom' or 'Race to Brussels'? Environmental Competition in Europe", *Journal of Common Market Studies*, 49(2), 2011.

16. LIN Liwen, "Legal Transplants through Private Contracting: Codes of Vendor Conduct in Global Supply Chains as an Example", *The American Journal of Comparative Law*, 57(3), 2009.

17. OECD, *Mapping Approaches to Data and Data Flows, Report for the G20 Digital Economy Task Force*, Saudi Arabia, 2020.

18. Rodolfo Sacco, "Legal Formants: A Dynamic Approach to Comparative Law (Installment I of II)", *The American Journal of Comparative Law*, 39(1), 1991.

19. Rodolfo Sacco, "Legal Formants: A Dynamic Approach to Comparative Law (Installment II of II)", *The American Journal of Comparative Law*, 39(2), 1991.

20. Tomaso Ferrando, "Private Legal Transplant: Multinational Enter-

prises as Proxies of Legal Homogenisation", *Transnational Legal Theory*, 5(1), 2014.

21. United Nations Conference on Trade and Development, *Digital Economy Report 2021-Cross-border Data Flows and Development: For Whom the Data Flow*, United Nations Publications, 2021.

第二章
数据监管的全球范式

引言:个人信息保护新范式

数字经济时代,数据的商业价值日益凸显。数字经济给价值创造和福祉促进提供了巨大契机,却对个人的权利和自由构成了实质性威胁。如何创制与飞速发展的数字技术相适应的法律,如何夯实个人信息保护,并最大限度利用数据潜力来促进社会发展,这既是传统隐私理论下个人信息保护的价值追问,也是立法机关在推进数字经济立法时亟需解决的重大问题。但数据保护(尤其是个人信息保护)并不是一件轻松的任务。数据保护的法益形态多样,散见于不同法律层面,例如:信息自决权,数据主权,对数据的财产权及处分权,尊重私人和家庭生活的权利,尊重住宅和通讯的权利,隐私权以及作为绝对权的数据保护等。相应地,数据保护法也因所涉法益多样性而呈现出多元的部门法维度:公共领域的数据保护法是行政法的一部分,规制私主体的个人信息处理是私法的一部分。一方面,尽管数据保护法并没有直接规制消费者,但显然具有消费者保护的功能,此种意义上的数据保护法是消费者保护法。另一方面,数据保护法既是信息法、媒体法和电信法的一部分,也是经济法的一部分,更是风险法,数据保护法的功能,也在于揭示信息技术发展对个人自由和社会公平的风险。[1]

在欧盟,2018年生效的《一般数据保护条例》(GDPR)[2]是一部典型的数据保护法,其诞生于欧盟数字单一市场形成的关键时刻,具有明显的功能主义的立法特征。GDPR也体现了数据问题的复杂本质——保护多样法益,这包括数据主体对数据的支配权,数据控制者、处理者对数据的使用权、收益权,也涉及国家的数据主权。GDPR采取统一立法模式,一体规制国家、企业和个人,构建的制度涉及多个相互交叉的法律部门,无论是GDPR的价值目标还是具体制度,均难以清晰归入传统的法教义体系之中,而是呈现出多层次、多维度、多类型的复杂面貌。在我国,2021年11月1日正式实施的《个人信息保护法》构成我国个人信息保护的"基本法"。《个人信息保护法》深受GDPR影响,也采取了统一立法模式,并在个人信息处理的合法性基础上设定了类似规则。[3]

作为全球个人信息保护的典型范式,GDPR在相当程度上代表了欧盟数据保护的水平,但其能否以及如何实现数据保护的多重目标,其与我国个人信息保护立法的根本区别和制度借鉴价值究竟为何,仍有详细辨识、分析之必要。本章从GDPR的演

---

〔1〕Martin Eßer/Philipp Kramer/Kai von Lewinski, *Auernhammer DSGVO BDSG Datenschutz-Grundverordnung, Bundesdatenschutzgesetz und Nebengesetze Kommentar*, Carl Heymanns Verlag, 2017, S. 16-21.

〔2〕Regulation (EU) No 2016/679 of the European Parliament and of the Council of 27 April 2016 on the protection of natural persons with regard to the processing of personal data and on the free movement of such data, and repealing Directive 95/46/EC (General Data Protection Regulation), OJ L 119, 4.5.2016, pp. 1-88.

〔3〕参见丁晓东:《〈个人信息保护法〉的比较法重思:中国道路与解释原理》,载《华东政法大学学报》2022年第2期,第74—76页。

进、要点和疑义出发,通过回溯GDPR的演进历史,厘清欧盟数据保护法的立法和司法政策嬗变,明确欧盟法律工具策略性更迭的根源;经由制度举要,阐明其与1995年《数据保护指令》[4]的内部承继关系和制度创新的推进方向;进而分析现行制度的可能缺陷,考量不同数据保护立法模式的价值分野与实践困境。事实上,面对经济全球竞争驱动下的多元法律价值序列,GDPR仅是处理多样法益保护的方案之一,也仅是特定技术条件和时代场景下的一种立法尝试,起决定性作用的,仍然是法律背后的深刻的价值序列因素。真正的问题或许在于,GDPR的立法模式是否科学,个人数据保护法(个人信息保护法)还有没有未来。

一、欧盟《一般数据保护条例》演进史

(一)立法政策演化

早在20世纪70年代的全球数据立法尝试中,数据保护和数据自由的价值分野就已初露端倪:经合组织欲打破数据国别保护的非关税贸易壁垒,促进跨境流动;欧共体则着力于自然人的基本权利保护和内部市场建构。这种价值分野从最初的立法尝试一直延续到GDPR的制度血液之中。唯有回溯历史,置身于欧盟数据立法的历史图景,方能理解GDPR的立法价值取向,也唯有回归"基本权利保护"和"内部市场统一"的社会、经济双重价值,

---

〔4〕Directive 95/46/EC of the European Parliament and of the Council of 24 October 1995 on the protection of individuals with regard to the processing of personal data and on the free movement of such data, OJ L 281, 23.11.1995, pp. 31-50.

方能窥得GDPR内部体系的矛盾根源。

作为数据跨境自由的倡导者，20世纪70年代，经合组织成立"跨境数据障碍专家组"，并于1980年以"建议"形式通过《经合组织隐私保护和个人数据跨境流动准则》(简称《经合组织准则》)。[5]《经合组织准则》并未着眼于数据保护，也不欲保护个人隐私，而是以确保成员国间个人数据跨境流动的安全性和持续性为首要目标，追求数据自由流动，将数据保护的国别性立法视为保护主义立法和非关税贸易壁垒。尽管倡导数据跨境自由，但《经合组织准则》的缺陷也十分明显：其一，"建议"虽具有灵活性，但规则的示范性质决定了准则并非国际法上有拘束力的法律文件，成员国并无执行准则的法定义务；其二，准则包含的广泛豁免限制了效力发挥。因此，《经合组织准则》的法律效力极为有限，成员国间的法律差异仍然存在。

在欧洲数据保护发展过程中，没有一个国际组织像欧洲委员会(Council of Europe)这般发挥持久而深远的影响力。[6]欧洲委员会制定的1950年《欧洲人权公约》包含了隐私权条款，欧洲人

---

〔5〕1974年的经合组织研讨会是其在数据领域的首项工作。《经合组织准则》的目标包括：(1)实现对个人数据隐私保护的最低程度保护标准的认可；(2)减少成员国之间立法和实践的差异；(3)避免成员国之间不当干预个人数据流动；(4)尽量消除可能导致成员国跨境数据流动障碍的原因。See OECD, "Policy Issues in Data Protection and Privacy", in: OECD Informatics Studies, No. 10, OECD, 1974, pp. 169-179; OECD, *Guidelines Governing the Protection of Privacy and the Transborder Flows of Personal Data*, 23.09.1980.

〔6〕Spiros Simitis, in: Spiros Simitis (Hrsg.), *Bundesdatenschutzgesetz*, Nomos, 2011, S. 138.

权法院通过广义解释,使该条款亦能保护个人数据处理。[7]欧洲委员会在20世纪70年代集中表达政治主张,将个人数据视为《欧洲人权公约》第8条第1款的一部分,要求部长委员会(Committee of Ministers)检视成员国法和《欧洲人权公约》,判断其是否并能在何种程度上保护个人免受风险。[8]1973年和1974年,部长委员会分别通过私营部门和公共部门数据保护的决议。[9]意识到"决议"的法律效力较低,不足以解决个人数据保护问题,欧洲委员会于1976年成立专家组着手起草公约,并于1981年颁布《个人数据自动化处理中的个人保护公约》(《第108号公约》),公约自1985年10月1日生效。[10]《第108号公约》是欧洲数据保护立法中的一项奠基性法案,将数据保护讨论中最重要的、具有通说性的基本原则予以成文化,但是,公约本身是一种非自动执行条约(non self-executing treaty),必需经由成员国立法,才能执行,而

---

〔7〕Paul De Hert/Serge Gutwirth, *Data Protection in the Case Law of Strasbourg and Luxemburg: Constitutionalisation in Action*, in: Serge Gutwirth/Yves Poullet/Paul De Hert/Cécile de Terwangne/Sjaak Nouwt (ed.), *Reinventing Data Protection?*, Springer, 2009, p. 3.

〔8〕Council of Europe, Convention for the protection of human rights and fundamental freedoms, 04.11.1950; Council of Europe, Parliamentary Assembly Recommendation 509, Human rights and modern scientific and technological developments, 31.01.1968.

〔9〕Council of Europe, Committee of Ministers, Resolution (73) 22 on the protection of the privacy of individuals vis-à-vis electronic data banks in the private sectors, 26.09.1973; Council of Europe, Committee of Ministers, Resolution (74) 29 on the protection of the privacy of individuals vis-à-vis electronic data banks in the public sector, 20.09.1974.

〔10〕Council of Europe, Convention for the protection of individuals with regard to automatic processing of personal data, ETS No 108, 28.01.1981.

在成员国立法之前,《第108号公约》对成员国的司法管辖不产生拘束力。此外, 在同一时期, 针对自动数据处理领域中的个人权利保护问题, 欧洲议会分别于1975年[11]、1976年[12]和1979年[13]颁布三项决议, 要求欧盟委员会起草数据保护的法律协调法案, 以回应欧洲数据处理行业的现实需求。但是, 欧洲议会的立法尝试并未产生实质成果,"决议"无直接效力, 欧盟委员会也并没有起草相关草案, 而是观望各成员国是否会批准《第108号公约》。1981年, 欧盟委员会建议成员国于1982年底前批准《第108号公约》, 同时保留了未批准公约时欧盟委员会的建议立法权, 截至1989年, 仅七个成员国批准公约。[14]

至20世纪80年代末, 欧洲诸机构以"建议""公约""决议"等形式展开的数据保护法律立法皆无疾而终, 但无可否认, 上述立法尝试为国际上广泛认可数据保护夯实了基础。在成员国数据保护法的分歧可能阻碍内部市场发展的忧虑下, 1990年欧盟委员会发布一系列指令草案, 其中包含《数据保护指令(草案)》,

---

〔11〕European Parliament, Resolution on the protection of the rights of the individual in the face of developing technical progress in the field of automatic data processing, OJ C 60/48, 13.03.1975.

〔12〕European Parliament, Resolution on the protection of the rights of the individual in the face of developing technical progress in the field of automatic data processing, OJ C 100/27, 03.05.1976.

〔13〕European Parliament, Resolution on the protection of the rights of the individual in connection in the face of technical developments in data processing, OJ C 140/34, 05.06.1979.

〔14〕European Commission, Commission Recommendation of 29 July 1981 relating to the Council of Europe Convention for the protection of individuals with regard to automatic processing of personal data, OJ L 246, 29.08.1981, p. 31.

欧盟委员会在解释性备忘录中明确指出,"成员国法律欠缺或不足之现状,无法体现共同体基本权利保护之承诺"。[15]《数据保护指令(草案)》吸取了《第108号公约》中一般规范无法实现预期效果的失败教训,承继了《经合组织准则》关于限制数据处理、数据开放性和数据安全保障的基本价值,引入了诸多精细化规则。在历经五年谈判之后,欧盟于1995年以"指令"形式通过欧洲数据保护法上具有里程碑意义的《数据保护指令》。[16]

欧盟数据立法的政策演进表明,其数据立法动机源于基本权利保护,这是其区别于其他区域性数据立法的显著特征,这也决定了欧盟对数据权利法律性质的特殊进路:在公私法二分的传统之下,基本权利意义上个人对数据的控制权或自决权,与私法上个人对数据的支配权,两者分属不同维度,但互有交叉。欧盟的数据保护法是一种"主题式"的碎片化立法,并未恪守传统法教义学的部门法划分,而是采取了功能规制路径。例如,GDPR鉴于条款第4条规定,对个人数据的权利保护并不是绝对的,而应当与其他权利平衡。在个人数据保护的立法逻辑上,欧盟并未采取纯粹私法意义上的绝对权保护路径,而是在基本权利保护的维度致力于基本权利的权衡,在私法维度建构不同类型的数据主体权利,这在欧盟法院的判例变迁中可见一斑。

---

〔15〕Proposal for a Council Directive concerning the protection of individuals in relation to the processing of personal data〔1990〕OJ C 277, 05.11.1990; European Commission, Communication to the Council on a community data-processing policy SEC (73) 4300 final, 21.11.1973, 15.

〔16〕成员国层面,德国黑森州于1970年颁布首部《数据保护法》。1973年,瑞典颁布首部数据保护国家立法,德国和法国分别于1977年和1978年相继颁布数据保护国家立法。

（二）司法政策变迁：从"内部市场整合论"到"基本权利权衡论"

欧盟法院早期判例在解释《数据保护指令》时持"内部市场整合论"，否认指令仅适用于具有跨境因素的数据处理者，法院欲克服个人数据在内部市场的流动障碍，由此大幅扩张指令适用范围。[17]但在后续判例中，欧盟法院转而采取"基本权利权衡论"，试图平衡协调不同基本权利的保护要求，例如，法院试图协调隐私权和财产权保护的关系；试图平衡知识产权保护和数据保护、经营自由的关系；试图回应个人数据保护和信息接收自由、传递自由的关系。[18]欧盟法院对指令的解释路径虽不连贯，但对基本权利的立场始终恒定——法院始终不愿直接支持指令的基本权利目标，认为内部市场统一是指令的首要目标，基本权利保护位居其次，直接支持基本权利目标或将危及内部市场统一的"更高"目标。[19]欧盟法院之所以对指令目标如此排序，是因为当时基本权利保护在欧盟法律体系中的法律地位：指令颁布时，《欧盟基本权利宪章》尚无拘束力，欧盟无权进行基本权利立法，欧盟法上尚未确立"数据保护权"的明确依据，1995年《数据保

---

〔17〕代表性判例包括Rundfunk案和Lindqvist案。See C-139/01, Österreichischer Rundfunk and Others, 20.05.2003; C-101/01, Bodil Lindqvist, 06.11.2003.

〔18〕代表性判例包括Promusicae案、Scarlet案和Bonnier案。See C-275/06, Productores de Música de España (Promusicae) v. Telefónica de España SAU, 29.01.2008; C-70/10, Scarlet Extended SA v. Societe Belge des auteurs, compositeurs et dditeurs SCRL (SABAM), 24.11.2011; C-461/10, Bonnier Audio Ab et al. v. Perfect Communication Sweden, 19.04.2012.

〔19〕Orla Lynskey, *The Foundations of EU Data Protection Law*, Oxford Studies in European Law, Oxford University Press, 2015, pp. 87-88.

护指令》的法律基础是《欧盟运行条约》第114条的法律协调,并未涉及基本权利保护。[20]

但在欧盟基础性立法明确纳入"数据保护"后,欧盟法院的立场出现了根本转折。《欧盟基本权利宪章》获得了基础性法源地位,并于第8条明文规定个人数据保护,《欧盟运行条约》第16条为数据保护立法确立了独立的法律基础。[21]由此,欧盟法院开始在判例中逐步夯实促进数据保护的基本权利目标,在具有转折意义的Eifert判例中,法院首次判定派生性法律因违反《欧盟基本权利宪章》所保障的数据保护和隐私权而无效,认为个人数据保护的减损和限制必须且仅能在严格必要情形之下作出。[22]至此,数据保护的基本权利目标重回欧盟法院视野。在后续判例中,法院愈发重视欧盟数据立法的基本权利维度,在信息自由权、言论自由等个人数据保护问题上的立场一致。[23]

欧盟法院是一支极易被忽视的重要力量。它不仅在欧盟数据立法演进中发挥了独特作用,甚至在一定程度上形塑了欧洲数据保护法的理论内核。此种司法能动性的根源在于,欧盟数据保护法使用了大量一般性的法律概念,此类概念为司法裁判、司法

─────────────

〔20〕Orla Lynskey, *The Foundations of EU Data Protection Law*, Oxford Studies in European Law, Oxford University Press, 2015, pp. 87-88.

〔21〕《欧盟基本权利宪章》第8条规定,人人有权享有个人数据保护,有权获得个人数据并予以纠正,个人数据须为特定目的且在数据当事人同意或其他法律规定的正当依据之下公平处理。此外,个人数据处理中的自然人保护也是《欧洲人权公约》和《个人数据自动化处理中的个人保护公约》等相关国际法律文件确保的一项基本权利,例如《欧洲人权公约》第8条规定了尊重私人和家庭生活的权利。

〔22〕C-92/09, Volker und Markus Schecke and Eifert, 09.11.2010.

〔23〕C-28/08, Commission v. Bavarian Lager, 29.06.2010; C-131/12, Google Spain, 13.05.2014.

政策预留了充分裁量空间，也因其本身的概念灵活性能够合理回应时刻变革发展中的数据技术。自1970年以来，欧盟法院通过七十多例判决彰显了其在解释、调整，甚至建构欧洲数据保护法上的中流砥柱角色。欧盟法院从"内部市场整合论"到"基本权利权衡论"的判例变迁过程也折射出，欧盟的数据保护政策是一种经济社会目标兼具的混合政策，这种混合性政策本身无法避免内部价值孰轻孰重的选择和评价难题。1995年《数据保护指令》和GDPR均需直面"内部市场"和"基本权利"的价值选择和评价问题，而且，由于立法价值的内部关系较欧洲数据保护法最初形成之时更趋复杂，未来甚至可能引发监管困境。[24]不仅如此，欧盟数据保护法最初的重点是基本权利保护和消费者保护，而非商业交换问题，但自2015年以来，数据的价值衡量进入了新的层面，数据私法的功能需要通过法律规范来实现与平衡不同目的、不同价值，这不仅符合利益法学的分析路径，[25]为欧盟法院的判例发展提供了新的方向，也给欧盟数据保护立法提出了新的要求。

（三）立法形式更迭：从碎片化到一体化规制

欧盟数据保护的立法形式经历了从"建议""公约""决议"，再到"指令""条例"的策略性更迭，呈现出法律效力从弱到强、

---

〔24〕Orla Lynskey, *The Foundations of EU Data Protection Law*, Oxford Studies in European Law, Oxford University Press, 2015, pp. 87-88.

〔25〕Artur-Axel Wandtke, "Ökonomischer Wert von persönlichen Daten: Diskussion des Warencharakters von Daten aus persönlichkeits- und urheberrechtlicher Sicht", *MMR*, 2017, Heft 1, S. 6.

法律规则从一般到特殊再到抽象、立法体系从碎片化到一体化的渐进特征。

作为派生性立法的一般规则,1995年《数据保护指令》旨在协调成员国个人数据保护水平,克服不同层级数据保护法导致的跨境数据传输障碍,在欧共体内保护基本权利和基本自由。欧共体在20世纪90年代初以"指令"形式立法并无不妥:当时并无欧盟范围内的统一法令,指令可谓是对成员国数据保护立法的初步协调,指令最低限度协调的立法技术有助于在欧盟层面确立最低标准,由此实现成员国数据保护法的平等保护水平。当然,指令的最低限度协调技术会引发成员国碎片化立法的负效应,成员国基于指令建立的个人数据保护制度各有不同,指令中的"利益平衡条款"的解释也取决于各国数据保护本身的价值取向,法律和实务之间的巨大差距很难形成欧盟数据保护的统一标准,甚至可能阻碍欧盟的经济活动,引发不当竞争。

在1995年《数据保护指令》一般规则的基础上,欧盟围绕特定行业、特定数据类型立法,形成了一系列指令"孤岛",这些指令虽是对1995年《数据保护指令》一般规则的具体化和补充,但加剧了欧洲数据保护立法的碎片化。以电子通信行业为例,1997年,欧盟基于1995年《数据保护指令》首先颁布《电信行业个人数据处理的隐私保护指令》,[26]后于2002年通过《隐私和电子通

---

〔26〕Directive 97/66/EC of the European Parliament and of the Council of 15 December 1997 concerning the processing of personal data and the protection of privacy in the telecommunications sector, OJ L 24, 30.1.1998, pp. 1-8.

信指令》[27]取代前者,并于2009年颁布《cookie指令》[28]以进一步补充细化《隐私和电子通信指令》。其中,《隐私和电子通信指令》不仅保护电子通信中的个人数据处理,也保护通信机密性,包含了与法人有关的非个人数据规则。但1995年《数据保护指令》和GDPR均仅保护个人数据,不适用于法人。从数据的分类保护角度,欧盟委员会早在2018年就有了建立数据空间的想法(近几年我国才在数据交易所中逐步提出和重视"数据空间"问题),欧盟委员会在《通向共同欧洲数据空间》[29]中,提出了对数据分类并相应设置不同规则的明确思路。欧盟委员会还通过《公共部门信息重复使用指令》[30]《科学信息保存获取的建议》[31]

〔27〕Directive 2002/58/EC of the European Parliament and of the Council of 12 July 2002 concerning the processing of personal data and the protection of privacy in the electronic communications sector (Directive on privacy and electronic communications), OJ L 201, 31.7.2002, pp. 37-47.

〔28〕Directive 2009/136/EC of the European Parliament and of the Council of 25 November 2009 amending Directive 2002/22/EC on universal service and users' rights relating to electronic communications networks and services, Directive 2002/58/EC concerning the processing of personal data and the protection of privacy in the electronic communications sector and Regulation (EC) No 2006/2004 on cooperation between national authorities responsible for the enforcement of consumer protection laws (Text with EEA relevance), OJ L 337, 18.12.2009, pp. 11-36.

〔29〕Communication from the Commission to the European Parliament, the Council, the European Economic and Social Committee and the Committee of the Regions "Towards a common European data space", 25.4.2018, COM/2018/232 final.

〔30〕Directive 2003/98/EC of the European Parliament and of the Council of 17 November 2003 on the re-use of public sector information, OJ L 345, 31.12.2003, p. 90.

〔31〕European Commission, Commission Recommendation (EU) 2018/790 of 25 April 2018 on access to and preservation of scientific information, OJ L 134, 31.04.2018, pp. 12-18.

《私营部门数据分享指引》，来释放不同类型数据的再利用潜力。为确保数据保护规则切实实施，欧盟还颁布了《数据保护法执行指令》，保障刑事执法机构在使用个人数据时保护公民基本权利。[32]

指令立法初步建构了欧盟数据保护法的法律基础和体系，这对"从无到有"建构欧盟数据法而言是妥当的，但指令碎片化的固有缺陷使得数据保护法缺乏协调性，增加了额外成本和行政负担，尤其是在多个成员国设立的数据控制者必须符合当地国家的规定，对数据主体和数据控制者而言，国别性差异导致指令本身的平等保护目标无法实现。[33]欧盟亟需进一步整合派生性立法，侧重欧盟数字内部市场的统一立法和统一监管，"条例"就是一体化规制的典型法律工具。

条例立法来一体规制数据保护的典型尝试，当属2016年通过（2018年5月25日实施）的GDPR。GDPR取代了1995年《数据保护指令》，确保数据处理的个人权利保护规则一体适用于所有成员国，建构更一致的个人数据保护框架。GDPR的核心内容是根据技术发展调整数据保护规则，规制个人数据处理，促进个人数据自由流动，强化数据主体权利，确立单一监管机构的企业监

---

〔32〕Directive (EU) 2016/680 of the European Parliament and of the Council of 27 April 2016 on the protection of natural persons with regard to the processing of personal data by competent authorities for the purposes of the prevention, investigation, detection or prosecution of criminal offences or the execution of criminal penalties, and on the free movement of such data, and repealing Council Framework Decision 2008/977/JHA, OJ L 119, 04.05.2016, pp. 89-131.

〔33〕European Commission, Commission Staff Working Paper, Impact Assessment, Brussels, 25.1.2012 SEC(2012) 72 final, Annex 2, 21f.

管"一站式"原则,促进交易便利化。[34]GDPR确立了接收、处理个人数据的合法公平透明原则、最小必要原则、目的限制原则、准确性原则、存储限制原则、完整性和保密性原则,对数据的控制者和处理者提出了严格要求,还制定了严格的监督惩罚机制,设立了专门的政府监管机构,要求企业指定数据保护专员。对一般违法行为,对涉事企业处以上限1000万欧元或上年度全球总营业收入2%的罚款,对严重违法行为,罚款上限为上年度全球营收总额的4%或2000万欧元,代表了全球个人信息违法处罚的最高水平。

数据保护的一般规则从指令转为条例,特定行业、特定类型的数据保护立法也处于一体化规制的转型之中。2017年,欧盟委员会通过《隐私和电子通信条例(草案)》[35],旨在取代《隐私和电子通信指令》。同年,《非个人数据自由流动条例(草案)》[36]确立了非个人数据跨境自由流动的基本原则,形成了欧盟对于个人数据和非个人数据自由流动的基本法律框架。

经过策略性更迭后,欧盟数据保护的立法工具进入到检视规范、建构体系的新阶段。在GDPR的先导下,基于统一适用和统

---

〔34〕Daniel Rücker/Tobias Kugler, *New European General Data Protection Regulation, A Practitioner's Guide, Ensuring Compliant Corporate Practice*, C.H.Beck, 2018, p. 4.

〔35〕Proposal for a Regulation of the European Parliament and of the Council concerning the respect for private life and the protection of personal data in electronic communications and repealing Directive 2002/58/EC (Regulation on Privacy and Electronic Communications), 10.01.2017, COM (2017) 10 final.

〔36〕European Commission, Proposal for a Regulation of the European Parliament and of the Council on a framework for the free flow of non-personal data in the European Union, 13.09.2017, COM (2017) 495 final.

一监管目标,欧盟数据保护的立法触角从个人数据逐步扩张到非个人数据,数据立法的价值目标从严格的基本权利保护,逐步发展到与数字产业监管发展相融合的多维视角。

二、欧盟《一般数据保护条例》的制度突破

(一)拓宽适用范围

1.实质管辖的开放性

根据GDPR第2条,GDPR适用于构成或拟构成文件系统的全部或部分以自动化方式处理的个人数据。立法者欲借助广义解释,涵盖所有个人数据处理行为,扩大管辖范围并确立高水平保护标准。[37]如何界定和解释"个人数据"和"处理"两个基准概念,直接决定了GDPR的实质适用范围,而上述概念构成要件的法律界定,包括GDPR规范文义和欧盟法院判例两部分,其中,GDPR确立了一般性规范,欧盟法院则对概念解释享有较为广泛的自由裁量空间。事实上,自1995年《数据保护指令》和电信行业诸项指令颁行以来,欧盟法院判例已经确立了一系列识别规则。

与实质管辖相关的关键概念和核心问题,包括如下几类:

第一,"处理"概念之界定。对数据的"处理"概念,GDPR第4条第2项采取了非穷尽性列举的开放界定立法技术。GDPR

---

[37] Paul Voigt/Axel von dem Bussche, *The EU General Data Protection Regulation (GDPR), A Practical Guide*, Springer International Publishing AG, 2017, p. 9.

第4条第2项的"处理",指对个人数据或个人数据集合所作的任何单一或一系列的自动化或非自动化的操作,例如对其的收集、记录、组织、结构化、储存、修改、检索、查阅、使用、传播或以其他方式利用、排列或组合、限制、删除或销毁。这一界定承继于1995年《数据保护指令》第2条第b项的"处理"概念。无论是浏览器缓存等暂存于IT系统的个人数据,还是显示于电脑屏幕的个人数据,抑或是通过电脑、智能手机、网络或无人机摄像头进行的数据处理,甚至是借助可穿戴设备或汽车等智能设备收集个人数据,任何数据处理都属于GDPR的数据"处理"。根据GDPR第2条第1款以及GDPR鉴于条款第15条,手动处理也构成GDPR的"处理",当数据被包含或意图包含于文档系统,且文档应依特定标准建构时,处理行为亦受GDPR管辖。

"处理"个人数据,必须具备合法性前提。只有在满足GDPR第6条第1款列举的6类情形之一时,数据处理方的处理行为才是合法的,包括:(1)数据主体同意;(2)数据处理是为履行合同所必需;(3)数据处理是为履行控制者所负担的法定义务所必需;(4)数据处理是为保护数据主体或另一自然人的重大利益所必需;(5)数据处理是为执行公共利益领域的任务所必需或是为行使数据控制者的公务职权所必需;(6)数据处理是为实现数据控制者或第三方追求的合法利益所必需。类似的,我国也在《个人信息保护法》第13条中,用"列举+兜底"的方式规定了处理个人信息的合法性基础,不仅与GDPR第6条的规范内容较为接近,而且在告知同意的制度设计上,[38]采用了与GDPR第6条相同的立法逻辑。[39]

　　对数据"处理"概念进行开放式界定,能够预防规避风险,数据处理当事人很难通过对照处理的法定概念,来设计具体行为,使实际发生的处理行为无法落入"处理"的法定概念。GDPR鉴于条款第15条亦表明,为了避免发生严重的规避风险,开放式界定能够防止规避行为,从技术中立的立场去保护自然人权利,不得依赖于所用的技术,由此,GDPR的适用范围能在一定程度上独立于技术变革。这种立法技术也为司法裁判预留了裁量空间,欧盟法院通过判例进一步补充和明确了"处理"概念,例如,发布新闻稿、网页加载个人数据、在光盘上收集、传输或通过短信转发数据、响应访问文档请求传递数据、获取和存储指纹、通过

---

　　[38]我国对告知同意的深入研究,例如丁晓东:《隐私政策的多维解读:告知同意性质的反思与制度重构》,载《现代法学》2023年第1期,第34—48页;程啸:《论个人信息处理中的个人同意》,载《环球法律评论》2021年第6期,第40—55页;韩旭至:《个人信息保护中告知同意的困境与出路——兼论〈个人信息保护法(草案)〉相关条款》,载《经贸法律评论》2021年第1期,第47—59页;姚佳:《知情同意原则抑或信赖授权原则——兼论数字时代的信用重建》,载《暨南学报(哲学社会科学版)》2020年第2期,第48—55页;陆青:《个人信息保护中"同意"规则的规范构造》,载《武汉大学学报(哲学社会科学版)》2019年第5期,第119—129页;张新宝:《个人信息收集:告知同意原则适用的限制》,载《比较法研究》2019年第6期,第1—20页;林洹民:《个人信息保护中知情同意原则的困境与出路》,载《北京航空航天大学学报(社会科学版)》2018年第3期,第13—21页。

　　[39]参见周汉华主编:《〈个人信息保护法〉条文精解与适用指引》,法律出版社2022年版,第103页。

ANAF传输数据和CNAS的后续处理都构成数据处理行为。[40]

第二，"个人数据"之界定。GDPR第4条第1项规定，GDPR仅适用于个人数据，个人数据包括任何已识别或可识别的数据主体的所有信息，而可被识别的数据主体，是指能够被直接或间接通过识别要素识别的自然人数据，例如通过物理、生理、遗传、心理、经济、文化或社会认同特征识别，以及姓名、身份、位置数据和在线识别码等信息。假名化处理后的个人数据若仍可能合理识别到特定主体，则属于个人数据，匿名化处理的数据因无法识别到特定主体，故不构成个人数据。[41]

在欧盟法上，个人数据概念的判定标准始终如一，尽管1995年《数据保护指令》第2条以能否"特定化"为标准，GDPR将规范措辞改为"可识别性"，但两者内涵并无变化。欧盟法院也基于"可识别性"标准确立了一系列示例规则，例如，与自然人的电话、工作或兴趣信息相关的姓名、超过特定收入阈值的姓名、参会人姓名、ISP地址、指纹、传输的税务信息以及与服务提供商掌握的其他数据结合就能间接识别自然人的动态IP，这些信息都

---

〔40〕T-259/03, Nikolaou v. Commission, 12.09.2007; C-230/14, Weltimmo, 01.10.2015; C-101/01 Bodil Lindqvist, 06.11.2003; C-73/07, Satakunnan Markkinaporssi and Satamedia, 16.12.2008; C-28/08, Commission v. Bavarian Lager, 29.06.2010; C-291/12, Schwartz, 17.10.2013; C-201/14, Bara and Others, 01.10.2015.

〔41〕参见GDPR鉴于条款第28条至第29条。

因具有可识别性而构成个人数据。[42]对于"可识别性"的判定标准,基于GDPR鉴于条款第26条,主观可识别标准应当优先于客观可识别标准。[43]与之类似,我国《个人信息保护法》第4条第1款对个人信息的界定也以"可识别性"为主要特征。[44]

第三,特别保护"敏感数据"的正当性。GDPR将个人数据区分为一般数据和特别类型数据,一般数据是指能以直接或间接方式识别个人身份的任何数据,包括通过IP、浏览记录产生的数字轨迹并可追踪识别特定主体的身份信息,特别类型数据是指揭示人种、政治倾向、宗教、哲学信仰、生物特征、基因、健康相关、性生活与性倾向的数据,亦称"敏感数据"。两类数据的处理规则不同,一般类型的个人数据可以基于数据主体同意前提处理,特殊类型的个人数据处理原则上禁止,但非绝对禁止。细分个人数据类型并对敏感数据提供特别保护的理由明确:由于敏感数据具有高度人身性,与基本权利和基本自由关联密切,对此类数据进行的处理行为可能对基本权利和基本自由带来显著风险。尽管如此,对此种分类的批评意见不绝如缕,大数据时代数据挖掘技术发展下,单一的类型细分存在一定的功能障碍。

---

〔42〕C-101/01, Bodil Lindqvist, 06.11.2003; C-73/07, Satakunnan Markkinaporssi and Satamedia, 16.12.2008; C-28/08, Commission v. Bavarian Lager Co., 29.06.2010; C-70/10, Scarlet Extended SA v. Societe Belge des auteurs, compositeurs et dditeurs SCRL (SABAM), 24.11.2011; C-291/12, Schwartz, 17.10.2013; C-201/14, Bara and Others, 1.10.2015; C-582/14, Patrick Breyer v. Bundesrepublik Deutschland, 19.10.2016.

〔43〕参见〔波兰〕马里厄斯·克里奇斯托弗克:《欧盟个人数据保护制度〈一般数据保护条例〉》,张韬略译,商务印书馆2023年版,第55—56页。

〔44〕参见周汉华主编:《〈个人信息保护法〉条文精解与适用指引》,法律出版社2022年版,第50页。

第四，实质适用的有限例外。GDPR对实质适用范围的宽泛界定，意味着立法者对适用例外的解释采取限制和狭义的解释思路。根据GDPR第2条第2款之规定，不受GDPR管辖的数据处理行为主要分为四类：(1)发生在欧盟法律管辖外活动中的个人数据处理；(2)《欧洲联盟条约》第5编第2章的共同外交和安全政策领域的个人数据处理；(3)纯粹的个人或家庭生活中的个人数据处理；(4)刑事犯罪领域进行的个人数据处理。在通常的商事经营活动中，上述四种例外情形并不常见，最可能出现的例外情形应当是"纯粹的个人或家庭生活中的数据处理"。而根据GDPR鉴于条款第18条之规定，依一般社会观念，在解释GDPR第2条第2款第3项"纯粹的个人或家庭生活"概念时，应当包括那些为了休闲活动、度假等活动所进行的个人数据处理，而基于"纯粹"一词，应对"个人或家庭生活"作狭义解释。

2.地域管辖的扩张性

虽为欧盟立法，GDPR的适用却未止于欧盟疆界。GDPR的地域管辖具有明显的扩张性：无论数据处理行为是否发生于欧盟，设立在欧盟境内的控制者或处理者均适用GDPR；设立在欧盟境外的控制者或处理者在提供产品服务过程中处理了欧盟境内数据主体的个人数据，即受GDPR管辖。这种扩张管辖糅合了属地原则、住所原则、设立原则和市场地原则，一体适用于数据控制者和处理者，尤其是市场地原则构成条例的一项重大更新。[45]GDPR的跨境管辖意图明确,一方面,欧盟跨国企业存在跨境数据传输的现实需求,因此,管辖规则为内部市场保证公平竞争条件并保障隐私;另一方面,此种管辖能够有效预防选择法院现象,防止企业通过选择设立地来挑选数据保护水平较低的成员国法为准据法。[46]从GDPR的条款看,以下问题值得关注:

第一,何为"设立"?按照GDPR第3条第1款之规定,GDPR适用于设立在欧盟的控制者或处理者进行的个人数据处理行为,无论处理行为是否发生在欧盟境内。GDPR第3条仅用"设立"(establishment)一词,未提及公司法上常用的"住所"概念。但欧盟法院判例表明,符合公司章程的住所亦为设立地。[47]换言之,住所的确定与数据处理技术是否在欧盟境内无关,与服务器是否在欧盟境外无关,也与处理的是欧盟公民的还是第三国国民的个人数据无关,甚至与数据主体居住地无关。GDPR未界定"设立"概念,仅在鉴于条款第22条阐明,设立是指通过稳定安排从事有效真实经营的法律形式,无论其是否通过有法人资格的子公司或分支机构。这一概念承继了1995年《数据保护指令》鉴于条

---

〔45〕有关欧盟数据立法"长臂管辖"和域外效力的相关研究,参见叶开儒:《数据跨境流动规制中的"长臂管辖"——对欧盟GDPR的原旨主义考察》,载《法学评论》2020年第1期,第106—117页;翟志勇:《数据主权的兴起及其双重属性》,载《中国法律评论》2018年第6期,第196—202页;孔庆江、于华溢:《数据立法域外适用现象及中国因应策略》,载《法学杂志》2020年第8期,第76—88页。

〔46〕Paul Voigt/Axel von dem Bussche, *The EU General Data Protection Regulation (GDPR), A Practical Guide*, Springer International Publishing AG, 2017, p. 22.

〔47〕EuGH, 01.10.2015-C-230/14: Anwendbarkeit nationalen Datenschutzrechts auf ausländische Gesellschaft, *NJW*, 2015, Heft 50, S. 3636, Rn. 29; EuGH, *EuZW*, 2014, 541, Rn. 49.

款第19条和欧盟法院判例,[48]具体判定适用欧盟法上就"设立"概念确立的一系列判定规则。例如,为确保个人数据高水平保护,应对"设立"进行限缩解释;[49]应依据实体活动的具体性质判定"设立"概念中的"稳定安排"要件,例如公司是否仅通过互联网提供服务,亦应平衡"稳定安排"和(经营)活动对数据处理的贡献,稳定安排中的经济活动可能是次要因素,例如运行一个提供服务的网站。[50]在成员国内拥有银行账户、信箱和代表处作为成员国客户专属联系点的非欧盟实体,应将其在成员国的人力资源和实体资源视为是一种稳定安排,进而构成设立。[51]

　　第二,GDPR是否管辖非欧盟的数据控制者? 依市场地原则(Marktortprinzip),根据GDPR第3条第2款以及鉴于条款第23条至第24条之规定,即便数据控制者和处理者未在欧盟境内设立,只要数据处理行为是向欧盟数据主体提供商品或服务,无论其是否以支付金钱作为对价,或者只要监控数据主体行为且受监控行为发生在欧盟境内,那么以上行为就受到GDPR管辖。市场地原则扩张了GDPR的适用范围,倾斜于数据保护和消费者保护,旨在解决欧盟境外的数据处理是否以及在何种程度上保护本国国民。欧盟境外的数据处理主体受到GDPR管辖扩张的影响最为显著,即便非欧洲国家的服务提供商的住所地或设立地不

---

〔48〕EuGH, 01.10.2015-C-230/14: Anwendbarkeit nationalen Datenschutzrechts auf ausländische Gesellschaft, *NJW*, 2015, Heft 50, S. 3636, Rn. 19; EuGH, *EuZW*, 2014, 541, Rn. 19.

〔49〕C-131/12, Google Spain, 13.05.2014.

〔50〕C-230/14, Weltimmo, 01.10.2015.

〔51〕C-230/14, Weltimmo, 01.10.2015.

在欧盟,其亦受GDPR管辖。[52]例如,非欧洲企业的数据处理行为以欧盟境内主体为对象时,企业纵未提供商品服务,仍受之管辖。[53]GDPR地域管辖亦辐射欧洲经济区和欧洲自由贸易国家。欧洲经济区联合委员会于2018年7月19日通过《纳入GDPR的联合委员会决议》并于7月20日生效,[54]欧洲经济区和欧洲自由贸易区国家的国家议会须相应修改内国法,GDPR在议会批准后才适用于整个欧洲经济区,在此之前仍适用1995年《数据保护指令》。[55]

尤值关注的是,GDPR的地域扩张管辖,带来了体系性后果。GDPR的地域扩张管辖在一定程度上影响了GDPR中的数据跨境传输规则。例如,在扩张管辖下,数据跨境传输的控制者有巨大

---

〔52〕Stefan Ernst, in: Boris P. Paal/Daniel A. Paul (Hrsg.), *Datenschutz-Grundverordnung Bundesdatenschutzgesetz (DS-GVO BDSG)*, C.H.Beck, 3. Aufl. 2021, Art. 3, Rn. 13-20.

〔53〕Stefan Ernst, in: Boris P. Paal/Daniel A. Paul (Hrsg.), *Datenschutz-Grundverordnung Bundesdatenschutzgesetz (DS-GVO BDSG)*, C.H.Beck, 3. Aufl. 2021, Art. 3, Rn. 13-20.

〔54〕European Economic Area, Decision of the EEA Joint Committee No 154/2018 of 6 July 2018 amending Annex XI (Electronic communication, audiovisual services and information society) and Protocol 37 (containing the list provided for in Article 101) to the EEA Agreement〔2018/1022〕, OJ L 183/23, 19.07.2018.

〔55〕在纳入程序上,欧洲经济区汇集了欧盟成员国和冰岛、列支敦士登、挪威三个欧洲自由贸易区国家。为确保同质性,与欧洲经济区相关的欧盟法案须被纳入《欧洲经济区协议》,使欧盟法扩大适用于欧洲自由贸易联盟国家,纳入程序须以欧洲经济区联合委员会决议形式完成。See Agreement on the European Economic Area-Final Act-Joint Declarations-Declarations by the Governments of the Member States of the Community and the EFTA States-Arrangements-Agreed Minutes-Declarations by one or several of the Contracting Parties of the Agreement on the European Economic Area, OJ L 1, 3.1.1994, pp. 3-36.

动力,来通过政府的充分性认定,或是通过跨国企业的有拘束力的公司规则(BCR),来弱化GDPR监管。由此,能否适用允许跨境传输的例外情形,在很大程度上将会体现为相关国家、地区、企业与欧盟之间的利益博弈。换言之,经由扩张管辖及关联的例外允许跨境传输规则,欧盟为己方赢得了相关领域贸易谈判的有力地位。

(二)数据主体权利的非绝对性

欧盟数据立法将个人数据权利构造为一种需要平衡的权利。数据主体权利是一种非绝对权,应与其他权利和正当利益适当平衡,这种非绝对性明确体现于数据主体的权利体系上:除了规定数据主体权利行使的一般前提和法律效果外,GDPR确立了大量但书条款和限制条款,限制数据主体权利的无限扩张。就具体的数据主体权利类型而言,GDPR在访问权、限制处理权和拒绝权之外,确立了数据可携权和被遗忘权概念,这在某种程度上构成制度创新,但更确切而言,应当是对权利内在体系的发展:数据可携权进一步夯实了传统意义上的访问权,被遗忘权是对传统意义上的删除权的升级和扩张。

特别地,GDPR遵循保护前置理念构建数据主体权利。保护前置(Vorfeldschutz),即将数据保护前置到数据收集、处理阶段,原因在于,数据保护是保护人本身的价值,一旦侵害了人的内在,就无法恢复到不受侵害的状态,这有别于金钱的损害赔偿,故需保护前置,在数据收集、处理阶段进行类型化保护。但由于各种规整中的多层次的前置保护,前置保护的类型化反而使其离本来要保护的法益越来越远,无法"穿透"或"回归"最初欲保护的法益,甚至导致功能失调,故而需要借助比例原则来限制前置性保护的适用。[56]

1.数据可携权:数据权利内容的客体化

数据可携权是GDPR的一项制度创新,旨在平衡数据流动的自由和管制,使数据主体能以简明方式迁移数据并更好地控制个人数据。[57]

概念使用上,数据可携权[58]亦称为数据迁移权、数据携带权[59]。本章采取了数据可携权的概念表达,理由有二:其一,数据可携权强调的是数据主体对个人数据的一种高度人身性权利,这种权利不可以移转给第三人,也不可以继承,在此意义上,数据迁移权很难体现出人身性权利这一特性;其二,目前国内多个译本以及行业已经通行使用数据可携权概念,为了尊重目前通行说法,本章亦沿用数据可携权的概念表达。

数据的可迁移、可携带能力,是指数据被移动、复制或传输

---

〔56〕Martin Eßer/Philipp Kramer/Kai von Lewinski, *Auernhammer DSGVO BDSG Datenschutz-Grundverordnung, Bundesdatenschutzgesetz und Nebengesetze Kommentar*, Carl Heymanns Verlag, 2017, S. 6-7.

〔57〕参见GDPR鉴于条款第68条。

〔58〕使用"数据可携权"概念的,例如高富平、余超:《欧盟数据可携权评析》,载《大数据》2016年第4期,第102—107页;邢会强:《论数据可携权在我国的引入——以开放银行为视角》,载《政法论丛》2020年第2期,第14—24页;金耀:《数据可携权的法律构造与本土构建》,载《法律科学》2021年第4期,第105—116页;王锡锌:《个人信息可携权与数据治理的分配正义》,载《环球法律评论》2021年第6期,第5—22页。

〔59〕使用"数据携带权"概念的,例如卓力雄:《数据携带权:基本概念,问题与中国应对》,载《行政法学研究》2019年第6期,第129—144页;丁晓东:《论数据携带权的属性、影响与中国应用》,载《法商研究》2020年第1期,第73—86页。

的能力,法律上创设数据可携权制度,其根本目的是为了防止锁定效应,促进数字服务的提供商充分竞争。[60]GDPR基于数据的可迁移性,在第20条确立了数据可携权概念,根据GDPR第20条第1款之规定,数据主体有权以结构化、通常使用、机器可读、可互操作的形式,接收其提供给数据控制者的个人数据,数据主体亦有权将其个人数据传输给其他的数据控制者。在此意义上,GDPR第20条所规定的数据可携权是一个广义概念,既包含个人向数据控制者查询、复制数据的权利,也包含个人要求数据控制者将与其有关的个人数据传输到另一个数据控制者的权利。[61]

法律性质上,数据可携权的特殊之处在于,数据可携权是一项高度人身性权利,不得移转给第三人,不得继承,但可代理行使。[62]数据可携权的这种权利特性,在一定程度上有助于澄清数据的归属问题,数据控制者对于个人数据并不具有绝对的控制权,而仅负有配合义务,配合个人数据主体行使数据可携权。换言之,数据可携权的制度构造,能够避免数据控制者无限制地争夺用户数据,由此促进数据合法流动。GDPR鉴于条款第68条以"可互操作的方式"来界定数据可携权,此举亦能从源头上改变

〔60〕Commission Staff Working Document, On the free flow of data and emerging issues of the European data economy, Accompanying the document Communication Building a European data economy, 10.01.2017, SWD (2017) 2 final.

〔61〕参见王锡锌:《个人信息可携权与数据治理的分配正义》,载《环球法律评论》2021年第6期,第6页。

〔62〕Winfried Veil, in: Gierschmann/Schlender/Stentzel/Veil (Hrsg.), *Kommentar Datenschutz-Grundverordnung*, Bundesanzeiger Verlag, 2018, S. 600.

用户数据的锁定现象,使锁定效应最小化。[63]数据可携权的制度创新,还在于从数据主体视角设计数据流动规则,重构"数字服务用户/提供商""数字产品服务市场上的竞争者"之间的关系,由此影响个人数据控制格局。此外,由于GDPR第20条并未全面界定数据可携权的构成要件,GDPR对数据可携权的适用范围和前提要件存在开放性,第29条工作组于2016年起草《数据可携权指引》并于2017年公布最终版本,阐明了一些关键问题,为数据控制者提供了具体指引。[64]

规范构成上,GDPR第20条的数据可携权由两项相互独立的请求权构成,即(1)数据主体获得个人数据的权利,和(2)要求数据控制者和处理者向其他主体提供个人数据的权利,前者是获取个人数据副本的权利,后者是将数据从一控制者直接传输到另一控制者的权利。常见适用场景如社交网络、员工离职、更换保险公司时的数据携带。就适用范围而言,数据可携权不适用于符合公共利益的执行职务行为或委托数据控制者行使公权力进行必要处理之情形。换言之,基于公共利益或行使公权力情形下的数据处理行为会限制数据可携权的行使。[65]

行使权利时,数据可携权不得优先于删除权行使,不应影响其他主体的权利和自由,涉及第三方个人数据时,数据主体行使

---

〔63〕Boris P. Paal, in: Boris P. Paal/Daniel A. Paul (Hrsg.), *Datenschutz-Grundverordnung Bundesdatenschutzgesetz (DS-GVO BDSG)*, C.H.Beck, 3. Aufl. 2021, Art. 30, Rn. 4-6.

〔64〕WP 29, Guidelines on the right to data portability, 13.12.2016, 16/EN WP 242; WP 29, Guidelines on the right to data portability, 05.04.2017, 16/EN WP 242 rev. 01.

〔65〕参见GDPR第20条第3款。

数据可携权应尊重第三方的基本权利和自由。违反数据可携权规定时，可处以上限为2000万欧元的行政罚款，或对企业而言，最高罚款以上一财务年度全球总营业额4%为上限，以金额较高者为准。[66]

2.数据删除权：数据权利作为一项限制性支配权

数据错误、不完整或数据非法时，数据处理可能消极影响数据主体自由权，有鉴于此，GDPR确立了删除权、更正权、限制处理权等不同类型权利，使数据主体能够限制或影响控制者的处理行为。[67]更正权和限制处理权是删除权的缓和形式，前者是数据主体有权要求控制者及时更正不准确的个人数据，[68]后者则是依据数据主体要求将可删除信息作限制处理。[69]

在规范构成上，GDPR第17条的删除权规则共分3款，第1款规定数据主体删除个人数据的权利，第2款以信息权形式对欧盟法院判例[70]中的被遗忘权进行规范转化，第3款对适用范围予以限制。尤须注意，欧盟数据保护法早已确立数据删除义务，GDPR的删除权并非新创。GDPR的删除权，与源于1995年《数据保护指令》的被遗忘权之间，也存在差异。在Google Spain案中，

---

〔66〕参见GDPR第83条第5款第b项。

〔67〕我国对数据删除权、数据销毁的相关研究，例如，丁晓东：《个人信息权利的反思与重塑 论个人信息保护的适用前提与法益基础》，载《中外法学》2020年第2期，第339—356页；赵精武：《从保密到安全：数据销毁义务的理论逻辑与制度建构》，载《交大法学》2022年第2期，第28—41页。

〔68〕参见GDPR第16条。

〔69〕京东法律研究院：《欧盟数据宪章〈一般数据保护条例〉GDPR评述及实务指引》，法律出版社2018年版，第61页。

〔70〕C-131/12, Google Spain, 13.05.2014.

欧盟法院认可基于1995年《数据保护指令》第12条第b项和第14条第a项提出的针对搜索引擎的类似删除的请求权,法院进而创设了被遗忘权。GDPR第17条第2款的规定,不仅是对欧盟法院Google Spain判例的体现和转化,而且更进一步,认为删除权不应与法院判例所认可的请求权相混淆(判例中将搜索引擎本身界定为责任主体),GDPR第17条第2款的删除权仅被设计为相关数据主体的一项权利,删除权本身不同时构成责任主体的义务。GDPR第17条第1款规定的删除权是一项主观权利,相对方负有删除数据的客观义务。[71]

删除权肯认了数据主体对个人数据的支配权,是一项高度人身性权利,不得移转给第三人,不得继承,但可以代理行使。[72]就权利行使的前提要件,在处理目的消失、同意撤回、反对处理、非法处理、履行法定义务和儿童个人数据的六类情形下,控制者负有删除义务,并且,无论数据主体是否申请,控制者的删除义务独立持续存在,一旦满足前提,控制者须立即删除。"立即删除"亦表明,删除权规则不适用GDPR第12条第4款的处理期限。删除权的法律效果以获得期望结果为特征,法案虽未界定删除概念,但删除意味着数据控制者无法再次使用数据,故可通过所有可能的技术手段销毁数据,无论方式如何,删除的核心在于控制者和第三人都无法再访问、阅读或处理数据,数据理论上的重建可能性并不重要。[73]就删除形式,数据主体主张的删除形式取

---

〔71〕BeckOKDatenschutzR/Worms, 24. Ed. 1.8.2017, DS-GVO Art. 17 Rn. 22-24.

〔72〕Winfried Veil, in: Gierschmann/Schlender/Stentzel/Veil (Hrsg.), *Kommentar Datenschutz-Grundverordnung*, Bundesanzeiger Verlag, 2018, S. 525.

〔73〕BeckOKDatenschutzR/Worms, 24. Ed. 1.8.2017, DS-GVO Art. 17 Rn. 54-57.

决于数据本身的呈现形式和尽力删除数据所需费用,由于数据销毁须回溯至数据最初的处理和存储方式,有效销毁数据仍依赖于控制者。

在删除义务的体系位置上,由于删除权的构成要件需参引GDPR其他条款,故其体系归属具有特别意义。责任主体的删除义务源于两种不同进路:删除义务既可能源于责任主体应遵守的一项法定持续义务,也可能源于数据主体有效行使一项需申请的形成权。[74]具体而言,一方面,删除义务可源于责任主体应遵守的一项法定持续义务,此种义务独立存在,不以数据主体积极行使删除权为前提,具体指GDPR第5条第1款第d项规定的"应采取一切合理措施,确保不正确的个人数据立即被删除",这种个人数据的"正确性"要求包括"处理目的消失""违法处理"或"履行法定删除义务"(第17条第1款第a项、第d项、第e项)。[75]另一方面,删除义务也可能源于数据主体有效行使其删除权,前提是数据主体"撤回数据处理同意"或"提出异议"(第17条第1款第b项、第f项、第c项),此种删除权系形成权,数据主体可以单方面决定并直接影响是否以及如何处理其个人数据。[76]

被遗忘权的规范基础是GDPR第17条第2款,这是第1款删除权的法律后果,亦对其构成补充,将删除义务扩张到公开个人数据的控制者,以社交网络和搜索引擎为主要适用场景,这一权

---

〔74〕Winfried Veil, in: Gierschmann/Schlender/Stentzel/Veil (Hrsg.), *Kommentar Datenschutz-Grundverordnung*, Bundesanzeiger Verlag, 2018, S. 522.

〔75〕Winfried Veil, in: Gierschmann/Schlender/Stentzel/Veil (Hrsg.), *Kommentar Datenschutz-Grundverordnung*, Bundesanzeiger Verlag, 2018, S. 522.

〔76〕Winfried Veil, in: Gierschmann/Schlender/Stentzel/Veil (Hrsg.), *Kommentar Datenschutz-Grundverordnung*, Bundesanzeiger Verlag, 2018, S. 522.

利是欧盟法院判例的成文化。当数据主体请求删除数据且控制者已公开数据时,负有删除义务的控制者应在考虑技术、实施成本的前提下采取合理步骤,通知正在处理数据的相关控制者。控制者在删除义务外还负有实现网络中被遗忘权的告知义务,扩张了传统意义上的删除权。

个人数据保护应符合比例原则,删除权虽与个人权利联系紧密,但可能与言论自由、信息自由、公共知情权等公共价值存在矛盾。GDPR第17条第3款规定的删除权的限制情形意味着,在五种情形下,免除责任主体的删除义务:(1)在行使言论自由权;(2)遵守法律义务或符合公共利益的职务执行或委托数据控制者行使公权力所必需;(3)为实现公共卫生领域的公共利益理由;(4)为实现公共利益、科学历史研究或统计目的;或(5)为确立、行使或防御法律上请求时,应在必要范围内进一步确保个人数据合法。较特别的是,由于删除权的限制适用情形中明确提及言论自由和信息自由,这意味着,GDPR为这两项基本权利直接确立了免除删除义务的例外。此外,例外情形中较为重要的,是GDPR第17条第3款第e项的"法律上主张",该种主张与意定之债关系紧密,仅在合同主给付义务和从给付义务均履行完毕时,方才免除删除义务,在履行侵权等法定之债的义务后,也会免除删除义务。

删除权的规范体系折射出不同利益群体对数据利益的深层次矛盾。搜索引擎、网站运营商和社交网络是典型的删除义务主体,事实上,删除个人数据体现了公众信息利益和不愿公开特定信息的数据主体利益之间的紧张关系,处理这种紧张关系时需要平衡公众的数据使用利益和已公开数据中的人格保护的可能性。[77]以搜索引擎为例,公众的信息利益和数据主体利益之间存在紧张关系,欧盟法院判例原则上将数据主体权利置于优先地位,法院认为,原则上,数据主体的权利比搜索引擎经营者的经济利益重要,也比公众基于特定姓名搜索到该主体个人信息的公众利益重要。[78]这种利益权衡不仅直接影响公众和私人的数据使用利益,其对基本权利的位阶排序也会深刻影响数据主体、公众和数据控制者的关系,甚至行使删除权(被遗忘权)可能与言论自由,尤其是与新闻自由之间存在严重冲突,这是欧盟法院在个案裁判时无法回避的现实。

(三)数据跨境传输:归属不排斥利用

数据主权亦构成数据保护法的一个重要维度,也是数据跨境传输规则的价值基础。[79]基于市场地原则和实质管辖,GDPR确立了欧盟对个人数据的宽泛管辖,进而建构了"归属"不排斥"利用"的数据跨境传输规则。欧盟在宣誓数据主权立场的同时,也在某种程度上实现了通过"塑造新的全球标准"[80]来增强相关贸易谈判筹码的实质效果。

GDPR对数据跨境传输采取"原则禁止、例外允许"的规制

---

〔77〕Peter H. Klickermann, "Die Privilegierung des Lösungsrechts, Das Recht auf Vergessenwerden im Fokus der beruflichen Tätigkeit", *MMR*, 2018, Heft 4, S. 210.

〔78〕C-131/12, Google Spain, 13.05.2014.

〔79〕从数据主权视角观察数据跨境传输的相关研究,例如,吴玄:《数据主权视野下个人信息跨境规则的建构》,载《清华法学》2021年第3期,第74页。

〔80〕Beata A. Safari, "Intangible Privacy Rights: How Europe's GDPR Will Set a New Global Standard for Personal Data Protection", *Seton Hall Law Review*, 2017, Vol. 47, Issue 3, pp. 809-848.

模式,这一模式承袭于1995年《数据保护指令》,只不过1995年《数据保护指令》的数据传输规定较严格,难以适应数据跨境流动的现实,因此GDPR适度放松了数据跨境流动管制,确立了更多跨境传输的合法方式,来提高跨境传输的灵活性。

GDPR本身并未界定"传输"概念,从第4条第2项"处理"概念中的"通过传播披露"的界定可得,"传输"指对个人数据的任何形式披露。因此,识别"传输"的判定因素是数据受领人是否在第三国或是否是一个国际组织,数据披露形式并不重要,数据是否到达第三方亦不重要,数据传输不限于数据的物理传送,而是涵盖与他方共享数据,向他方传输数据,或披露/允许他方获得数据的行为。[81]GDPR第44条是一项预防性禁止规定,确立了数据传输的一般原则,在一般性禁止下,仅保留三类允许传输的例外情形:(1)国家/地区获得充分性认定;(2)企业自主采用符合规范的适当保护措施;(3)数据主体明确同意等其他例外情形。[82]上述三种情形中,前两种分别指向政府的事前背书和市场导向的自我拘束,前者为欧盟和其他地区、国家的数据流通谈判预留了政策口径,后者则为跨国集团的整体"安全港"设置创设了可能性。

1.政府事前背书:充分性认定

数据保护的充分性认定制度,是GDPR框架下数据跨境传输最为便利、确定的方式。充分性认定源于1995年《数据保护指

---

〔81〕Daniel A. Pauly, in: Boris P. Paal/Daniel A. Pauly (Hrsg.), *Datenschutzgrundordnung-Bundesdatenschutzgesetz (DS-GVO BDSG)*, C.H.Beck, 3. Aufl., 2021, Art. 44, Rn. 3-8.

〔82〕参见GDPR第40条及以下条款。

令》第26条第1款第三国数据保护水平评估的"白名单"制度，但是，GDPR的充分性认定不涉及有关确立充分性认定的谈判机制，而是全面规定了欧盟委员会进行充分性认定应遵守的实体和程序规则，并在充分性认定的评估对象上新增了除国家外的特定区域、行业领域和国际组织。充分性认定的实体标准包括但不限于有效的数据保护体系、有效的数据保护监管和国际协定条约义务三个维度，其认定程序应由当事国主动提出，双方进行技术对话后，欧盟内部独立专家出具评估报告，欧盟委员会提案送交欧洲数据保护委员会(EDPB)并由欧盟国家代表批准是否具有充分性。GDPR第45条确认欧盟委员会基于1995年《数据保护指令》通过的决定继续有效，已通过充分性认定的"白名单"国家继续有效。[83]尽管是目前GDPR框架下数据跨境传输最为便利的解决方式，但由于GDPR对充分性认定的实体标准采取了开放性列举的立法方式，事实上，欧盟委员会对充分性认定的衡量存在较大裁量空间，更多的是一种政治或政策考量，甚至可能成为欧盟与其他地区、国家谈判或利益交换的一种合法工具。

2.市场导向的自我拘束：有拘束力的公司规则

如果涉及数据跨境传输的企业未取得充分性认定，第三国的数据控制者和处理者可以在提供适当保护措施的前提下进行跨境传输，这些措施主要包括经批准的个人数据保护格式条款，有拘束力的公司规则，行为准则，以及认证四种方式，其中，有拘束

---

〔83〕截至2023年9月20日，欧盟官网公布的通过数据保护充分性认定的国家或地区共计15个：安道尔公国、阿根廷、加拿大(限于商业组织)、法罗群岛、根西岛、马恩岛、日本、以色列、泽西岛、新西兰、韩国、瑞士、英国、乌拉圭、美国。

力的公司规则是GDPR新增的数据跨境合法机制。

有拘束力的公司规则(BCR),是指欧盟境内的公司集团内部或从事共同经济活动的公司集团之间在传输个人数据时应遵守的保护政策。跨国公司内部存在数据跨境传输、数据库访问权限开放需求,例如,在集团范围内处理客户或供应商数据时,尤其是集团内部的全球客户数据管理或人力资源管理系统下,若集团或其关联公司的经营模式以数据为基础,这一经营模式需以整个集团内部可以使用相关个人数据为前提。但企业集团公司通常不会全部设立于欧盟内部或设立于能充分保护个人数据的第三国,此时就会产生能否向第三国传输数据的问题。BCR是集团型跨国企业可以优先考虑的机制,集团遵循一套完整并经个人数据监管机构认可的数据处理机制,使集团内部成为一个"安全港"。如果集团公司获得BCR认可,个人数据可从集团内的一个成员合法传输给另一个成员。例如,宝马、惠普等公司的BCR规范已获得部分成员国监管机构的认可。BCR的风险在于,GDPR第47条第2款的共计14项具体规则,对企业集团提出了较高的合规要求,必须确保个人信息在各个环节都得到充分保障,例如,GDPR第47条第2款第f项规定,当住所地在欧盟境外的集团成员违反了BCR时,其在欧盟成员国内的控制者或处理者应承担责任,据此,集团面临的违规风险是巨大的。

三、欧盟监管模式的价值困境和技术障碍

（一）价值困境：数据保护监管的多元价值

数据保护的分类理论很少从监管的视角来进行分类，但如果是从目标角度观察，则会发现，在GDPR的经济目标和基本权利保护目标下，数据保护监管其实涵盖了经济监管和社会监管这两种典型的监管形式。[84]

数据保护监管是经济监管的表现。经济监管与国家调控关系密切，旨在构建市场，直接干预市场决策，并影响市场实践，纠正特定的市场失灵。数据保护监管即是如此，其强调对个人数据保护的协调，消除数据流动障碍，实质是通过赋予数据主体主观权利，减少数据主体和数据控制者之间的信息不对称，降低歧视、数据泄露等风险。[85]

数据保护监管包含社会监管要素，是一种倾斜保护弱势主体的监管。社会监管追求社会目标，但不追求明显的经济目标，经济监管却能考虑诸如信息权、消费者保护等更广泛的公共利益问题。由于市场失灵会阻碍社会目标实现，因此，社会监管虽不追求经济目标，但以纠正市场失灵的经济目标为前提。市场失灵包括因信息不对称导致的市场扭曲或市场未能解释外部因素或保

〔84〕Luiz Costa, "Privacy and the Precautionary Principle", *Computer Law and Security Review*, 2012, Vol. 28, p. 14; Orla Lynskey, *The Foundations of EU Data Protection Law*, Oxford Studies in European Law, Oxford University Press, 2015, p. 76.

〔85〕Orla Lynskey, *The Foundations of EU Data Protection Law*, Oxford Studies in European Law, Oxford University Press, 2015, pp. 76-79.

护公共利益,数据保护监管旨在通过确保数据处理者参与考虑外部因素,由此实现社会目标。因此,当商品或服务产生的影响给其他人带来成本的时候,倘若成本并未体现于所提供的商品或服务的价格之中,就存在负外部性。例如,为特定目的持有个人数据的公司(超市)通过出售数据或将数据用于市场营销获利,公司将个人数据用于出售商品之外的次要目的并获利,这种二次使用可能导致数据主体的有形或无形损失。缺乏数据保护法规时,数据控制者可能继续基于重复利用个人数据获利并损害数据主体利益。数据保护监管可以防止市场失灵,确保外部负效应的内部化,促进社会福祉。[86]

　　GDPR兼收并蓄式的目标设定,导致其既是一种基本权利政策,也是促进市场协调的监管工具,这使得数据保护法本身的确切性质不明。严格而言,GDPR的双重目标设定不符合基础性法律依据,有别于1995年《数据保护指令》,GDPR的法律基础并非内部市场协调(《欧盟运行条约》第114条),而是数据保护(《欧盟运行条约》第16条),后者并不要求促进内部市场统一。不仅如此,GDPR统一监管的预期目标存在实践瓶颈。欧盟数据保护法自1995年以来已逾二十年,但成员国对数据保护制度的目标和实现目标应采取的最佳手段之间仍存分歧。[87]采用条例形式后,法律监管将对欧盟统一适用数据保护规则发挥关键作用,但可能存在负面效应:在协调成员国法律时,GDPR即便能够掌控程序

---

　　[86]Orla Lynskey, *The Foundations of EU Data Protection Law*, Oxford Studies in European Law, Oxford University Press, 2015, pp. 76-79.

　　[87]Orla Lynskey, *The Foundations of EU Data Protection Law*, Oxford Studies in European Law, Oxford University Press, 2015, pp. 87-88.

性协调事宜,但因其为成员国预留了自由裁量空间,实质性协调仍难实现。尤其是在如何平衡数据保护和相互竞争的权利利益上,成员国之间的关系可能因条例的统一效力变得愈发紧张。对数据控制者和处理者而言,GDPR的广泛管辖和高度合规要求不切实际。在震慑性罚则之下,数据控制者可能不再关注如何全面评估数据处理本身的公平性和必要性,转而借助"合规代理人",通过专业服务为数据控制者或处理者创建问责工具、认证标志体系等形式性合规表象,这种合规代理服务的专业性私人实体毋宁是提供一种形式保障,向股东、数据主体、监管机构表明其处理行为的合规性,降低违规风险,形为专业合规,实为分散数据主体和监管机构的注意力。[88]

GDPR和欧盟法院如何协调经济和社会监管的关系,如何纠正数据社会弱势主体的信息失衡和经济力量失衡,这仍是未来欧盟数据保护监管亟需解决的难题。欧盟法院虽然强调数据保护的基本权利保护价值,但并未明确数据保护是否比隐私保护更加重要,这意味着,数据保护在欧盟法院仍存在身份危机。[89]欧盟数据保护法的目标自始就有双重性,这也暗示着,数据保护法的目标自始既不清晰也不确定,欧盟法院的早期判例亦有所体

---

〔88〕Nadezhda Purtova, "The Law of Everything. Broad Concept of Personal Data and Future of EU Data Protection Law", *Law, Innovation and Technology*, 2018, 10(1), pp. 40-81.

〔89〕Orla Lynskey, *From Market-Making Tool to Fundamental Right: The Role of the Court of Justice in Data Protection's Identity Crisis*, in: Serge Gutwirth/Ronald Leenes/Paul de Hert/Yves Poullet (ed.), *European Data Protection: Coming of Age*, Springer, 2013, pp. 80-81.

现。[90]尽管《欧盟基本权利宪章》为欧盟法院论证欧盟数据保护的具体目标提供了一些视角，但法院目前忽视了这一点，而将数据保护权利和隐私权视为混合形式。[91]倘若欧盟数据保护法的明确目标无法确立，欧盟法院无法在未来协调指导欧盟数据保护法发展，数据保护监管也将始终处于平衡不同主体利益和权衡立法目标的摇摆之中。

（二）技术困境：个人数据的监管障碍

1."个人数据—非个人数据"分类的功能障碍

将数据区分为"个人数据—非个人数据"，这种分类标准是值得商榷的。欧盟的数据保护法建立在个人、非个人数据区分的二分类型之下，其考量或许是前者易引发法律保护，而后者则否。事实上，任何数据处理都需评估产生损害的可能性。数据分类的前提应当是类型的"原则—例外"选择。GDPR的规则意味着，限定个人数据范围外的剩余空间归属于非个人数据，即个人数据是例外，这是一种可疑的分类标准。本质上，个人数据和非个人数据的"原则—例外"的分类标准本身可能存在问题，或许应放

---

〔90〕Orla Lynskey, *From Market-Making Tool to Fundamental Right: The Role of the Court of Justice in Data Protection's Identity Crisis*, in: Serge Gutwirth/Ronald Leenes/Paul de Hert/Yves Poullet (ed.), *European Data Protection: Coming of Age*, Springer, 2013, pp. 80-81.

〔91〕Orla Lynskey, *From Market-Making Tool to Fundamental Right: The Role of the Court of Justice in Data Protection's Identity Crisis*, in: Serge Gutwirth/Ronald Leenes/Paul de Hert/Yves Poullet (ed.), *European Data Protection: Coming of Age*, Springer, 2013, pp. 80-81.

弃以个人数据概念作为数据保护的基石的做法,选择其他标准,例如以"数据引发的损害"为标准,对处理个人数据或非个人数据产生的负面结果进行类型化。[92]

"个人数据—非个人数据"的分类易引发监管困境。GDPR仅适用于个人数据,即与识别或可识别的个人有关的数据,但并未明确透明性原则、合意原则、数据最小化原则等监管原则以及诸如数据可访问性、删除权、数据可携权等数据保护规则是否适用于基于个人数据获得或发现的信息,尤其当个人数据被转化为组文件从而被匿名化或一般化的时候,上述原则和规则能否继续适用?技术上,数据挖掘技术可以从个人数据,也可以从非个人数据中提取信息,GDPR仅监管个人数据,将使数据挖掘技术在很大程度上规避监管。[93]

2.敏感数据与大数据的监管错位

欧盟的数据保护政策以建构数据分层体系为基础,对某些形式的数据类别和数据集的处理方式有别于其他形式的数据。例如,1995年《数据保护指令》第8条第1款禁止处理披露种族、政治观点、宗教或哲学信仰、工会资格和有关健康或性生活的数据,并设置有限例外,这种数据类型区分在GDPR第9条得到延续,GDPR不仅规定了特殊类型的数据处理规则,还新增了基因数据、生物特征数据、健康相关数据,仅在特定必要例外情形才允

---

[92]Nadezhda Purtova, "The Law of Everything. Broad Concept of Personal Data and Future of EU Data Protection Law", *Law, Innovation and Technology*, 2018, 10(1), pp. 40-81.

[93]Ira Rubinstein, "Big Data: The End of Privacy or a New Beginning?", *International Data Privacy Law*, 2013, Vol. 3, No. 2, pp. 74-87.

许处理这类敏感信息。事实上,此类敏感数据很难实际区分,但在大数据时代,正因此类数据可能产生重大损害,更需谨慎对待,因此,加强保护特定类型数据虽具有合理性,但更多的是象征意义。[94]

然而,大数据技术对现有的数据分类模式带来了挑战:大数据技术可能会瓦解数据分类保护的正当性,即便是象征意义上的保护理由亦不例外。[95]大数据环境中的歧视因素和敏感因素有别于传统歧视概念:以保险为例,被保险人的运动记录、饮食习惯、消费记录都可能基于大数据来评估个人未来健康状况,促使保费个人化,而欧盟对特殊类型数据的特别保护反可能使具有此类特征的人暴露于歧视之中。[96]GDPR保护特殊类型数据欲防止歧视,基于数据类型的反歧视路径,这看似能防止数据智能下的差别对待,但数据的超碎片化和指数式增长提供了新的建模可能,这种建模可能与数据处理同时发生,这种模式正在取代此前基于特征现象的统计学体系,正在取代用于识别预先配置的法律结构或政治形式。[97]结果是,新的歧视形式不一定出于歧视意图,而特殊类型数据主要的目标是在象征和实际意义上实现

---

〔94〕Tal Z. Zarsky, "Incompatible: The GDPR in the Age of Big Data", *Seton Hall Law Review*, 2017, Vol. 47, Issue 4, p. 1013.

〔95〕Michael Denga, "Gemengelage privaten Datenrechts", *NJW*, 2018, Heft 19, S. 1371.

〔96〕Antoinette Rouvroy, "Of Data and Men: Fundamental Rights and Freedoms in a World of Big Data", Council of Europe, Directorate General of Human Rights and Rule of Law, T-PD-BUR (2015)09REV, p. 17.

〔97〕Antoinette Rouvroy, "Of Data and Men: Fundamental Rights and Freedoms in a World of Big Data", Council of Europe, Directorate General of Human Rights and Rule of Law, T-PD-BUR (2015)09REV, p. 17.

保护,目前的歧视是受数据驱动,通常无涉意图,未来基于数据的歧视不一定会遵循GDPR的特殊或一般数据的简单二分类型发生,这种类型区分显然无法适应大数据的发展。大数据是一种基于海量数据进行数据挖掘的更强大形式,也是一种新的分析工具,GDPR过于依赖"知情选择"的监管模式,但这一模式并不可靠,无法与大数据的发展趋势协调。

大数据将对知情选择和数据最小化原则带来巨大挑战,GDPR监管的技术基础并不可靠,即便GDPR大量赋予数据主体权利,大数据仍可能压倒上述努力,或许,数据保护立法应与消费者赋权和鼓励新型商业模式相结合,使企业能从数据密集型的新型服务中获益,应强调自律性质的企业行为准则的意义,监管机构应鼓励控制者和处理者运用基于用户授权的新型商业模式,提供更多的监管弹性。[98]

3.数据可携权与竞争法的冲突

数据可携权概念可能存在严重缺陷:数据可携权概念在解释上存在不确定性,概念适用范围不明,具体适用的服务类型并无定论。虽然欧盟委员会在起草时特别指向社交网络,但数据可携权广泛适用于处理个人数据的其他在线服务提供商,将之广泛适用于尚未形成用户锁定效应的提供商,或将给企业带来不合理负担。GDPR虽欲借助第20条第2款"在技术可行的情况下直接传输"的前提要件限制数据可携权的适用范围,但鉴于数据转移义务仅适用于已存在所需技术措施情形,上述限制反可能阻碍控制

---

〔98〕Ira Rubinstein, "Big Data: The End of Privacy or a New Beginning?", *International Data Privacy Law*, 2013, Vol. 3, No. 2, p. 74.

者发展数据交换标准。

　　数据可携权的最大挑战来自竞争法。数据是一种竞争要素的体现,竞争法对数据的评估非常灵活,是否对特定数据主体或平台提出数据可迁移要求,在很大程度上取决于特定目标数据集是否在相关市场,以及是否构成竞争所需要素,须个案斟酌。竞争法主要从竞争机制的角度判断特定主体所控制的数据集在竞争机制中的功能与角色,例如,如果数据构成重要的竞争要素,可能的特定数据控制主体附加竞争法上的义务,例如数据要确保可迁移。竞争法对迁移性要求的前提应是数据控制者的市场力量达到一定程度甚至是支配地位,并且滥用该地位损害了正当的市场竞争。竞争法对于数据迁移性的程序前提复杂,GDPR将数据可携权构造为数据主体的一项基本权利,适用于不占市场支配地位的主体,无须满足滥用支配地位前提。数据可携权过于广泛的适用可能会抑制创新。而且,数据可携权的行使与竞争法上的排他性滥用规则存在一定矛盾,基于欧盟法上限制竞争对手的滥用行为概念,很难显示排除行为的主要类型,例如拒绝提供、拒绝访问关键设施。[99]再者,欧盟竞争法规定,可基于《欧盟运行条约》第102条实施执行数据迁移性,但数据可携权并未排除基于竞争法理由的便于可迁移性的在线服务中的干预行为。最后,数据可携权可能降低消费者福利,这与竞争法的价值相悖。由于互操作性在技术上常难实现,而数据迁移义务将给供应商带来数据导入其他系统的高昂成本,这一成本将最终转嫁到消费者。不

---

　　[99]Peter Swire/Yianni Lagos, "Why the Right to Data Portability Likely Reduces Consumer Welfare: Antitrust and Privacy Critique", *Maryland Law Review*, 2013, Vol. 72, p. 350.

仅如此,即便互操作性看似便利了消费者,但实务中,限制互操作性却能有效降低应用程序对个人数据的不必要访问风险,反而能够提高数据的安全性和隐私性。[100]

数据可携权体现了竞争法与数据相关法律规制存在交叉、竞合的趋势。若欲与竞争政策协调,应从市场力量角度限缩解释义务主体范围,否则,过于强化个人数据权利保护,在数字经济中,企业基于数据的诸多有利于消费者长期利益的商业模式演化将受严重抑制。事实上,数据可携权针对的两个核心问题,即锁定用户的成本和用户转换服务时遇到的阻碍,完全可以通过竞争法解决。相较于数据可携权,竞争法的理论规则更为严密,既能顾及用户的锁定成本,也考虑到了锁定本身会带来的消费者福利,从长远考虑,一定的转换成本反而可以鼓励对新技术的投入,这也不失为一种有效率的制度安排。鉴于竞争政策在欧盟的基础地位并无动摇,欧盟需要进一步斟酌数据可携权与竞争法的协调衔接措施。

4.删除权难以行使

被遗忘权的首要缺陷是概念不明,诸如"合理步骤""现有技术""公开"等不确定概念的实务适用规则不明。例如,采取合理步骤行使被遗忘权时,"合理性"的判定标准不明,学界对于是否应以控制者的主观情况判定,抑或应遵循客观标准存有争

---

〔100〕Peter Swire/Yianni Lagos, "Why the Right to Data Portability Likely Reduces Consumer Welfare: Antitrust and Privacy Critique", *Maryland Law Review*, 2013, Vol. 72, p. 378.

议。[101]由于GDPR区别对待微型、中小型企业与大型企业,[102]倘若统一适用客观标准,合理措施的技术实施成本将给小微企业和中型企业造成较大负担,因此,主观解释或许是一种较妥当的方案。此外,当删除行为在控制者努力范围之外时,控制者免于删除义务,依此推导,也应对合理性采主观解释路径。再者,被遗忘权适用于个人数据,但不明确的是,被遗忘权是否适用于基于个人数据的推论或预测,而这种基于数据的推断或预测恰是大数据分析技术的产物。

被遗忘权的地理范围亦不明晰。例如,控制者的删除义务是否应考虑实施删除措施的具体地理位置,存储于欧盟境外服务器上的数据是否受到删除义务影响,或者,如果数据仍能针对欧盟境外的用户提供访问时,控制者是否违反了删除义务。不仅如此,由于被遗忘权使控制者的信息义务扩张到其公开传播的数据的其他第三方控制者,但信息义务的极度扩张事实上缺乏操作性,在开放网络空间中要求控制者确定并通知所有第三方的可能性较低。

被遗忘权缺乏实际操作性。例如,行使被遗忘权要求控制者采取"包括技术措施在内的合理措施"删除,并通知第三方的控制者,事实上,这一规定缺乏操作可能。删除权存在例外情形,当用户提出删除申请时,控制者需首先审查其是否属于例外情

---

〔101〕学理上,对于合理性的解释标准存在分歧,主要包括客观解释标准和主观解释标准两种观点。See Wulf Kamlah, in Kai-Uwe Plath (Hrsg.), *Kommentar zu DS-GVO, BDSG und TTDSG*, ottoschmidt, 4. Aufl., 2023, Art. 17; Boris P. Paal, in: Boris P. Paal/Daniel A. Pauly (Hrsg.), *Datenschutzgrundordnung-Bundesdatenschutzgesetz (DS-GVO BDSG)*, C.H.Beck, 3. Aufl., 2021, Art. 17, Rn. 35-38。

〔102〕参见GDPR鉴于条款第13条、第98条、第132条和第167条。

形,由于现有规定中的例外情形多为一般抽象概念,例如表达自由、公共利益,这些概念判断存在裁量空间,缺乏确定性。

结语:个人信息保护法还有没有未来

数据立法区域竞争的实质,是数字经济的全球竞争。在数字经济全球竞争的驱动之下,法律价值序列处于变动、平衡、重组之中。数字经济下法律价值序列的实质,是重新平衡言论自由、个人隐私、经营自由、流动自由、公共利益等基本价值和利益。这种平衡既是立法者对商业创新和个人保护的权衡取舍,也必然是在既有数字产业的现状下对市场竞争优势、经济长期发展和社会目标实现的不同选择和不同追求。因此,数字技术引发的问题绝不限于是否立法,更在于采取何种价值序列、以何种方式立法,并如何与既有法律监管体系相协调。[103]

以中、美、欧为例,各国数据立法的价值各异,对个人数据的保护路径亦有不同。我国《民法典》第111条和第127条采取了个人信息和数据分置的立法思路,第111条规定个人信息受法律保护,第127条规定数据和虚拟财产受法律保护。《全国人民代表大会常务委员会关于加强网络信息保护的决定》和《最高人民

---

〔103〕对法律价值序列的平衡问题,我国学者已经提出,应区分个人信息和数据资产,分别进行权利建构。应就个人信息配置人格权益和财产权益,为数据经营者建构企业数据财产权概念,分别配置数据经营权和数据资产权,同时配置相应的权利行使的限制结构,例如市场经济秩序限制、公共利益限制、数据安全限制、大数据应用的特殊限制。参见龙卫球:《数据新型财产权构建及其体系研究》,载《政法论坛》2017年第4期,第63页以下;龙卫球:《再论企业数据保护的财产权化路径》,载《东方法学》2018年第3期,第59页以下。

法院、最高人民检察院关于办理侵犯公民个人信息刑事案件适用法律若干问题的解释》均对个人信息采取列举式的开放界定,以可识别性作为判断标准,《个人信息保护法》《数据安全法》《网络安全法》建构了数据安全和个人信息保护的基本框架,《数据出境安全评估办法》《个人信息出境标准合同办法》以及《关键信息基础设施安全保护条例》亦针对数据安全和数据出境初步建构了规范体系。[104]美国强调网络开放和数据自由流动,将个人数据纳入隐私保护框架之下,采取隐私权规制模式,在私法层面缺乏一般性的个人数据保护法律体系,而是通过《云法案》、加利福尼亚州《消费者隐私法》等分散立法形成了相互独立的制度,法院判例亦不承认信息自决权,而通过解释将个人信息纳入隐私权之中。[105]欧盟虽允许数据流动,但对个人数据保护设置了严苛要求,采取"个人数据—非个人数据"的分类规制模式,保护基本权利的GDPR强监管模式甚至可能抑制大数据行业创新。

无论是数字经济时代,抑或是不同的现实基础条件,背后都隐藏着最为深刻的权利主体与相对人的复杂关系。在个人数据问题上,这表现为"数据主体人格性的保护"与"数据控制者和处理者对数据权利的商业利用"之间的关系。这是一定经济条件下、多元价值因素驱动下,个人和他人(们)的关系,GDPR仅是此种关系的解决方案之一,仅是特定技术条件和时代场景下的一

---

〔104〕亦有学者提出,《民法典》侵权责任编应当发挥后发优势,建构明晰的个人信息侵权规则。参见叶名怡:《个人信息的侵权法保护》,载《法学研究》2018年第4期,第102页。

〔105〕参见谢远扬:《信息论视角下个人信息的价值——兼对隐私权保护模式的检讨》,载《清华法学》2015年第3期,第108页。

种立法尝试,起决定性作用的,仍然是深刻的法律价值序列因素,这也是数据立法必须深刻认识的问题本质。立法机构的使命在于,如何根据不断变化的社会和技术进行适当监管,如何保护数字经济中处于弱势的自然人的基本价值,如何最大程度促进经济创新和社会福祉,如何协调法律与技术的衔接以及如何使法律在技术前沿有效运行。机械分离数据主体和数据控制者,采取单一价值取向的个人数据保护法的立法模式,可能并非数字时代的最佳选择。

本章参考文献

◎中文文献

1.[波兰]马里厄斯·克里奇斯托弗克:《欧盟个人数据保护制度〈一般数据保护条例〉》,张韬略译,商务印书馆2023年版。

2.程啸:《论个人信息处理中的个人同意》,载《环球法律评论》2021年第6期。

3.丁晓东:《论数据携带权的属性、影响与中国应用》,载《法商研究》2020年第1期。

4.丁晓东:《个人信息权利的反思与重塑 论个人信息保护的适用前提与法益基础》,载《中外法学》2020年第2期。

5.丁晓东:《〈个人信息保护法〉的比较法重思:中国道路与解释原理》,载《华东政法大学学报》2022年第2期。

6.丁晓东:《隐私政策的多维解读:告知同意性质的反思与制度重构》,载《现代法学》2023年第1期。

7.高富平、余超:《欧盟数据可携权评析》,载《大数据》2016年第

4期。

8.韩旭至：《个人信息保护中告知同意的困境与出路——兼论〈个人信息保护法(草案)〉相关条款》,载《经贸法律评论》2021年第1期。

9.金耀：《数据可携权的法律构造与本土构建》,载《法律科学》2021年第4期。

10.京东法律研究院：《欧盟数据宪章〈一般数据保护条例〉GDPR评述及实务指引》,法律出版社2018年版。

11.孔庆江、于华溢：《数据立法域外适用现象及中国因应策略》,载《法学杂志》2020年第8期。

12.林洹民：《个人信息保护中知情同意原则的困境与出路》,载《北京航空航天大学学报(社会科学版)》2018年第3期。

13.龙卫球：《数据新型财产权构建及其体系研究》,载《政法论坛》2017年第4期。

14.龙卫球：《再论企业数据保护的财产权化路径》,载《东方法学》2018年第3期。

15.陆青：《个人信息保护中"同意"规则的规范构造》,载《武汉大学学报(哲学社会科学版)》2019年第5期。

16.王锡锌：《个人信息可携权与数据治理的分配正义》,载《环球法律评论》2021年第6期。

17.吴玄：《数据主权视野下个人信息跨境规则的建构》,载《清华法学》2021年第3期。

18.谢远扬：《信息论视角下个人信息的价值——兼对隐私权保护模式的检讨》,载《清华法学》2015年第3期。

19.邢会强：《论数据可携权在我国的引入——以开放银行为视角》,载《政法论丛》2020年第2期。

20.姚佳：《知情同意原则抑或信赖授权原则——兼论数字时代的

信用重建》,载《暨南学报(哲学社会科学版)》2020年第2期。

21.叶开儒:《数据跨境流动规制中的"长臂管辖"——对欧盟GDPR的原旨主义考察》,载《法学评论》2020年第1期。

22.叶名怡:《个人信息的侵权法保护》,载《法学研究》2018年第4期。

23.翟志勇:《数据主权的兴起及其双重属性》,载《中国法律评论》2018年第6期。

24.张新宝:《个人信息收集:告知同意原则适用的限制》,载《比较法研究》2019年第6期。

25.赵精武:《从保密到安全:数据销毁义务的理论逻辑与制度建构》,载《交大法学》2022年第2期。

26.周汉华主编:《〈个人信息保护法〉条文精解与适用指引》,法律出版社2022年版。

27.卓力雄:《数据携带权:基本概念,问题与中国应对》,载《行政法学研究》2019年第6期。

◎外文文献

1. Artur-Axel Wandtke, "Ökonomischer Wert von persönlichen Daten: Diskussion des Warencharakters von Daten aus persönlichkeits- und urheberrechtlicher Sicht ", *MMR*, 2017, Heft 01.

2. Beata A. Safari, "Intangible Privacy Rights: How Europe's GDPR Will Set a New Global Standard for Personal Data Protection", *Seton Hall Law Review*, 2017, Vol. 47, Issue 3.

3. Boris P. Paal/Daniel A. Paul (Hrsg.), *Datenschutz-Grundverordnung Bundesdatenschutzgesetz (DS-GVO BDSG)*, C.H.Beck, 3. Aufl. 2021.

4. Daniel Rücker/Tobias Kugler, *New European General Data Protection Regulation, A Practitioner's Guide, Ensuring Compliant Corporate Practice*, C.H.Beck, 2018.

5. Ira Rubinstein, "Big Data: The End of Privacy or a New Beginning?", *International Data Privacy Law*, 2013, Vol. 3, No. 2.

6. Kai-Uwe Plath (Hrsg.), *Kommentar zu DSGVO, BDSG und TTDSG*, ottoschmidt, 4. Aufl., 2023.

7. Luiz Costa, "Privacy and the Precautionary Principle", *Computer Law and Security Review*, 2012, Vol. 28.

8. Martin Eßer/Philipp Kramer/Kai von Lewinski, *Auernhammer DSGVO BDSG Datenschutz-Grundverordnung, Bundesdatenschutzgesetz und Nebengesetze Kommentar*, Carl Heymanns Verlag, 2017.

9. Michael Denga, "Gemengelage privaten Datenrechts", *NJW*, 2018, Heft 19.

10. Nadezhda Purtova, "The Law of Everything. Broad Concept of Personal Data and Future of EU Data Protection Law", *Law, Innovation and Technology*, 2018, 10(1).

11. OECD, *Policy Issues in Data Protection and Privacy*, in: OECD Informatics Studies, No. 10, OECD, 1974.

12. OECD, *Guidelines Governing the Protection of Privacy and the Transborder Flows of Personal Data*, 23.09.1980.

13. Orla Lynskey, *From Market-Making Tool to Fundamental Right: The Role of the Court of Justice in Data Protection's Identity Crisis*, in: Serge Gutwirth/Ronald Leenes/Paul de Hert/Yves Poullet (ed.), *European Data Protection: Coming of Age*, Springer, 2013.

14. Orla Lynskey, *The Foundations of EU Data Protection Law*, Oxford

Studies in European Law, Oxford University Press, 2015.

15. Paul De Hert/Serge Gutwirth, *Data Protection in the Case Law of Strasbourg and Luxemburg: Constitutionalisation in Action*, in: Serge Gutwirth/Yves Poullet/Paul De Hert/Cécile de Terwangne/Sjaak Nouwt (ed.), *Reinventing Data Protection?*, Springer, 2009.

16. Paul Voigt/Axel von dem Bussche, *The EU General Data Protection Regulation (GDPR)*, *A Practical Guide*, Springer International Publishing AG, 2017.

17. Peter H. Klickermann, "Die Privilegierung des Lösungsrechts, Das Recht auf Vergessenwerden im Fokus der beruflichen Tätigkeit", *MMR*, 2018, Heft 04.

18. Peter Swire/Yianni Lagos, "Why the Right to Data Portability Likely Reduces Consumer Welfare: Antitrust and Privacy Critique", *Maryland Law Review*, 2013, Vol. 72.

19. Spiros Simitis, in: Spiros Simitis (Hrsg.), *Bundesdatenschutzgesetz*, Nomos, 2011.

20. Tal Z. Zarsky, "Incompatible: The GDPR in the Age of Big Data", *Seton Hall Law Review*, 2017, Vol. 47, Issue 4.

21. Winfried Veil, in: Gierschmann/Schlender/Stentzel/Veil (Hrsg.), *Kommentar Datenschutz-Grundverordnung*, Bundesanzeiger Verlag, 2018.

第三章
数据流通的理论基础

引言：数据流通颠覆经典合同法理论？

数据流通是否会给经典合同法理论带来颠覆性冲击？〔1〕自欧洲法律学者弗莱斯纳（Christian Twigg-Flesner）提出"数字革命如何颠覆经典法律体系"的疑问以来，〔2〕欧洲学界围绕数字革命与传统法律体系的关系，一直争论激烈，至今未休。〔3〕在我国，自数据流通交易的制度安排成为数据市场的待解命题以来，学界虽

---

〔1〕颠覆式创新，亦称破坏式创新（Disruptive Innovation），这一概念最早由美国哈佛大学商学院创新理论学者克里斯滕森教授在其名著《创新者的两难》中提出，参见Clayton M. Christensen, *The Innovator's Dilemma: When New Technologies Causes Great Firms to Fail*, Harvard Business School Press, 1997, pp. 172-174。

〔2〕Christian Twigg-Flesner, *Disruptive Technology-Disrupted Law? How the Digital Revolution Affects (Contract) Law*, in: Alberto De Franceschi (ed.), *European Contract Law and the Digital Single Market: The Implications of the Digital Revolution*, Intersentia, 2016, pp. 172-174.

〔3〕德国学者Friedrich Graf von Westphalen激烈驳斥颠覆效应的论断，他认为，经典合同概念仍能适应并回应数字革命的新发展。See Friedrich Graf von Westphalen, "Contracts with Big Data: The End of the Traditional Contract Concept?", in: Sebastian Lohsse/Reiner Schulze/Dirk Staudenmayer (eds.), *Trading Data in the Digital Economy: Legal Concepts and Tools*, Münster Colloquia on EU Law and the Digital Economy III, Nomos, 2017, p. 245.

对数据交易与传统民法的关系展开宏观研究,[4]但数据交易与合同法理论的适用问题,鲜有系统性梳理。[5]事实上,数据流通俨然成为了全球不同法系、不同法域乃至国际统一法无法回避、亟需解决的共同命题。

数据流通是数据经济的核心,数据通过流通实现价值,流通秩序是数据经济的基础制度。我国的数据流通已初具基础,我国数据交易平台众多,是全球数据体量最大、数据类型最丰富的国家之一,数据作为一种新型生产要素备受关注。《中共中央、国务院关于构建数据基础制度更好发挥数据要素作用的意见》明确提出,"数据作为新型生产要素,是数字化、网络化、智能化的基础……深刻改变着生产方式、生活方式和社会治理方式"。[6]《"十四五"数字经济发展规划》明确提出以"初步建立数据要素市场体系"作为发展目标,要求"充分释放数据要素价值"。尽管我国数据交易增速较快,但交易规模有限,数据流通交易的相对规模远低于传统要素。我国的数据交易所数量较多,但交易模式尚未完全成熟,交易不活跃,各地交易所重复建设较多,不同交易市场之间的数据流通性低,数据流通的全国统一大市场尚未建立,国家级数据交易所的平台优势难以充分发挥。

〔4〕数字经济与传统民法关系的宏观研究,例如王利明、丁晓东:《数字时代民法的发展与完善》,载《华东政法大学学报》2023年第2期,第6—21页;王利明:《迈进数字时代的民法》,载《比较法研究》2022年第4期,第17—32页。

〔5〕学界对数据交易合同法问题的最新体系性研究,参见武腾:《数据交易的合同法问题研究》,法律出版社2023年版。

〔6〕《中共中央、国务院关于构建数据基础制度更好发挥数据要素作用的意见》,2022年12月19日,参见http://www.gov.cn/zhengce/2022-12/19/content_5732695.htm,最后访问日期2023年9月29日。

我国数据要素市场中，数据交易缺乏理论支撑，数据流通的基础法律制度匮乏，数据商业流通的合同法律框架亟待明晰。在某种程度上，我国数据流通立法阙如，虽然《个人信息保护法》《网络安全法》《数据安全法》初步形成了数据保护法律框架，但上述法律以个人信息保护和数据安全为重点，仅零散涉及数据流通。尽管地方上纷纷出台数据条例，但地域性的行政规章等相关规则仍限于原则性指引，例如，《深圳经济特区数据条例》《上海市数据条例》《重庆市数据条例》《天津市促进大数据发展应用条例》对数据交易的界定尚未统一，各地条例之间的规则重复性较高，且规则实体内容较为模糊。可以认为，在现阶段，我国的数据立法重监管轻交易、重安全轻流通，数据资源的流通和应用仍缺乏明确规则指引，数据交易不活跃，企业预期不明确，数据市场发展受限。

反观欧盟，自前欧盟委员会主席容克（Jean-Claude Juncker）在竞选纲领中提出"建立一个互联的数字单一市场"的优先议题之后，[7]欧盟委员会于2015年5月发布《欧洲单一数字市场战略》[8]，旨在促进欧盟数字经济发展并确保欧洲在数字经济中的世界领先地位。欧盟数字单一市场，是在确保货物、人员、服务、

---

〔7〕Jean-Claude Juncker, Political Guidelines for the Next European Commission-A New Start for Europe: My Agenda for Jobs, Growth, Fairness and Democratic Change, Strasbourg, 15.07.2014. Available at: https://commission.europa.eu/system/files/2019-09/juncker-political-guidelines-speech_en.pdf (Accessed: 15.10.2023).

〔8〕European Commission, Communication from the Commission to the European Parliament, the Council, the European Economic and Social Committee and the Committee of the Regions, A Digital Single Market Strategy for Europe, COM(2015) 192 final, 06.05.2015.

资本自由流动的前提下,使个人和企业均能在公平竞争的条件下无缝访问和在线活动,由此提供高水平的消费者保护和个人数据保护。事实上,在数字单一市场的建设过程中,为了防止出现阻碍数字单一市场顺利运行的新障碍,欧盟在2018年的《非个人数据自由流动条例》第13条、第18条、第20条中,就明确提出了"非个人数据自由流动原则"(the principle of the free flow of non-personal data),在此基础之上,2022年,欧盟将"非个人数据自由流动原则"进一步抽象为"数据自由流动原则"(the principle of free flow of data),《欧盟数据法条例(草案)》在解释性备忘录中甚至明确提出,草案"落实了内部市场的数据自由流动原则"。由此可见,建构欧盟数字单一市场,不仅成为了继货物、人员、服务、资本自由流动之外的一项崭新议题,数据流动自由(the free flow of data)更是一跃成为了酝酿、形成中的"第五大自由"。而作为数字单一市场的三大支柱,数字生产要素流动、[9]基础设施

---

〔9〕"生产要素的流动"旨在消除跨境在线交易的法律壁垒,以消除合同法和版权法的立法歧异为导向,统一跨境电子商务规则,并打破电子商务服务的地域限制。See European Commission, Communication from the Commission to the European Parliament, the Council, the European Economic and Social Committee and the Committee of the Regions, A Digital Single Market Strategy for Europe, COM(2015) 192 final, 06.05.2015, pp. 3-9.

建构[10]和公共服务保障[11]涉及合同法、消费者保护法、竞争法、知识产权法等不同法律部门,相关法律工具既包括《关于提供数字内容和数字服务的合同特定方面的指令》(简称《数字内容指令》)[12]、《关于货物买卖的合同特定方面的指令》(简称《货物买卖指令》)[13]和《电子商务指令》[14]等纯私法规则,亦涵盖

---

[10]"基础设施建构"涉及电信、云计算、大数据工具、物联网等领域,旨在构建高速、安全、可靠的基础设施和内容服务,建立中立的电信规则、竞争规则和公平竞争的监管条件,提高数字服务和个人信息的安全性。See European Commission, Communication from the Commission to the European Parliament, the Council, the European Economic and Social Committee and the Committee of the Regions, A Digital Single Market Strategy for Europe, COM(2015) 192 final, 06.05.2015, pp. 4-13.

[11]"公共服务保障"涉及信息通信技术设施投入、打破数据地域限制、明确数据使用权等内容,旨在提高数据及相关服务的兼容性和标准化,明晰标准核心专利和公平许可条件的内部关系,改善公共服务,提高行业竞争力。See European Commission, Communication from the Commission to the European Parliament, the Council, the European Economic and Social Committee and the Committee of the Regions, A Digital Single Market Strategy for Europe, COM(2015) 192 final, 06.05.2015, pp. 14-15.

[12]Directive (EU) 2019/770 of the European Parliament and of the Council of 20 May 2019 on Certain Aspects Concerning Contracts for the Supply of Digital Content and Digital Services, OJ L 136, 22.05.2019, pp. 1-27.

[13]Directive (EU) 2019/771 of the European Parliament and of the Council of 20 May 2019 on Certain Aspects Concerning Contracts for the Sale of Goods, Amending Regulation (EU) 2017/2394 and Directive 2009/22/EC, and Repealing Directive 1999/44/EC, OJ L 136, 22.05.2019, pp. 29-50.

[14]Directive 2000/31/EC of the European Parliament and of the Council of 8 June 2000 on certain legal aspects of information society services, in particular electronic commerce, in the Internal Market, OJ L 178, 17.07.2000, pp. 1-16.

《消费者保护合作条例》[15]、《卫星广播和有线转播的著作权和邻接权指令》[16]、《网络和信息安全指令》[17]和《一般数据保护条例》[18]等规制性工具。而与数字经济、数据流通交易最具相关性的两部法案,当属2019年欧盟出台的《货物买卖指令》和《数字内容指令》。[19]

欧盟数字单一市场的法律图景呈现出巨大的开放性,数据流通也成为了数字单一市场立法的一项重要议题。但是,数据流通的规则制定究竟应当立足何种立法价值、应当采取何种立法形式,则成为了欧盟立法的首要问题。不容否认的是,数据、数字内容、数字服务的特性也加剧了合同法、竞争法和知识产权法等的交叉,部门法的边界变得更为模糊、融合,甚至渐趋开放。但在这种开放性下,如何妥当协调不同法律部门本身的价值差异、

---

〔15〕Regulation (EC) No 2006/2004 of the European Parliament and of the Council of 27 October 2004 on cooperation between national authorities responsible for the enforcement of consumer protection laws, OJ L 364, 09.12.2004, pp. 1-11.

〔16〕Council Directive 93/83/EEC of 27 September 1993 on the coordination of certain rules concerning copyright and rights related to copyright applicable to satellite broadcasting and cable retransmission, OJ L 248, 06.10.1993, pp. 15-21.

〔17〕European Commission, Proposal for a Directive of the European Parliament and of the Council concerning measures to ensure a high common level of network and information security across the Union, 07.02.2013, COM (2013) 48 final.

〔18〕Regulation (EU) 2016/679 of the European Parliament and of the Council of 27 April 2016 on the protection of natural persons with regard to the processing of personal data and on the free movement of such data, and repealing Directive 95/46/EC, OJ L 119, 04.05.2016, pp. 1-88.

〔19〕欧盟《数字内容指令》中译本,参见《欧洲议会和欧盟理事会〈关于提供数字内容和数字服务合同特定方面的第2019/700(EU)号指令〉》,张彤译,载《中德私法研究》第21卷,北京大学出版社2022年版,第349—385页。

规范冲突和体系衔接,也是一项难题。为此,欧盟在引入数字交易新规则时,采取了修订现行立法与新增特别立法"双管齐下"的两种方式。一方面,欧盟通过修订现行立法,在现行规则中进一步纳入数字交易的相关规则,例如,《欧洲数字单一市场战略》的法律复审清单包含了《消费者保护合作条例》《电子商务指令》《卫星广播和有线转播的著作权和邻接权指令》《通用服务指令》和《网络和信息安全指令》。上述法案分属消保法、电信法等不同部门,性质有别,立法价值存异。另一方面,在新增特别立法时,欧盟委员会着力于数字内容、数字服务、云计算的合同规则方面的立法探索,提出了以《货物买卖指令》和《数字内容指令》为主导的法案。

　　数据流通交易的合同法研究,能够为数据市场的交易机制提供任意性规范指引,满足数字化市场转型实践之需。我国学界对于数据财产权、[20]数据权利标准化、[21]数据要素市场化、[22]数

---

　　[20]例如,龙卫球:《数据新型财产权构建及其体系研究》,载《政法论坛》2017年第4期,第63—77页;胡凌:《数字经济中的两种财产权 从要素到架构》,载《中外法学》2021年第6期,第1581—1598页;沈健州:《数据财产的权利架构与规则展开》,载《中国法学》2022年第4期,第92—113页;申卫星:《论数据用益权》,载《中国社会科学》2020年第11期,第110—207页;申卫星:《论数据产权制度的层级性:"三三制"数据确权法》,载《中国法学》2023年第4期,第26—48页;姚佳:《企业数据权益:控制、排他性与可转让性》,载《法学评论》2023年第4期,第149—159页。

　　[21]参见熊丙万:《论数据权利的标准化》,载《中外法学》2023年第5期,第1145—1164页。

　　[22]例如,高富平:《数据流通理论 数据资源权利配置的基础》,载《中外法学》2019年第6期,第1405—1424页;姚佳:《数据要素市场化的法律制度配置》,载《郑州大学学报(哲学社会科学版)》2022年第6期,第43—50页。

据交易的基本范畴、[23]数据流通的合同构造[24]等命题虽有一定研究,但如何依托现行规范体系,尤其是依托合同法原理体系,立足《民法典》解释适用,系统性地提出数据流通的法律方案,促进数据要素在交易市场的合法自由流通,仍是当务之急。

本章将研究重点放置于"数据流通的概念构造"、"数字交易的合同类型"和"数字交易的违约救济"三项问题,以欧盟立法为借镜,以"数据许可"、"云计算合同"和"机器缔约(智能合约)"三种数据流通中较为常见的交易形态为例,展开研究。本章也试图对"数据流通的给付特点"和"数据流通的权利套叠"这两项特殊问题进行梳理。在欧盟法层面,本文以欧盟数字单一市场为政策背景,梳理欧盟委员会数字合同规则立法的创新之处,探索新兴数字合同立法与传统合同理论之间的体系矛盾,深入分析数字合同概念的周延性、开放性等技术问题。最后,不容小觑的问题是,欧盟数字合同立法,究竟应侧重消费者保护和中小企业保护,还是以中立的规则建构来促进数字经济发展,欧盟的价值立场仍摇摆不定,这将影响欧盟数字合同法律制度的整体设计,进而对数字单一市场的后续发展带来不可低估的深远影响。本章试图探讨,经典合同法理论将如何回应以数据流通交易为代表的新兴交易模式,其可能存在哪些制度障碍,以及能否克服。本章试图说明,在数据流通交易的当下,经典合同法理论体系面临的挑战无处不在,但这种挑战并无颠覆性的危险,经典合同法的体

---

〔23〕例如,梅夏英:《数据交易的法律范畴界定与实现路径》,载《比较法研究》2022年第6期,第13—27页。

〔24〕例如,高郵梅:《论数据交易合同规则的适用》,载《法商研究》2023年第4期,第31—44页;林洹民:《个人数据交易的双重法律构造》,载《法学研究》2022年第5期,第37—53页。

系依然稳固,传统合同理论甚至体现出前所未有的制度韧性和理论生命力。

一、数据流通的概念建构

数据作为交易内容时,合同标的迥异于传统买卖合同中的有形财产(动产或不动产),标的的无形性,使得合同规则的匹配成为了数字交易须解决的首要议题。

作为欧盟数字合同规则的核心法案,2015年欧盟委员会公布了《关于提供数字内容和数字服务的合同特定方面的指令(草案)》(简称《数字内容指令(草案)》)[25]和《关于货物买卖的合同特定方面的指令(草案)》(简称《货物买卖指令(草案)》),[26]试图提出数字交易的合同规则,同时更新既有的货物买卖合同规则,使之与数字化交易接轨。2019年,欧盟以"孪生指令"形式将上述指令草案升级为正式法案,欧盟同时通过《数字内容指令》和《货物买卖指令》,这两部指令沿袭了欧盟消费者合同的既有立法模式,均以违约救济为规则重心,立足"瑕疵担保"规范群,设

---

〔25〕European Commission, Proposal for a Directive of the European Parliament and of the Council on certain aspects concerning contracts for the supply of digital content, COM (2015) 634 final, 09.12.2015.

〔26〕European Commission, Amended Proposal for a Directive of the European Parliament and of the Council on certain aspects concerning contracts for the sale of goods, amending Regulation (EC) No 2006/2004 of the European Parliament and of the Council and Directive 2009/22/EC of the European Parliament and of the Council and repealing Directive 1999/44/EC of the European Parliament and of the Council, COM (2017) 637 final, 31.10.2017.

计相应规则。其中,《数字内容指令》构成欧盟在数字交易领域的重大立法创新,就数字内容合同和数字服务合同提出了诸多新的规则设计方案。[27]

(一)概念建构:提供数字内容

法律概念的创新势必伴随风险。欧盟是全球最早试图建构数字合同规则体系的区域。基于技术的中立性和前瞻性,欧盟在界定"提供数字内容"概念时,采用了"抽象界定+不完全列举+例外情形"的三阶定义方式,保持了概念的适度开放性。

"数字内容"的法律概念,首见于2011年欧盟委员会颁布的《欧洲共同买卖法条例(草案)》,[28]条例草案附件一《欧洲共同买卖法》(Common European Sales Law, CESL)明确纳入"销售数字内容"规则。2011年《欧盟消费者权利指令》和2015年《数字内容指令(草案)》也对"数字内容"有相应规定。当然,2011年《欧洲共同买卖法》和2015年《数字内容指令(草案)》之间存在承继关系。《欧洲共同买卖法》是欧盟试图统一买卖法规则的立法尝试,数字内容仅是内容之一,但构成欧盟针对数字内容进行规则设计的首次尝试。《欧洲共同买卖法》在欧洲议会通过后,因成员国质疑而被撤回。撤回后,欧盟委员会试图抽离其中的数字内容和在线交易规则,由此形成了2015年的《货物买卖指令(草案)》和《数字内容指令(草案)》。

---

〔27〕欧洲国家有关数字内容合同的立法,例如2015年《英国消费者权利法案》第三章"数字内容"(digital content)。

〔28〕Proposal for a Regulation of the European Parliament and of the Council on a Common European Sales Law, 11.10.2011, COM(2011) 635 final, 2011/0284 (COD).

经由三部法案,欧盟合同法对于数字交易的规则供给逐步完善。在规范方式上,自2011年首次提出"数字内容"概念,到逐步定型为"提供数字内容"概念,欧盟经历了从分散规定到集中特别立法的思路转换。《欧洲共同买卖法》和欧盟《消费者权利指令》均以"数字内容"为规制对象,2015年《数字内容指令(草案)》则以"提供数字内容"作为概念,将"提供"统合于"数字内容"概念之中。

这三部法案对于"数字内容"的具体界定方式如下:

第一,《欧洲共同买卖法条例(草案)》采取正面规定和例外排除方式来界定"数字内容"。具体而言,《欧洲共同买卖法条例(草案)》第2条第j项第1分句将"数字内容"(digital content)明确界定为"以数字形式制作和提供的数据,其是否根据买受人所定制在所不论,包括视频、音频、图片或书面数字内容、数字游戏、软件以及使现有软件或硬件个性化的数字内容"。紧接着,《欧洲共同买卖法条例(草案)》第2条第j项第2分句则明确例举了该条所指"数字内容"的6项除外形式,这意味着,该条例草案所规定的"数字内容",不包括"(1)包含网上银行服务在内的金融服务,(2)以电子形式提供的法律或金融建议,(3)电子医疗服务,(4)电子通讯服务及网络,以及相关设施和服务,(5)博彩,(6)由消费者或与其他用户交互创作的新的数字内容和对现有数字内容的修改"。

第二,欧盟《消费者权利指令》第2条第11项将"数字内容"

界定为"以数字化方式制作或提供的数据"。[29]此外,欧盟《消费者权利指令》鉴于条款第19条指出,数字内容不取决于取得方式,无论是实时播放流、有体数据载体或其他形式取得的数据,都属于数字内容概念。

第三,欧盟《数字内容指令》分设两款,区分界定"数字内容"概念和"提供"概念,此外,该指令也明确区分"数字内容"和"数字服务",将两者分为两项平行规定。首先,《数字内容指令》第2条第1项将"数字内容"界定为"以数字形式产生和提供的数据"。其次,《数字内容指令》第2条第2项则将"数字服务"拆分为一般性的数字服务和交互服务两种形式,规定"数字服务"包括"(1)消费者以数字形式创建、处理、存储或访问数据的服务,或是(2)消费者或该服务上的其他用户上传或创建数字形式的数据或与之进行任何其他交互的服务"。再次,2015年《数字内容指令(草案)》第2条第10款界定了"提供","提供"则指"为数字内容创设获得路径或使用路径。其中,数字形式数据包括视频、音频、应用、数字游戏及其他软件"。但《数字内容指令》第2条删除了对于"提供"的明确界定,而是在第5条专门规定了"数字内容或数字服务之提供",该条第2款对经营者履行提供义务进行了明确规定。

---

〔29〕Directive 2011/83/EU of the European Parliament and of the Council of 25 October 2011 on consumer rights, amending Council Directive 93/13/EEC and Directive 1999/44/EC of the European Parliament and of the Council and repealing Council Directive 85/577/EEC and Directive 97/7/EC of the European Parliament and of the Council, OJ L 304, 22.11.2011, pp. 64-88; 指令中译本参见《欧盟消费者权利指令》,张学哲译,载张谷、张双根等主编:《中德私法研究》第9卷,北京大学出版社2013年版,第192页以下。

欧盟创新性地采用"提供"(supply)概念,摒弃了以传统德国民法为代表的"交付"概念,这种概念创新的主要原因是标的特性本身:交付主要指向有体物,但数字内容既包括有形载体上的数字内容,例如以CD形式售卖的软件,也包括诸如游戏、云服务等无形数字内容。[30]另一方面,作为提供给付的抽象性的描述,"提供"一词能够涵盖数字内容的具体形式,换言之,数字内容包括数据和服务,既包括以数字形式生产和提供的数据,例如视频音频;也涵盖由消费者提供的数据来作数字形式的制作、加工或存储的服务,"提供"概念能够较好纳入上述形式。

从"数字内容"进化到"提供数字内容",概念的细节性调整随之影响合同法的制度设计,义务性质便是一例。欧盟《数字内容指令》和英国《消费者权利法案》的差异在于,欧盟《数字内容指令》对数字内容的界定不仅包括类似买卖的交易模式,也纳入了数字服务合同,即同时纳入了买卖合同与服务合同。英国《消费者权利法案》将数字形式服务界定为一般服务合同,仅要求供应商满足"合理的注意和技能义务"的手段义务,而指令草案对适约性的要求是客观义务,即结果义务。数字服务采用手段义务或结果义务,也将影响证明责任和适约性。

(二)概念界分:智能产品 vs. 数字内容

智能产品是否属于数字内容概念? 欧盟《数字内容指令》第2条第1项对数字内容的界定宽泛,看似涉及所有类型的数字形式的数据,但是,2015年《数字内容指令(草案)》鉴于条款第11条

---

〔30〕Ruth Janal/Jonathan Jung, "Spezialregelung für Verträge über digital Inhalte in Theorie und Praxis", *VuR*, 2017, Heft 9, S. 332 ff.

就已指出，当数字内容被植入商品之中而作为商品不可分割的一部分，并且其功能从属于商品的主要功能时，例如，带有屏幕数值检测功能的空气净化器，这种情况下，指令不得适用。《数字内容指令》鉴于条款第22条也明确，如果消费者从应用商店下载游戏应用程序到智能手机上，那么游戏应用程序的供应合同与智能手机本身的买卖合同应当分开，因此，《货物买卖指令》仅适用于智能手机的买卖合同，如果《数字内容指令》的条件得到满足，那么游戏应用程序的买卖合同则可能属于本指令的适用范围。

由此可见，对于指令是否适用于智能产品这一问题，《数字内容指令》第2条和指令鉴于条款第22条之间，存在一定的解释空间，可以认为，《数字内容指令》本身未明确排除适用于智能产品，而仅通过鉴于条款排除，这种规范模式容易使得指令的适用范围缺乏明确性，容易在实务中产生漏洞。实践中，嵌入数字内容的产品因融合了有体物和数字内容而被称为智能产品，此类产品因嵌入传感器、电子器件、软件和网络接入装置而具有智能性。有鉴于此，妥当的立法方式，可能是以"数字内容嵌入商品后能否分离"作为一项重要判断标准，以"嵌入后能否分离"（类似"附合"或"混合"）作为嵌入型数字内容的典型特征。例如，能被卸载或删除的手机软件(app)不应视为嵌入型数字内容。[31]

物联网与智能产品究竟应该一并规制，抑或区分立法？物联网和数字内容关系密切，物联网是在基于互联网延伸和扩展的网络，其用户端延伸至物物之间的信息交换和通信，实现物物连接。

---

〔31〕Rafał Mańko, *Contracts for Supply of Digital Content: A Legal Analysis of the Commission's Proposal for a New Directive*, *EPRS In-depth analysis*, PE 582.048, European Parliament 2016, p. 12.

在物联网中,相互连接的物可能涵盖数字内容,例如,带有嵌入传感器的简单物件、家用电器、智能手环等可穿戴设备。事实上,智能产品和物联网概念的边界不明。一方面,物联网以云形式或其他形式连接的智能产品为前提,另一方面,智能产品可以单独运行而无需与其他产品通讯或连接。2015年的《数字内容指令(草案)》选择了排除适用智能产品和物联网的解决方案,将智能产品归入货物买卖,将物联网留待成员国自行规制,[32]但对智能产品而言,其产品特性并不符合货物买卖的典型特征,适用货物买卖规则失之妥当,而对具有跨境特性的物联网而言,留由成员国自行规制,也更容易因为成员国立法差异而引发分歧。换言之,欧盟委员会对于智能产品和物联网规则制定的回避立场,并无助于问题的解决,甚至可能加剧欧盟成员国之间的立法碎片化现象,欧盟应采取积极的立法态度,对此类问题引入一些一般性规则,提高法律安定性。

(三)概念扬弃:不采纳"数字产品"的理由

欧盟《数字内容指令》采用"数字内容"概念,而没有采用实践常见的"数字产品"(digital goods)概念,立足于一定的立法考量。首先,软件类型是区分数字产品和数字内容概念的一项特别示例。原则上,软件可在有形载体上交付,例如在CD盘上进行交付,但是,软件买卖和软件租赁常常与经营者的其他数字形式的给付相互关联,例如,销售者在销售软件之外,亦负有防病毒

---

〔32〕Rafał Mańko, *Contracts for Supply of Digital Content: A Legal Analysis of the Commission's Proposal for a New Directive, EPRS In-depth analysis*, PE 582.048, European Parliament 2016, pp. 8-9.

软件的升级义务。因此,单纯以"有形数字载体的可交付性"标准来判断软件类型,具有不确定性。[33]其次,从数字内容的管理组织形式而言,若供应商签订数字内容合同时亦为用户提供相应数字支持设施,例如社交网络平台,那么合同就兼具服务合同的特征性给付。[34]此时若仍限于数字产品概念,易自我设限于买卖合同类型。再次,履行给付的时限和频率可能会限定数字内容概念,尤其是可以将一次性即时提供的内容理解为数字内容,进而排除继续性债务关系,由此将产生区分问题。例如,数字流常可在一定时段内访问相关链接,并在该时限内允许多次访问。若不将此种给付视为数字内容合同,就可能导致欧盟《消费者权利指令》第9条、第10条和类似《德国民法典》第356条第5款有关"撤回权消灭"规定的规范目的落空。[35]故在立法技术上,数字内容概念能够涵盖数字服务,但若采用数字产品概念,就会因产品的多种混合形式而导致难以进一步对数字产品进行特定化和具体化。

2022年德国在《德国民法典》转化欧盟《数字内容指令》时,德国立法者未采纳"数字内容"的规范模式,而是在《德国民法典》的"债法总则"(第241条及以下条款)新增一节"数字产品合同"规范群(第327条至第327u条),将《数字内容指令》转化为《德国民法典》第二编"债之关系法"中第三章"约定债之关系"

---

〔33〕Ruth Janal/Jonathan Jung, "Spezialregelung für Verträge über digital Inhalte in Theorie und Praxis", *VuR*, 2017, Heft 9, S. 334.

〔34〕Ruth Janal/Jonathan Jung, "Spezialregelung für Verträge über digital Inhalte in Theorie und Praxis", *VuR*, 2017, Heft 9, S. 334.

〔35〕Ruth Janal/Jonathan Jung, "Spezialregelung für Verträge über digital Inhalte in Theorie und Praxis", *VuR*, 2017, Heft 9, S. 334 f.

的新规则。立法者通过在《德国民法典》第327条新设"数字产品"上位概念,用以统摄"数字内容"和"数字服务",详见本书后续专章论述。

二、数据交易的给付特点:数据作为对待给付

"免费"提供数字内容,构成目前数据流通中最为常见的数字内容交易模式之一。例如,消费者可以以注册个人信息的形式,来"免费"下载手机应用(app),或是"免费"在线享受音频或视频服务。但是,这种商业交易模式可能具有一定的法律风险,原因在于,数字经济中,看似"免费"的个人信息本身愈发带有金钱价值,与有偿合同相较,无偿合同中买受人的权利往往保护程度较低。以金钱之外的其他给付作为对待给付来提供数字内容,即以提供个人信息或其他信息的使用作为对待给付时,此类合同被称为"非以金钱为对价的提供数字内容合同",这类合同看似无偿,但其数字内容存在瑕疵时,也可能导致消费者的经济损失,故在合同性质上须与无偿合同明确区分。

将数据界定为对待给付,进而将"非以金钱为对价的提供数字内容合同"纳入"双务合同"并讨论其有偿性,具有正当性。[36]将此类合同纳入双务合同范畴,并根据对待给付的实质内容(一次性或持续性移转个人数据的使用权)确定合同类型,能为合同救济提供较为完整的逻辑体系。

《数字内容指令(草案)》的适用范围不区分对待给付的具体

---

〔36〕Louisa Specht, "Daten als Gegenleistung-Verlangt die Digitalisierung nach einem neuen Vertragstypus?", *JZ*, 2017, Heft 15-16, S. 763 ff.

内容,不以数字内容是否支付金钱对价作为区分标准。但是,指令草案所指的非金钱对价,仅限于消费者"积极"提供的数据,不包括"消极"数据。具体而言,对非以金钱为对价而提供的数字内容,指令仅适用于供应商要求且消费者主动提供信息的情形,如主动提供姓名、电邮或照片;但指令不适用于供应商为使数字内容符合合同而收集数据信息的情形,例如手机应用为了正常工作而搜集地理位置信息。指令亦不适用于供应商收集但消费者未主动提供信息情形,例如IP地址或网络追踪器在信息收集传输中自动生成的其他信息。

欧盟以"积极"或"消极"提供数字内容作为区分标准,值得商榷。其一,消费者处于弱势地位,经营者可开发出新的产品模式,使得消费者消极提供信息,由此规避适用指令。适用范围仅僵硬限于"积极"信息,并不能完全适应数字技术的发展。[37]其二,欧盟并未细致区分非以金钱为对价和以金钱为对价的提供数字内容合同,事实上,这两类合同的救济规则应有所区别,尤须明确消费者合理期待的差异性,此外,这种界分能否契合传统的合同解除规则,也值得商榷。[38]其三,即便欧盟在合同法的框架内界定非以金钱为对价的提供数字内容合同,仍无法回避体系的交叉。由于此类合同的对待给付往往是个人数据,而这些数据应符合《一般数据保护条例》,故须衔接合同规则与个人信息保护规则。

---

〔37〕Madalena Narciso, "'Gratuitous' Digital Content Contracts in EU Consumer Law", *EuCML*, 2017, Heft 5, p. 206.

〔38〕Madalena Narciso, "'Gratuitous' Digital Content Contracts in EU Consumer Law", *EuCML*, 2017, Heft 5, p. 206.

三、数据交易的权利交叠：权利瑕疵与权利用尽

数据流通中，合同法与知识产权法之间存在规范断裂、价值冲突甚至是体系悖反。[39]合同法以最大限度地尊重当事人意思自治、促成交易实现为目的，而知识产权法则鼓励创新。数据流通中，具体交易能否准用、类推著作权许可使用、非排他性专属权或商业秘密规则，应如何借鉴知识产权的支配权思路，来界定数据的非排他性支配权，应如何将著作权法的权利用尽原则与《民法典》合同编的权利瑕疵进行妥当衔接，应如何妥当"改造"现有的许可规则和权利用尽原则，以符合数据流通的私法自治精神，皆为有待解决之难题。[40]

以数字内容合同为例，数字内容合同和知识产权法之间存在天然联系。数字内容大多构成知识产权的标的，数字内容尤其可能构成著作权法的标的。例如，我国《著作权法》第10条第1款列举了著作权人的权利，包括发表权、署名权、修改权、复制权、发行权、出租权、信息网络传播权等。虽然《著作权法》第10条第2款规定，著作权人可以许可他人行使第1款中第五项至第

─────────

〔39〕数据流通的知识产权法相关研究，例如，冯晓青：《数字时代的知识产权法》，载《数字法治》2023年第3期，第25—45页；冯晓青：《知识产权视野下商业数据保护研究》，载《比较法研究》2022年第5期，第31—45页；李晓珊：《数据产品的界定和法律保护》，载《法学论坛》2022年第3期，第122—131页；孔祥俊：《商业数据权：数字时代的新型工业产权——工业产权的归入与权属界定三原则》，载《比较法研究》2022年第1期，第83—100页。

〔40〕数字作品交易的探索性研究，例如，王迁：《论NFT数字作品交易的法律定性》，载《东方法学》2023年第1期，第18—35页；陶乾：《论数字作品非同质代币化交易的法律意涵》，载《东方法学》2022年第2期，第70—80页。

十七项规定的权利，著作权人有权获得报酬，但是，提供数字内容合同如何与前述著作权内容及其限制相衔接，还是存在较大问题。例如，数字内容既存在无限复制的可能性，也存在低成本销售的可能性，无论是数字内容的非法复制，还是数字内容的未授权使用，都将使得著作权人面临诸多新挑战。于此，或许可以通过扩张著作权人的专属性权利，来限制买受人对数字内容的复制权。此外，或许还可以通过新的技术手段，来实现对数字内容的传播销售的技术控制，例如，采取技术保护措施，对作品或软件密钥进行加密，防止破解，采取数字版权保护措施，设置附条件访问系统(conditional access system)或访问控制系统(electronic access control system)，以及采取数字水印技术和跟踪技术(digital watermarking technologies)，这些技术手段的最终目的，是让著作权人准确了解其作品在何时、何地、以何种方式被使用，那么消费者在使用数字内容时，就会比传统的消费品受到更多的限制，例如，数字形式的音乐播放或视频播放存在区域地理限制，或者所购买的数字内容和消费者的设备不兼容或无法移转到其他设备。[41]而数字内容的许可协议中的某些条款对于消费者而言，可能是不公平合同条款。著作权人对其数字内容的开发权可能会影响消费者的权利，例如隐私权、表达自由权。[42]

　　数字内容合同和知识产权法之间，也存在天然矛盾，矛盾的

---

〔41〕N.Helberger/M. B. M Loos/Lucie Guibault/Chantal Mak/Lodewijk Pessers, "Digital Content Contracts for Consumer", *Journal of Consumer Policy*, 2013, pp. 37-57.

〔42〕N.Helberger/M. B. M Loos/Lucie Guibault/Chantal Mak/Lodewijk Pessers, "Digital Content Contracts for Consumer", *Journal of Consumer Policy*, 2013, pp. 37-57.

根源在于合同法和知识产权法对权利价值和财产的界定存在差异。一方面,在买卖合同中,合同订立后,出卖人负有移转标的所有权之义务。那么,合同法对于所涉标的所有权的起点,就在于买受人基于买卖合同获得标的所有权,并且该标的符合合同约定。另一方面,在知识产权法上,一方主体获得数字内容副本,并不意味着其即享有数字内容的著作权。换言之,对于数字内容作为交易标的的所有权概念的理解,合同法和知识产权法就存在一定的冲突。尽管这种冲突已经体现在货物买卖中,但是对于无形数字内容而言,这种矛盾会更为明显。数字内容大多属于知识产权标的,尤其是著作权法的标的。在移转数字内容时,提供数字内容的一方并未提供原始数据,而仅仅向消费者提供了数据副本,原始数据仍然处于著作权人的控制之下。即便说,提供数字内容一方可以向消费者移转数字内容的物理载体,但这一举动并不意味着移转了数字内容本身的所有权,与数字内容关联的那些知识产权,仍然处于权利人的控制之下,消费者仅仅是通过明示或默示许可的方式来使用数字内容而已。[43]

消费者所获得的数字内容的权能,有别于完全的所有权权能,而是存在一定限制。这种差异性的原因也主要在于合同法和知识产权法对作者专属权的视角不同,知识产权法以保护著作权人的权利为起点,合同法则基于买受人角度,因此,在衡量买受人的合理期待和著作权人的权利时,须作更精细的规则衔接,例如,数字内容的非法复制、低成本销售或未授权使用,将使著作权人面临诸多挑战,对此,或可扩张著作权人的专属性权利、限

---

〔43〕N. Helberger/M. B. M Loos/Lucie Guibault/Chantal Mak/Lodewijk Pessers, "Digital Content Contracts for Consumer", *Journal of Consumer Policy*, 2013, p. 46.

制买受人对数字内容的复制权,或通过新的技术手段控制数字内容的传播和销售,例如技术保护措施、数字版权保护、有条件系统访问或访问控制系统,数字水印和跟踪技术,由此使著作权人准确了解其作品在何时何地以何种方式使用。[44]再者,对于消费者所获得的数字内容,提供商和消费者的品质约定中,可以纳入消极的品质约定,即明确约定某产品的使用存在一定的限制。此外,著作权人对数字内容的开发权可能会影响隐私权、表达自由权等消费者权利。[45]

四、数据交易的合同类型

确定合同类型,是规范适用的起点,也是数据流通中合同法理论需要解决的基础命题。我国《民法典》合同编有名合同规则之适用,首先是要确定合同的特征性给付,进而由此确定合同类型。

以提供数字内容合同为例,由于此类合同的给付常常具有混合性,如何确定特征性给付的类型,就成为了亟待解决的议题之一,将提供数字内容合同新增为一种新型有名合同的论点,亦见诸讨论。

提供数字内容合同打破了买卖、服务二分的经典合同分类。欧盟法区分货物买卖合同和服务合同,且货物买卖仅涉及动产。

---

〔44〕N. Helberger/M. B. M Loos/Lucie Guibault/Chantal Mak/Lodewijk Pessers, "Digital Content Contracts for Consumer", *Journal of Consumer Policy*, 2013, p. 45.

〔45〕N. Helberger/M. B. M Loos/Lucie Guibault/Chantal Mak/Lodewijk Pessers, "Digital Content Contracts for Consumer", *Journal of Consumer Policy*, 2013, p. 45.

由于欧盟的货物买卖合同法较发达,而服务合同立法相对滞后,如何界定数字内容的给付特征就成为了核心问题。成员国层面,提供数字内容合同的定性呈现出服务合同、买卖合同、许可合同和独立合同的四种路径,仅以消费者合同规则的适用构成其有限共性。首先,法国、德国、意大利、荷兰、西班牙和英国直接或类推适用消费者买卖法规则。例如,《德国民法典》第453条第1款的准用条款(物的买卖的规定准用于权利买卖和其他标的买卖)为无体标的开辟了适用路径。芬兰明确规定,基于有形载体提供软件的,视为服务,即在线提供软件服务。对挪威、法国或波兰这些要求货物具备有形形式的国家而言,在线提供软件就很难界定为货物;而对区分货物、服务并不严格的意大利而言,无论软件有形无形,都被视为动产,当软件出现瑕疵,消费者可适用消费者买卖法。其次,荷兰和挪威亦类推适用消费者买卖法,有所不同的是,西班牙和匈牙利将在线提供数字内容视为许可合同。再次,英国采独立合同类型的归类方式,以便为未来技术发展预留裁量空间,法官可以适用一般原则,但这种方式可能会破坏传统法律概念的体系性,不利于法的安定性。[46]最后,法国亦有观点将软件视为一种独立的权利,但也有部分法国法院将购买数字内容视为买卖合同,亦有法院将之视为租赁合同,甚至有法院将之视为一种独立的合同类型。[47]

提供数字内容合同的归类,究竟是传统合同理论的重大障

---

〔46〕N. Helberger/M. B. M Loos/Lucie Guibault/Chantal Mak/Lodewijk Pessers, "Digital Content Contracts for Consumer", *Journal of Consumer Policy*, 2013, p. 43.

〔47〕N. Helberger/M. B. M Loos/Lucie Guibault/Chantal Mak/Lodewijk Pessers, "Digital Content Contracts for Consumer", *Journal of Consumer Policy*, 2013, p. 42.

碍,抑或仅是一项虚张声势的伪命题?事实上,提供数字内容恰是一种"产品服务化"形式。数字内容与有体物和服务的差异在于,传统理论对服务的理解停留于无法存储或所有的给付,虽然数字内容往往不具备物理意义上的实体维度,却能够下载和存储。[48]但这并不构成提供数字内容合同无法适用传统有名合同规则的实质障碍。事实上,合同类型应依据特征性给付确定,而非形式性地依据合同名称确定。就提供数字内容合同而言,可借助具体给付内容确定合同类型。例如,可以区分"一次性即时转让数据内容"和"数据网络的持续性使用"两种给付内容,前者类似《德国民法典》第453条的权利买卖,而后者根据对待给付义务是"仅为提供个人数据"还是"在个人数据保护上进行同意的表示",进而分别归入互易合同和混合合同。应予说明的是,提供数字内容合同偶见互易合同,原因在于,大部分的数字内容合同并不是即时交易的,无法一次性交付移转,这种非实体标的移转类似权利买卖;而当对待给付具有持续性时,此种持续性债务关系更类似租赁合同。[49]因此,提供数字内容合同的对待给付属于非典型对待给付,将之归入买卖、服务、租赁、许可或承揽合同,都具有理论可行性。合同归类过程中,仍存在某些困难,例如,虽然提供数字内容合同类似无体物的使用权合同或许可合同,但

---

〔48〕Janja Hojnik, "Technology neutral EU law: digital goods within the traditional goods/service distinction", *International Journal of Law and Information Technology*, 2017, Vol. 25, No. 1, p. 64.

〔49〕Axel Metzger, "Dienst gegen Daten: Ein synallagmatischer Vertrag", *AcP*, 2016, Vol. 216, Issue 6, S. 835; Louisa Specht, "Daten als Gegenleistung-Verlangt die Digitalisierung nach einem neuen Vertragstypus?", *JZ*, 2017, Heft 15-16, S. 764.

欧盟现行立法对使用权合同或许可合同仍缺乏典型规则。[50]再者,提供数字内容合同亦可能突破经典的买卖、赠与、租赁、服务、承揽或许可的合同类型,而是呈现出新的混合合同样态,此时,适用混合合同规则更为妥当。

对欧盟法而言,合同类型化的真正风险在于,缺乏欧盟层面的统一规则时,有可能基于《罗马条例I》第4条第1款的最密切联系原则,适用不同成员国法律,造成同一合同在不同成员国被认定为不同合同类型的直接结果。此外,就格式条款的效力控制而言,由于各国对于效力控制的立法存在差异,不同合同类型的认定可能直接影响对合同条款的效力评价。

在成员国层面和欧盟层面讨论提供数字内容合同类型,结论迥异。就某一成员国而言,可依合同特征性给付适用有名合同规则,故不构成一项理论真命题。但在欧盟法层面,由于欧盟须经由冲突规则(《罗马条例I》)确定准据法,故可能因成员国实体规则差异,造成同一产品形态在不同国家不同归类的歧异结果,甚至造成实务中选择底线最低成员国法律的竞次效应,反将损害数字经济的长远发展,成员国之间的规则差异也将使欧盟数字合同规则出现新的碎片化现象。[51]因此,欧盟层面协调、统一跨境提供数字内容合同的性质,确有必要,或可要求成员国针对提供数字内容合同引入混合合同规则。

――――――――――

〔50〕Axel Metzger, "Dienst gegen Daten: Ein synallagmatischer Vertrag", *AcP*, 2016, Vol. 216, Issue 6, S. 837.

〔51〕Vanessa Mak, *The new proposal for harmonized rules on certain aspects concerning contracts for the supply of digital content, In-depth analysis*, Directorate General for Internal Policies, Policy Department C: Citizens' Rights and Constitutional Affairs, Legal Affairs, PE 536 494, 2016, p. 4.

五、数据交易的违约救济

（一）违约救济新要素：交互性、功能性与兼容性

确定瑕疵是合同救济的起点。将数字内容的交互性、功能性、兼容性等内在性质融入合同的适约性标准（《数字内容指令》第7条第1项），进而纳入合同法框架，是数字合同规则设计的可行方案。但问题在于，新要素能否在瑕疵担保法的体系内部自洽，是否会带来新的逻辑矛盾？

欧盟《数字内容指令》采用主客观相结合的方式界定适约性（与合同相符），以合同条款、先合同信息作为适约性的首要标准（第7条），以客观使用目的、国际技术标准和公开声明作为适约性的次要标准（第8条）。换言之，数字内容首先应符合约定，若缺乏清楚全面的约定，则须确定客观的统一标准，还须参考同类内容的一般用途。

就主观瑕疵而言，交互性、功能性、兼容性构成了当事人针对数字内容进行品质约定的特别要素，原因有三。

其一，数字内容的性质决定了其须与其他数字设备相互作用方能适当运行，这种交互作用尤其涉及处理器运行速度、显卡特征等硬件因素，以及运行系统、播放器版本等软件因素。

其二，功能范围指如何应用数字内容，这还涉及是否存在以区域编码方式保护的技术限制。

其三，数字内容的正常运行应与消费者的硬件和软件环境兼容。由于不兼容导致数字内容出现瑕疵，且该兼容性应由供应商

负责或控制,或由消费者根据提供商提供的说明书进行安装但因说明瑕疵导致不兼容时,应认为数字内容本身不符合约定。[52]

就客观瑕疵而言,由于数字立法常滞后于商业实践,数字产品专业壁垒更高、更新速度更快,故将行业、技术标准和时效性引入客观瑕疵颇具实益,亦构成数字合同规则对传统瑕疵理论的突破。具体而言,首先,数字内容供应商应参照国际、欧洲或特定行业部门的标准水平、公开的技术货物目录、被认可的行为方式以及行业标准,用普遍通用的数据规格向用户提供问询(欧盟《数字内容指令》第6条第2款)。其次,在特定时间内提供数字内容时,应保证数字内容在合同存续期间符合约定。再次,数字内容常以更新方式完善,应向消费者提供可用的最新版本(欧盟《数字内容指令》第8条第2款至第4款)。

尽管指令的主客观瑕疵体现了数字内容特性,但仍存问题,尤以客观瑕疵标准为甚。

其一,主观瑕疵标准上,尽管品质约定中的交互性、兼容性和功能性要素符合数字内容特质,但由于经营者处于专业优势地位,约定内容往往具有较高的专业性,难以为消费者所理解,因此,对上述要素的品质约定,在一定程度上导致经营者约定内容的空间过大,不利于消费者。而就客观瑕疵标准而言,复杂数字内容产品的风险转移时点较难确定,例如,具有一定时间持续性的提供数字内容合同,或者兼具软硬件的提供数字内容合同,在

---

〔52〕Aurelia Colombi Ciacchi/Esther van Schagen, *Conformity under the Draft Digital Content Directive: Regulatory Challenges and Gaps-An Introduction*, in: Reiner Schulze/Dirk Staudenmayer/Sebastian Lohsse (eds.), *Contracts for the Supply of Digital Content: Regulatory Challenges and Gaps*, Münster Colloquia on EU Law and the Digital Economy II, Nomos, 2017, p. 106.

确定复杂数字内容产品的合目的性时,如何结合行业标准和合同价款也存在一定的难度。

其二,指令草案对于适约性标准的列举方式,究竟应当穷尽数字内容特征,抑或采取开放的态度预留发展空间,目前仍缺乏明确立场。[53]

其三,实务常见问题未见诸规则设计。例如,若供应商在安装过程中失去对数字内容的控制,或是如何举证其履行了正确安装义务,或在升级过程中因补丁或升级而导致数字内容被更改,此时,被更改的数字内容是否仍受原瑕疵担保权的保护,上述问题仍缺乏明确规则。[54]

其四,适约性的界定也会反过来影响合同定性。原因在于,适约性标准反映了提供数字内容合同的典型给付的特殊性,例如版本、功能、兼容性、时限、可访问性、持续性、安全性,上述内容作为合同的典型给付已有别于传统合同法中以买卖合同作为原型的典型给付。在一次性即时给付的情形下,例如一次性向债权人提供3D打印,这类特殊的典型给付类似买卖合同,而在持续性提供给付时,例如在一段时间内向债权人提供音频,这类给付更

---

〔53〕Aurelia Colombi Ciacchi/Esther van Schagen, *Conformity under the Draft Digital Content Directive: Regulatory Challenges and Gaps-An Introduction*, in: Reiner Schulze/Dirk Staudenmayer/Sebastian Lohsse (eds.), *Contracts for the Supply of Digital Content: Regulatory Challenges and Gaps*, Münster Colloquia on EU Law and the Digital Economy II, Nomos, 2017, pp. 112-121.

〔54〕Gerald Spindler, "Verträge über digitale Inhalte-Haftung, Gewährleistung und Portabilität-Vorschlag der EU-Kommission zu einer Richtlinie über Verträge zur Bereitstellung digitaler Inhalte", *MMR*, 2016, Heft 4, S. 219 ff.

类似服务合同。[55]不同的给付类型将导致合同风险负担和相应的瑕疵担保权利的行使差异,例如,买卖合同以风险负担为核心,风险移转后,买卖法规则就将难以妥善处理软件的更新需求,也无法处理因更新所产生的瑕疵问题,在持续访问的云计算合同中也存在类似问题。[56]

(二)数据删除义务和数据取回权

货物买卖合同的传统救济方式主要以有体物为原型,并不完全契合无形的数字内容。因此,提供数字内容合同的违约救济手段须基于数字内容的无形特性而有所调整。合同解除情形下,当事人的主要权利义务表现为数据取回权和数据删除义务。

当补正数字内容已不可能,且与合同不符的现实情形损害了数字内容的主要性能特点时,消费者有权解除合同。当数字内容非以金钱而以消费者提供信息为对价时,供应商应在合同解除后停止使用,并停止向第三方传输该信息。合同对价包含个人信息时,停止使用数据的义务意味着供应商应采取所有措施删除数据或隐匿姓名,以防止其或任何其他主体通过可能利用的手段确定消费者身份。当合同解除时,供应商应允许消费者取回所上传的、使用数字内容过程中制作的以及使用数字内容过程中产生的数据。这一义务应扩展到供应商依据提供数字内容合同而有义务

---

〔55〕Reiner Schulze, *Supply of Digital Content: A New Challenge for European Contract Law*, in: Alberto De Franceschi (ed.), *European Contract Law and the Digital Single Market, The Implications of the Digital Revolution*, intersentia, 2016, p. 136.

〔56〕Christiane Wendehorst, "Die Digitalisierung und das BGB", *NJW*, 2016, Heft 36, S. 2612.

保存的数据，以及供应商因合同而事实上业已保存的数据。若供应商向消费者提供了取回数据的技术手段，消费者有权免费取回数据。

（三）权利瑕疵和著作权许可

适约性标准的最大争议，在于是否引入"消费者的合理期待"标准。有观点认为，应将合理期待作为适约性标准的兜底条款。[57]在提供数字内容合同中，消费者无法获得数字内容的完整所有权，仅以许可使用方式获得权利，消费者对标的功能性和使用性的期待，却在很大程度上取决于知识产权人和经营者，取决于许可条款，而此种条款本身的公平性和合理性却难以评估。由于数字内容的无形性和创新性，在提供数字内容合同中，缺乏判断消费者的通常合理期待的一般标准。消费者合理期待的逻辑起点，往往与经营者是否向买受人告知与数字内容相关的使用限制信息（例如仅在例外情况下允许私人复制）相关，进而与包含使用限制的格式条款本身的公平性和效力相关。换言之，许可协议和权利瑕疵成为消费者合理期待的逻辑前提。

经典的瑕疵体系中，大多以物的瑕疵作为核心内容展开，对于权利瑕疵的讨论常集中于特定合同类型之中。但是，在提供数字内容合同中，权利瑕疵尤其重要，这与提供数字内容合同标的

---

〔57〕Aurelia Colombi Ciacchi/Esther van Schagen, "Conformity under the Draft Digital Content Directive: Regulatory Challenges and Gaps-An Introduction", in: Reiner Schulze/Dirk Staudenmayer/Sebastian Lohsse (eds.), *Contracts for the Supply of Digital Content: Regulatory Challenges and Gaps*, Münster Colloquia on EU Law and the Digital Economy II, Nomos, 2017, p. 117.

多为移转财产使用权,而非移转财产所有权相关。提供给消费者的数字内容须排除任何第三方权利,包括基于知识产权的第三方权利。除非当事人另有约定,否则经营者无需移转数字内容上的知识产权(《数字内容指令(草案)》第8条)。供应商因侵犯第三方权利而停止提供相关数字内容时,第三方权利就可能实质阻碍消费者使用数字内容,因此,供应商有义务保证所提供的数字内容免于第三人权利,例如与数字内容有关的、阻碍消费者使用数字内容的著作权。显然,许可协议是数字内容适约性和权利瑕疵之间的制度衔接。但由于指令草案未涵盖数字内容的复制权或许可权的移转问题,成员国未来应引入更明确的规定,例如经营者出售数字内容时负有保证存在许可的义务。[58]事实上,存在权利限制的数字内容,也可以通过消极品质约定加以限定,即在合同中明确约定标的具有一定的限制,例如使用权限制,或者仅能与同一提供商提供的软件兼容。

六、数据流通的形态之一:数据许可

数据许可,构成数据流通最为常见的交易结构。许可合同多适用合同法的一般原则,但囿于合同立法的历史背景,合同法的一般原则多以有体物买卖为交易原型,故在规则设计上,应考虑

---

〔58〕Reiner Schulze/Dirk Staudenmayer/Sebastian Lohsse, *Contracts for the Supply of Digital Content: Regulatory Challenges and Gaps-An Introduction*, in: Reiner Schulze/Dirk Staudenmayer/Sebastian Lohsse (eds.), *Contracts for the Supply of Digital Content: Regulatory Challenges and Gaps*, Münster Colloquia on EU Law and the Digital Economy II, Nomos, 2017, p. 28.

许可和在线销售受版权保护作品的特殊性。销售受版权保护作品有别于有体物,其并未完全切断出卖人对交易标的的控制,反之,销售有体物时,出卖人和买受人的义务通常于标的交付后终结,而在销售受版权保护的作品时,此种控制甚至会延续到移转之后,例如对作品使用和形式的控制。因此,应针对许可合同中的有形或无形财产引入适当规则,应适当区分许可合同和买卖合同,版权侵权亦可能引发合同违约,应斟酌有体物和无体财产的区别。[59]

此外,传统版权法强调权利的地域性,而数字内容将在某种程度上重塑版权法的地域性特征。[60]消费者使用数字内容时会较传统的消费品受更多限制,例如数字形式的音频或视频播放存在区域地理限制。著作权及其限制如何与提供数字内容合同衔接,亦是合同法与知识产权法需协调的问题,订立提供数字内容合同时,尤须注意终端用户使用许可协议的限制。

最后,就版权和知识产权许可而言,欧盟成员国很少特别立法,但因数字内容多具有跨境特征,故从欧盟层面引入规范殊为必要。

七、数据流通的形态之二:云计算

数字不仅可以作为交易内容,亦得成为交易的方式或媒介,

〔59〕Stojan Arnerstål, "Licensing digital content in a sale of goods context", *Journal of Intellectual Property Law & Practice*, 2015, Vol. 10, Issue 10, pp. 750-758.

〔60〕David G. Post, "How the Internet is making jurisdiction sexy (again)", *International Journal of Law and Information Technology*, 2017, Vol. 25, p. 253.

基于物联网技术的云计算合同便是一例。数字单一市场战略下，欧洲亦着力物联网发展。2015年3月，欧盟委员会启动了物联网创新联盟(AIOTI)，旨在支持创建一个创新、行业驱动的欧洲物联网生态系统。[61]与之形成鲜明对比的是，在云计算合同领域，欧盟乃至全球立法仍处于摸索之中，这也使欧盟专家组的探索具有示范意义。

（一）云计算的交易架构

由于技术形式和商业形式的多样化，云计算(cloud computing)的界定目前尚未统一。欧盟委员会在2019年的《云战略》中，将云计算界定为一种信息技术范式，可以实现无处不在地访问可配置的共享系统资源池和更高级别的信息技术服务，而这些资源池和服务通常通过互联网进行动态调配。[62]国际电信联盟将云计算定义为一种使网络能够访问可扩展、弹性的可共享物理或虚拟资源池的范式，具有自助服务供应和按需管理功能，资源范式包括服务器、操作系统、网络、软件、应用程序和存储设备。[63]实践中，技术形态或组织形态构成云计算的分类基准之一，例如可根据技术形态分为提供软件服务(SaaS)、平台服务(PaaS)和基础设

---

〔61〕Available at: https://aioti.eu (Accessed: 03.10.2023).

〔62〕European Commission, European Commission Cloud Strategy-Cloud as an enabler for the European Commission Digital Strategy, 16.05.2019, p. 5.

〔63〕Ron Davies, *Cloud Computing: An overview of economic and policy issues*, Europran Parliamentary Research Service (EPRS), Member's Research Service, 2016, PE 583.786, p. 3; Marc L. Holtorf, "Cloud Computing-Ein Überblick (Teil 1)", *MPR*, 2013, Heft 2, S. 49.

施服务(IaaS)。[64]这三种形式之下,还存在多种子类型,例如硬件服务是基础设施服务的子类型,此外还包括数据服务(DaaS)、网络服务(NaaS)等。[65]另一方面,可依据相对人区分为公共云、私人云或混合云。[66]

在商业形态上,云计算合同类似传统的"外包",但也仅是一种数字化"外包"。[67]早在2013年,欧盟委员会就建立了云计算合同的专家组,欧盟委员会也明确将云计算合同列为未来立法方向。欧盟建立专家组的原因在于,欧盟目前缺乏具体的云计算合同规则,现行一般合同规则无法完全适应云计算特性,云环境下的个人数据保护规则不明。明确立法、促进消费者保护、推进云计算产业发展,构成欧盟未来云计算合同的主要方向。换言之,针对云计算合同的欧盟立法,也必须经历从无到有的进程,但在此进程中,云计算如何与现有的欧盟指令协调,例如瑕疵担保、不公平条款规则,构成未来立法的核心议题。再者,由于云技术涉及医疗、金融、音视频、电商等各领域,云服务器、云数据库可

---

〔64〕Ron Davies, *Cloud Computing: An overview of economic and policy issues*, Europran Parliamentary Research Service (EPRS), Member's Research Service, 2016, PE 583.786, p. 3; Franzika Boehm, "Herausforderungen von Cloud Computing-Verträgen: Vertragstypische Einordnung, Haftung und Eigentum an Daten", *ZEuP*, 2016, Heft 2, S. 362.

〔65〕Franzika Boehm, "Herausforderungen von Cloud Computing-Verträgen: Vertragstypische Einordnung, Haftung und Eigentum an Daten", *ZEuP*, 2016, Heft 2, S. 362.

〔66〕Marc L. Holtorf, "Cloud Computing-Ein Überblick (Teil 1)", *MPR*, 2013, Heft 2, S. 49.

〔67〕Marc L. Holtorf, "Cloud Computing-Ein Überblick (Teil 1)", *MPR*, 2013, Heft 2, S. 50.

根据行业要求形成不同的技术架构,例如混合云架构、共享服务架构、大数据平台、云存储架构和等级保护;产品形态亦多样化,例如远程医疗平台、视频云服务和委托交易云等,这使得云计算合同的复杂性和多样性远远超出云存储这种最原始的消费者合同原型,事实上,云计算合同多为商事合同。

(二)云计算的合同定性

云计算合同是一种非典型合同。由于类型混合的混合合同目前并无统一的价值评价体系,因此,在规范适用上,需要根据具体的云计算合同,依据其给付特征,来确定有名合同的适用或准用规则。[68]

就云计算合同的定性,目前存在租赁合同、借贷合同、承揽合同、服务合同等不同立场,例如,法国将云计算合同界定为承揽合同或租赁合同,英国、意大利、西班牙等国家将云计算合同界定为服务合同。[69]一方面,由于一般的租赁合同以移转动产或不动产的有偿使用为给付特征,而云计算合同亦可与有形载体关联,例如云端存储(对象存储COS),故在此意义上,应界定为使用租赁合同。另一方面,也可以将云计算合同界定为一种承揽合同或服务合同。当然,如果是无偿使用云计算产品,例如免费云

---

〔68〕Magda Wicker, "Vertragstypologische Einordnung von Cloud Computing-Verträgen-Rechtliche Lösungen bei auftretenden Mängeln", *MMR*, 2012, Heft 12, S. 784.

〔69〕Franzika Boehm, "Herausforderungen von Cloud Computing-Verträgen: Vertragstypische Einordnung, Haftung und Eigentum an Daten", *ZEuP*, 2016, Heft 2, S. 366.

存储,也可能构成单务合同,例如使用借贷合同。[70]

　　将云计算合同界定为承揽或雇佣合同,存在解释论困境,其根源在于合同是否提供成果、成果是否特定化。首先,雇佣合同往往以劳务方提供约定义务,另一方支付报酬为特征性给付,并不要求提供成果,但云计算合同的使用者一般在特定时间或时段内使用或处分给付时,往往要求具体成果。因此,就是否提供成果而言,云计算合同很难界定为雇佣合同。然而,云计算合同也难以界定为承揽合同,原因在于,云计算合同提供方仅负有向用户提供云端给付的义务,并不需要根据特定客户的特性,将所提供的义务进一步特定化或个性化。换言之,云计算合同所提供的给付往往是一种种类化的给付,这也符合云计算合同终止后或与之平行,提供商可以同时向第三人提供同种类给付的商业现实,就是否提供特定成果而言,云计算合同的给付亦不符合承揽合同的特征性给付。

　　即便云计算合同在各成员国的定性不同,但欧盟《罗马条例I》第4条第2款规定,无法确定合同特征性履行的情形下,以合同特征义务履行方的惯常居所地的法律为准据法。事实上,复杂的云计算合同往往会涉及不同种类的给付类型,例如涵盖了存储器使用和在线提供应用服务的云计算合同,此时,合同供应商的公司住所国家就构成与合同有最密切联系的国家,可进而确定准据法。换言之,对于不同给付类型混合的、较复杂的云计算合同而言,经由冲突规则指向的准据法具有唯一性,即云计算合同供应商的住所所在国法律。由于各成员国对于云计算合同的定性

---

〔70〕Magda Wicker, "Haftet der Cloud-Anbieter für Schäden beim Cloud-Nutzer?-Relevante Haftungsfragen in der Cloud", *MMR*, 2014, Heft 11, S. 716.

存在差异,因此,一方面,不同的云计算供应商之间存在法律上的竞争,即准据法的确定与责任类型、损害赔偿额度、格式条款的效力控制等问题相关,另一方面,云计算合同中的法律选择条款亦成为关键条款。

(三)云计算合同的违约形态

云数据丢失、访问障碍和安全漏洞,是云提供商和云用户之间的常见争议类型。[71]云数据丢失多为持续性数据丢失,例如数据因遭致毁损而无法读取,但数据毁损的原因不限于此,云存储器毁损亦可导致数据毁损,云提供商陷入破产无法继续运营云设施,也会造成用户无法读取、使用云数据的类似结果。访问障碍多表现为在特定时间内暂时性无法访问,在这一时段内,云用户的所失利益就是暂时性访问障碍情形下的赔偿依据;安全漏洞则多与其所导致的数据被删除、数据无法读取、敏感保密信息外泄相关。[72]上述情形既可构成合同责任,也可构成侵权责任,甚至可以适用特别责任。

就合同责任而言,瑕疵担保规则构成主要的适用规则。目前欧盟关于瑕疵担保的规则多见于买卖合同,而其他的合同类型须根据成员国法律确定,在复杂的云计算合同中,供应商的住所所在国法律往往构成合同准据法,由于欧盟各成员国大多基于欧盟《消费品买卖指令》,仅在买卖合同的瑕疵担保规则中实现了最低

---

〔71〕Magda Wicker, "Haftet der Cloud-Anbieter für Schäden beim Cloud-Nutzer?-Relevante Haftungsfragen in der Cloud", *MMR*, 2014, Heft 11, S. 715.

〔72〕Magda Wicker, "Haftet der Cloud-Anbieter für Schäden beim Cloud-Nutzer?-Relevante Haftungsfragen in der Cloud", *MMR*, 2014, Heft 11, S. 715.

限度协调,而在买卖合同之外的其他合同类型中,欧盟层面尚未引入协调的瑕疵担保规则。因此,云计算合同若定性为买卖合同之外的其他合同类型,相关的瑕疵担保规则就需要援引成员国规则,而由于成员国之间规则存在差异,故在一定程度上存在不确定性。例如,云计算合同准用租赁合同规则时,数据丢失、访问障碍或安全漏洞可准用租赁合同有关瑕疵担保的相应规则,例如减少价款、赔偿损失等,但德国和奥地利对于因果关系的举证规定就有所不同,德国法上,云用户须就瑕疵事实和因果关系负举证责任(《德国民法典》第536条、第249条以下、第280条),但奥地利并无因果关系举证的具体规定(《奥地利民法典》第1090条及以下)。[73]云计算合同在准用使用借贷合同规则时,德国、奥地利和葡萄牙的规定各异,德国法上,云供应商仅就故意或重大过失承担瑕疵担保责任(《德国民法典》第599条),奥地利法并无使用借贷合同中出借人仅就故意或重大过失才承担责任的规定(《奥地利民法典》第971条以下),在葡萄牙,出借人无需承担借用物的瑕疵责任(《葡萄牙民法典》第1134条)。[74]

(四)云计算合同的格式条款控制

云计算合同多为格式条款,以服务等级协议(Service Level Agreements, SLA)为常见形式,且该协议形式通常仅适用于商事合同。尽管云计算合同可区分为单独协商订立的合同和格式合

---

〔73〕Magda Wicker, "Haftet der Cloud-Anbieter für Schäden beim Cloud-Nutzer?-Relevante Haftungsfragen in der Cloud", *MMR*, 2014, Heft 11, S. 716.

〔74〕Magda Wicker, "Haftet der Cloud-Anbieter für Schäden beim Cloud-Nutzer?-Relevante Haftungsfragen in der Cloud", *MMR*, 2014, Heft 11, S. 716.

同,但由于云计算行业绝大部分使用标准化的技术概念、架构术语,专业性较高,事实上合同双方交涉空间较小,以格式条款为主要形式。由于云计算合同的违约常涉及数据丢失、受损、访问障碍等情形,因此,云计算合同中的核心问题是责任免除或限制的格式条款的效力判断。[75]

就责任限制或免除而言,常见的免责条款包括免除间接损害或后果损害,常见的限责条款则多表现为设置责任上限。

例如,《阿里云网站服务条款》[76]在第8条"责任范围和责任限制"条款中规定:

8.1 阿里云仅对本服务条款中列明的责任承担范围负责。

8.3 您了解并同意,因您使用本服务、违反本服务条款或在您的账户下采取的任何行动,而导致的任何第三方索赔,应且仅应由您本人承担。如果由此引起阿里云及其关联公司、员工、客户和合作伙伴被第三方索赔的,您应负责处理,并承担由此造成的全部责任。

8.4 在法律允许的情况下,阿里云对于与本服务条款有关或由本服务条款引起的任何间接的、惩罚性的、特殊的、派生的损失(包括业务损失、收益损失、利润损失、使用数据、商誉或其他经济利益的损失),不论是如何产生的,也不论是由对本服务条款的违约(包括违反保证)还是由侵权造成的,均不负有任何责任,

〔75〕Franzika Boehm, "Herausforderungen von Cloud Computing-Verträgen: Vertragstypische Einordnung, Haftung und Eigentum an Daten", *ZEuP*, 2016, Heft 2, S. 370.

〔76〕《阿里云网站服务条款》, 2023 年 10 月 8 日更新, KB: 37194。Available at: https://help.aliyun.com/zh/account/user-guide/ali-cloud-web-site-terms-of-service, 最后访问日期 2023 年 12 月 26 日。

即使事先已被告知此等损失的可能性。另外即使本服务条款规定的排他性救济没有达到其基本目的,也应排除阿里云对上述损失的责任。

8.5 除本服务条款另有规定或阿里云与您就某一具体产品及/或服务另有约定外,在任何情况下,您同意阿里云对本服务条款所承担的赔偿责任总额不超过向您收取的当次服务费用总额。

其中第8.3条、第8.4条就是典型的责任限制条款,第8.4条将间接损失、派生损失等全部纳入免责范围,第8.5条则设置了责任上限。

欧盟《消费者合同中的不公平条款指令》规定了不公平格式条款的订入和效力控制规则,故此类免责限责条款的效力,可借助转化指令之后的成员国法律确定。以德国法为例,倘若云计算合同条款免除了对身体或生命侵害的责任时,依据《德国民法典》第309条第7项第(1)种情形,"侵害生命、身体、健康的责任排除"属于无评价可能性的条款禁止,条款无效。[77]此类条款在医疗领域的云计算合同中颇具实践意义。[78]涉及医疗的云计算合同中,医生对患者隐私在内的信息负有保密义务,云计算合同中,保密义务条款须与医事法等特别法相协调。[79]

---

〔77〕Franzika Boehm, "Herausforderungen von Cloud Computing-Verträgen: Vertragstypische Einordnung, Haftung und Eigentum an Daten", *ZEuP*, 2016, Heft 2, S. 373; Magda Wicker, "Haftet der Cloud-Anbieter für Schäden beim Cloud-Nutzer?-Relevante Haftungsfragen in der Cloud", *MMR*, 2014, Heft 11, S. 787.

〔78〕Franzika Boehm, "Herausforderungen von Cloud Computing-Verträgen: Vertragstypische Einordnung, Haftung und Eigentum an Daten", *ZEuP*, 2016, Heft 2, S. 373.

〔79〕Marc L. Holtorf, "Cloud Computing-Ein Überblick (Teil 2)", *MPR*, 2013, Heft 2, S. 197.

就限责条款而言,云计算合同常区分损害类型,例如区分直接和间接损害,甚至区分结果损害。事实上,如何明确区分损害类型仍是损害赔偿法的难点之一,例如,当云计算合同被界定为租赁合同时,由于《德国民法典》第536a条的租赁合同的瑕疵担保权利不区分瑕疵损害和结果损害,而在云计算合同中,如果存储系统本身发生故障或崩溃,或是云计算提供商陷入破产无法正常运营系统,就可能发生存储的数据丢失、毁损等问题,因此,对于云计算合同而言,租赁合同中的瑕疵担保的损害类型与其并不完全契合。此外,传统租赁合同以房屋或实体租赁为原型,而云计算合同除了有体的存储器之外,还有在线存储等多种无体形式。再者,由于目前欧盟将损害赔偿留由成员国自行规定,各国对损害的分类、界定存在差异,这就使得云提供商有机会通过选择法律,来实现规避较严格的损害赔偿法或格式条款法的目的。

由上可见,云计算合同中的格式条款控制与云计算的合同类型确定密切相关。在成员国层面,合同定性与格式条款控制依然可以借助经典的合同分类理论、格式条款法加以解决。但在欧盟层面,一方面,云计算合同的用户往往分布在不同的成员国,即便最后适用的准据法具有唯一性,即云计算供应商的住所所在国,但消费者对域外法中的瑕疵担保权利、损害赔偿等法律缺乏预期,法律适用的最后结果有违背消费者合理预期的危险。另一方面,不同的云计算运营商也可能因此趋利避害,选择法律风险最低的国家设立公司,进而将该国法作为准据法,这将最后削弱云计算合同中的消费者保护水平。换言之,如何协调云计算合同的准据法适用、如何协调格式条款的效力控制规则,将构成未来欧盟在云计算领域须解决的问题。而目前欧盟《消费者合同中的不公平条款指令》基于最低限度协调导致的成员国立法歧异，将进一步加剧云计算合同格式条款效力控制的分歧。

八、数据流通的形态之三：机器缔约与智能合约

（一）机器缔约

数字内容、智能产品与物联网[80]关系密切。数字内容与物联网高度相关，但2015年的《数字内容指令(草案)》鉴于条款第17条就已明确提出，物联网和智能产品不属于指令草案的适用范围，应区别讨论与物联网相关的特殊责任，以及与机器交互作用相关的数据和合同责任问题。事实上，智能产品与物联网的区别并不分明，物联网以射频识别、全球定位系统、地理信息系统和电子数据交换等技术为依托，以智能产品为前提，智能产品并非独立运转，而能与其他智能产品进行通讯或者与云端通讯。[81]

机器对机器缔约仅是物联网的应用之一，但可能成为传统合

---

〔80〕目前对于物联网概念并无统一界定，有学者将之界定为利用传感器和互联网连接设备和车辆。See Vanessa Mak, *The new proposal for harmonized rules on certain aspects concerning contracts for the supply of digital content*, In-depth analysis, Directorate General for Internal Policies, Policy Department C: Citizens' Rights and Constitutional Affairs, Legal Affairs, PE 536 494, 2016, p. 9.

〔81〕Christiane Wendehorst, *Sale of goods and supply of digital content-two worlds apart? Why the law on sale of goods need to respond better to the challenges of the digital age?*, In-depth analysis, Directorate General for Internal Policies, Policy Department C: Citizens' Rights and Constitutional Affairs, Legal Affairs, PE 556 928, 2016, p. 8.

同理论的重大挑战。[82] 合同法须回应合同是否有效成立、机器地位如何，其中机器是否具有自我学习、自我决策的能力，则是合同法界定机器法律地位的先决条件。有学者以智能冰箱为例，将机器对机器缔约的最低级形式描述为："根据预设程序，智能冰箱为消费者向超市订购商品的过程，由此发展出：(1)智能冰箱超出消费者预设，购买了数量更多的商品；(2)冰箱因软件错误而购买了其他品种的商品；(3)冰箱基于对消费者既有消费模式的统计，自主预测并购买商品等不同模式"。[83]

机器能否作出意思表示，以及客观受领人如何判断行为外观，是机器对机器缔约情形下适用代理规则或传达规则的核心界点。代理与传达的区别在于，传达人仅作转述，不发出自己的意思表示，代理人则须自己作出意思表示，因此，机器能否作出意思表示，构成适用代理或传达制度的判断基准之一。从行为外观而言，依客观受领人视角，辅助人仅转送业已确定的意思表示，即为传达，若行为外观显示其中存在一定程度的决定自由，行为人据此独立形成意思表示，则可认定为代理。[84] 从行为能力而言，代理人须至少具备限制行为能力，而传达人并无行为能力要求。事实上，适用代理制度的困境在于机器是否是适格的法

---

〔82〕Marco Loos, *Machine-to-Machine Contracting in the Age of Internet of Things*, in: Reiner Schulze/Dirk Staudenmayer/Sebastian Lohsse (eds.), *Contracts for the Supply of Digital Content: Regulatory Challenges and Gaps*, Münster Colloquia on EU Law and the Digital Economy II, Nomos, 2017, p. 63.

〔83〕Marco Loos, *Machine-to-Machine Contracting in the Age of Internet of Things*, in: Reiner Schulze/Dirk Staudenmayer/Sebastian Lohsse (eds.), *Contracts for the Supply of Digital Content: Regulatory Challenges and Gaps*, Münster Colloquia on EU Law and the Digital Economy II, Nomos, 2017, p. 61.

〔84〕参见朱庆育：《民法总论》，北京大学出版社2013年版，第325页。

律主体,能否成为代理人。目前,民法主体制度仅承认自然人、法人和非法人组织,机器尚未成为适格的法律主体,不过机器能否构成自成一类的"电子人"的主体讨论,也见诸欧盟。例如,在人工智能领域,欧盟委员会工作组已展开了法律主体的讨论,即是否在法人主体之外引入或承认所谓的"电子人"(electronic persons),这与机器人或软件程序的自主性,程序设定者无法预期机器的反应,机器的智能学习和沟通行为关联密切,工作组对人工智能和机器的关注议题集中于数据保护、价值原则、责任规则和竞争力。此外,机器的所有财产范围仅以机器本身的物理零部件为限,本身并无财产,缺乏财产的机器并不具有责任能力。对此问题而言,代理规则或可解决机器的责任能力问题,若借助违约的严格责任规则,将机器责任穿透至被代理人(自然人或法人),责任主体就能明确确定。有观点指出,可以通过修正代理规则,在不修改民事主体制度的前提下,仅仅扩大代理制度的适用范围,将代理人从单纯的"人"扩大到机器,以此来较好解决责任问题。[85]而就机器缔约过程中的错误而言,一方面可以适用欧盟《共同参考框架草案》中的输入错误的纠正规则(第2-3:201

---

〔85〕Marco Loos, *Machine-to-Machine Contracting in the Age of Internet of Things*, in: Reiner Schulze/Dirk Staudenmayer/Sebastian Lohsse (eds.), *Contracts for the Supply of Digital Content: Regulatory Challenges and Gaps*, Münster Colloquia on EU Law and the Digital Economy II, Nomos, 2017, p. 79.

条),[86]另一方面也可适用表见代理规则。

（二）智能合约并非真正的合同

智能合约[87]构成机器对机器缔约的复杂形式。智能合约概念可回溯至20世纪90年代，Nick Szabo将智能合约(smart contract)描述为执行合同条款的计算机化的交易协议。[88]

在技术层面，智能合约以分散式计算的区块链技术为依托，通过可执行的计算机代码，将条款纳入合同，这是一种在满足预设的特定前提时，自动执行预定结果，或自动运行预定的协议执行程序。换言之，智能合约无需中间媒介即可在合同主体之间直

---

〔86〕《共同参考框架草案》(DCFR)第2-3:201条输入错误的纠正：(1)经营者利用电子手段而未经个别协商订立合同的，应在对方当事人发出或接受要约前，提供适当、有效且方便的技术手段，以便于识别与纠正输入错误。(2)经营者未履行本条第(1)款所规定的义务，导致某人错误订约，经营者对因此给该人造成的损失承担责任。这一规定并不影响根据第2-7:201条(误解)的规定可以主张的任何救济措施。中译本参见高圣平译：《欧洲示范民法典草案：欧洲私法的原则、定义和示范规则》，中国人民大学出版社2012年版，第161—162页。

〔87〕我国关于智能合约的相关研究，例如，陈吉栋：《智能合约的法律构造》，载《东方法学》2019年第3期，第18—29页；蔡一博：《智能合约与私法体系契合问题研究》，载《东方法学》2019年第2期，第68—81页；夏庆锋：《区块链智能合同的适用主张》，载《东方法学》2019年第3期，第30—43页；许可：《决策十字阵中的智能合约》，载《东方法学》2019年第3期，第44—55页；吴烨：《论智能合约的私法构造》，载《法学家》2020年第2期，第1—13页。

〔88〕Nick Szabo, *Smart Contracts: Building Blocks for Digital Markets*, 1996.

接交易,是一种基于算法的自动执行的合约。[89]

作为一种交易手段,智能合约以效率性为突出优点,区块链技术能最大限度地保障交易透明性并保护当事人隐私。由于智能合约由计算机预设,相较于人的订约,智能合约中语言误解的几率更低,因此,资本市场、医疗保险行业已逐步引入智能合约系统,多将其应用于贷款和保险合同。

自执行系统和匿名化构成智能合约的典型特征,智能合约的执行具有封闭性,这使得智能合约具有了从"不完全合同"理论中逃逸的可能性。不完全合同理论,又称不完全契约理论、不完全合约理论,该理论认为,囿于缔约主体的有限理性、信息不完全性以及交易事项的不确定性,合同具有不完全性,当事人无法预见未来可能发生的所有情况并通过合同进行预先约定。[90]自动执行构成智能合约和其他电子协议的区别,在于人可以外部干预电子合同的执行,但是,智能合约的完整执行过程具有不可变更性,一旦订立智能合约,机器的独立执行就不可撤回。[91]设计智能合约的初衷之一就是由此从法律执行中得以解脱,智能合约

〔89〕Nikolas Guggenberger, *The Potential of Blockchain Technology for the Conclusion of Contracts*, in: Reiner Schulze/Dirk Staudenmayer/Sebastian Lohsse (eds.), *Contracts for the Supply of Digital Content: Regulatory Challenges and Gaps*, Münster Colloquia on EU Law and the Digital Economy II, Nomos, 2017, p. 94; Rolf H. Weber, "Liability in the Internet of Things", *EuCML*, 2017, Heft 5, p. 209.

〔90〕Oliver Hart/John Moore, "Foundations of Incomplete Contracts", *The Review of Economic Studies*, 1 January 1999, Vol. 66, Issue 1, pp. 115-138; Oliver Hart/John Moore, "Incomplete Contracts and Renegotiation", *Econometrica*, 1988, Vol. 56, No. 4, pp. 755-785.

〔91〕Pierluigi Cuccuru, "Beyond bitcon: an early overview on smart contracts", *International Journal of Law and Technology*, 2017, Vol. 25, Issue 3, p. 8.

无需法律执行,由此替代法院的执行角色。[92]从封闭的自执行角度而言,智能合约类似"完全合同",这与传统合同法的"不完全合同理论"相悖。智能合约的订立难以套用传统的要约承诺机制,但可以考虑适用以履行行为订约规则,换言之,一旦满足预定要件,合同自动执行,合同自执行之时订立。[93]有观点指出,在顺利执行的情形下,智能合约极具效率,但一旦出现不履行情形,智能合约能否继续执行,能否进行外部决策并施加干预,则成为了技术难点,需要在计算机代码设计时嵌入相应的外部干预的程序。[94]除了封闭自执行特性之外,区块链技术使得智能合约当事人具有匿名性,合同当事人无法知晓对方,在匿名情形下,难以依据传统法律救济手段解决违约问题,甚至作为自执行系统,智能合约并无传统法律意义上的中止,这在一定程度上消解了传统合同救济体系。

从法律层面观察,需要考量的问题集中于如下三个层面:

第一,法律性质问题。智能合约是否构成法律意义上的合同?这一判断的前提在于,在智能合约这种交易结构中,法律行为理论有无适用余地?

第二,司法控制问题。智能合约中的一系列合约约款,是否

---

〔92〕Werbach Kevin/Cornell Nicolas, "Contracts Ex Machina", *Duke Law Journal*, 2017, Vol. 67, pp. 314-381.

〔93〕Nikolas Guggenberger, *The Potential of Blockchain Technology for the Conclusion of Contracts*, in: Reiner Schulze/Dirk Staudenmayer/Sebastian Lohsse (eds.), *Contracts for the Supply of Digital Content: Regulatory Challenges and Gaps*, Münster Colloquia on EU Law and the Digital Economy II, Nomos, 2017, p. 95.

〔94〕Rolf H. Weber, "Liability in the Internet of Things", *EuCML,* 2017, Heft 5, p. 209.

属于格式条款控制的对象？能否适用格式条款的订入控制和效力控制机制？

第三，定性问题。智能合约的外部框架，是否构成法律意义上的决议？

首先，智能合约是否构成传统意义上的合同？有观点指出，现代合同法以客观标准评价要约承诺，以相对人的合理信赖或权利外观为基点，故可认为，智能合约也是一种意思表示的合致，应当视为是一种合同。[95]倘若如此，就将造成智能合约从传统合同规则体系中逃逸的结局。但即便将智能合约界定为一种新型合同，问题还在于代码语言的合法性，即代码是否构成合法的合同订立形式或内容？计算机代码具有专业性，一般人无法理解代码含义时，如何认定代码是真实意思表示的表达？此外，即便智能合约在执行上具有效率，但智能合约仅是将合同执行的成本前置于合同磋商阶段。申言之，当事人需要在智能合约架构设计前协商，并由计算机专家将主要合同架构转换为代码并设计算法，这固然是一种成本前置，将成本从执行转移到了交易架构设计环节。[96]再者，由于智能合约的设计费用昂贵，因此，智能合约的适用范围往往限于大规模交易领域，例如资本市场，商事合同将是智能合约的主要适用领域。鉴于智能合约完全摒弃了合同救

---

〔95〕Werbach Kevin/Cornell Nicolas, "Contracts Ex Machina", *Duke Law Journal*, 2017, Vol. 67, pp. 314-381.

〔96〕Pierluigi Cuccuru, "Beyond bitcon: an early overview on smart contracts", *International Journal of Law and Technology*, 2017, Vol. 25, Issue 3, p. 10.

济、合同争议的法律执行、合同语言的解释、合同不完整性[97]等经典理论或规则,就有必要继续追问,智能合约是否真的构成合同? 基于上述理由,笔者认为,智能合约名不符实,智能合约并非真正的合同,智能合约更接近是一类自动程序或系统,因此,智能合约不构成法律意义上的合同,将智能合约理解为协议的一套履行机制或执行程序,更符合事实,也更能解决相关争议。

其次,若是从适用法律行为理论的角度观察,那么智能合约更接近为计算机表示,智能合约的整体交易框架,应当理解为一种附条件合同,而智能合约本身构成履约程序(履行程序)。

再次,格式条款之认定,核心在于合同一方当事人基于重复使用目的单方提出,其中,一方当事人的单方合同形成权力,即合同形成的结构性不平衡,是格式条款司法控制的前提与基础。但就智能合约而言,其本身并不存在这种合同形成自由的结构失衡,更遑论格式条款控制!

最后,智能合约交易的外部框架协议,具有决议属性。

综上,智能合约并不构成法律意义上的合同,作为一种数据流通的交易结构,智能合约频现于数据交易之中,但智能合约与合同相去甚远,其仅是技术层面不幸的概念套用。

结语:经典合同法理论的力量

数字革命并非洪水猛兽,亦难以颠覆经典合同法理论。数字

---

[97] 经济学界基于不完全合同理论研究数据交易的代表性成果,例如,龚强、班铭媛、刘冲:《数据交易之悖论与突破: 不完全契约视角》,载《经济研究》2022年第7期,第172—188页。

单一市场下,欧盟的数字合同规则体现出前所未有的创新和勇气。诚如艾森伯格教授(Melvin A. Eisenberg)在《合同法基础原理》所言,即便在数字社会,合同法基础原理的生命力也并未减弱,反而随着社会发展而焕发出更强的生命力。[98]面对数字时代的各色挑战,合同法基础理论仍游刃有余,经典合同法体现出巨大的制度韧性和理论力量。

数字内容并未突破经典合同分类理论。数字作为交易内容时,合同的标的具有无形性,相较于数字产品概念,"提供数字内容"的概念创设具有科学性。但这种新兴的合同形式并未突破传统合同分类理论,提供数字内容合同的定性问题是一项伪命题。事实上,可以借助数字内容的具体给付特征,区分"一次性即时转让数据的合同"和"数据网络持续使用的合同",相应纳入买卖、服务、租赁、许可或承揽合同类型之下,甚至适用混合合同规则。数据作为对待给付时,应将"非以金钱为对价的提供数字内容合同"纳入双务合同。换言之,"提供数字内容合同"中,合同分类理论的基础规则依然适用,挑战在于,合同分类理论下,混合合同的规范配置、准用和适用规则的研究需求凸显,非典型合同适用规则的理论建构成为了合同法理论的一项历久弥新的议题,双务合同理论亦因"非以金钱为对价的提供数字内容合同"而具有了更丰富的类型空间。

数字交易亦未颠覆传统违约救济理论。欧盟《数字内容指令》所提供的体系化的违约救济规则,仍以经典的合同救济理论和瑕疵担保体系为基础。"提供数字内容合同"中,主客观瑕疵标准

---

〔98〕参见〔美〕梅尔文·A.艾森伯格(Melvin A. Eisenberg):《合同法基础原理》,孙良国、王怡聪译,北京大学出版社2023年版,第7页。

依然适用,交互性、功能性和兼容性成为了主观品质约定的重要要素,而行业标准、技术标准和时效性则进一步强调了客观瑕疵的重要意义。违约救济中,除了经典的解除规则外,数据的删除义务和数据取回权进一步丰富了违约救济的范畴。数字内容作为标的时,违约救济理论面临的重大挑战在于,权利瑕疵成为"提供数字内容合同"的重要瑕疵类型,并与许可合同存在紧密联系,此类合同的违约救济体系,须兼顾合同法与知识产权法的体系协调,须明晰著作权保护与合同使用权的边界。云计算合同甚至进一步凸显了传统格式条款法的重要意义。云计算合同的关键仍是格式条款的效力控制,尤其是免责和限责条款的效力控制,但挑战在于,欧盟《消费者合同中的不公平条款指令》在各成员国转化的差异性,仍将持续存在于云计算合同的条款认定之中。智能合约看似是一种"完全合同",突破了经典的"不完全合同理论",但实际仅是一种协议的自动执行机制或程序,并非真正意义上的合同。机器缔约仍可借助传达或代理规则判定。在不修改民事主体制度,即不确立第三种主体"电子人"的前提下,可以通过扩大代理制度的适用范围,将代理人从单纯的"人"扩大到机器,并借助代理规则和违约的严格责任规则,解决机器缔约的责任承担问题。

数字合同的规则建构,应当以中立性和技术开放性为基本立法价值,为未来数字经济发展预留充分的法律空间。对于欧盟而言,欧盟法既须微调数字技术下的合同规则配置,将新的技术要素纳入既有的欧盟合同规范体系,也仍须一如既往地推进欧盟私法的协调化,统筹关联规则,处理好现有指令、条例与新的立法草案之间的关系,避免产生新的立法碎片。对于我国而言,梳理数据流通交易实践中的具体类型,了解现行规范是否存在适用困境、是否存在解释难题,是引入新规则的首要前提。

本章参考文献

◎中文文献

1.蔡一博:《智能合约与私法体系契合问题研究》,载《东方法学》2019年第2期。

2.陈吉栋:《智能合约的法律构造》,载《东方法学》2019年第3期。

3.冯晓青:《知识产权视野下商业数据保护研究》,载《比较法研究》2022年第5期。

4.冯晓青:《数字时代的知识产权法》,载《数字法治》2023年第3期。

5.高富平:《数据流通理论 数据资源权利配置的基础》,载《中外法学》2019年第6期。

6.高郦梅:《论数据交易合同规则的适用》,载《法商研究》2023年第4期。

7.高圣平译:《欧洲示范民法典草案:欧洲私法的原则、定义和示范规则》,中国人民大学出版社2012年版。

8.龚强、班铭媛、刘冲:《数据交易之悖论与突破:不完全契约视角》,载《经济研究》2022年第7期。

9.胡凌:《数字经济中的两种财产权 从要素到架构》,载《中外法学》2021年第6期。

10.孔祥俊:《商业数据权:数字时代的新型工业产权——工业产权的归入与权属界定三原则》,载《比较法研究》2022年第1期。

11.李晓珊:《数据产品的界定和法律保护》,载《法学论坛》2022年第3期。

12.林洹民:《个人数据交易的双重法律构造》,载《法学研究》2022年第5期。

13.龙卫球:《数据新型财产权构建及其体系研究》,载《政法论坛》2017年第4期。

14.[美]梅尔文·A.艾森伯格(Melvin A. Eisenberg):《合同法基础原理》,孙良国、王怡聪译,北京大学出版社2023年版。

15.梅夏英:《数据交易的法律范畴界定与实现路径》,载《比较法研究》2022年第6期。

16.《欧盟消费者权利指令》,张学哲译,载张谷、张双根等主编:《中德私法研究》第9卷,北京大学出版社2013年版。

17.《欧洲议会和欧盟理事会〈关于提供数字内容和数字服务合同特定方面的第2019/700(EU)号指令〉》,张彤译,载张谷、张双根等主编:《中德私法研究》第21卷,北京大学出版社2022年版。

18.沈健州:《数据财产的权利架构与规则展开》,载《中国法学》2022年第4期。

19.申卫星:《论数据用益权》,载《中国社会科学》2020年第11期。

20.申卫星:《论数据产权制度的层级性:"三三制"数据确权法》,载《中国法学》2023年第4期。

21.陶乾:《论数字作品非同质代币化交易的法律意涵》,载《东方法学》2022年第2期。

22.王利明:《迈进数字时代的民法》,载《比较法研究》2022年第4期。

23.王利明、丁晓东:《数字时代民法的发展与完善》,载《华东政法大学学报》2023年第2期。

24.王迁:《论NFT数字作品交易的法律定性》,载《东方法学》2023年第1期。

25.武腾:《数据交易的合同法问题研究》,法律出版社2023年版。

26.吴烨:《论智能合约的私法构造》,载《法学家》2020年第2期。

27.夏庆锋:《区块链智能合同的适用主张》,载《东方法学》2019年第3期。

28.熊丙万:《论数据权利的标准化》,载《中外法学》2023年第5期。

29.许可:《决策十字阵中的智能合约》,载《东方法学》2019年第3期。

30.姚佳:《数据要素市场化的法律制度配置》,载《郑州大学学报(哲学社会科学版)》2022年第6期。

31.姚佳:《企业数据权益:控制、排他性与可转让性》,载《法学评论》2023年第4期。

32.朱庆育:《民法总论》,北京大学出版社2013年版。

◎外文文献

1. Aurelia Colombi Ciacchi/Esther van Schagen, *Conformity under the Draft Digital Content Directive: Regulatory Challenges and Gaps-An Introduction*, in: Reiner Schulze/Dirk Staudenmayer/Sebastian Lohsse (eds.), *Contracts for the Supply of Digital Content: Regulatory Challenges and Gaps*, Münster Colloquia on EU Law and the Digital Economy II, Nomos, 2017.

2. Axel Metzger, "Dienst gegen Daten: Ein synallagmatischer Vertrag", *AcP*, 2016, Vol. 216, Issue 6.

3. Christian Twigg-Flesner, *Disruptive Technology-Disrupted Law? How the Digital Revolution Affects (Contract) Law*, in: Alberto De Franceschi

(ed.), *European Contract Law and the Digital Single Market: The Implications of the Digital Revolution*, Intersentia, 2016.

4. Christiane Wendehorst, "Die Digitalisierung und das BGB", *NJW*, 2016, Heft 36.

5. Christiane Wendehorst, *Sale of goods and supply of digital content-two worlds apart? Why the law on sale of goods need to respond better to the challenges of the digital age?*, In-depth analysis, Directorate General for Internal Policies, Policy Department C: Citizens' Rights and Constitutional Affairs, Legal Affairs, PE 556 928, 2016.

6. Clayton M. Christensen, *The Innovator's Dilemma: When New Technologies Causes Great Firms to Fail*, Harvard Business School Press, 1997.

7. David G. Post, "How the Internet is making jurisdiction sexy (again)", *International Journal of Law and Information Technology*, 2017, Vol. 25.

8. Franzika Boehm, "Herausforderungen von Cloud Computing-Verträgen: Vertragstypische Einordnung, Haftung und Eigentum an Daten", *ZEuP*, 2016, Heft 2.

9. Friedrich Graf von Westphalen, *Contracts with Big Data: The End of the Traditional Contract Concept?*, in: Sebastian Lohsse/Reiner Schulze/Dirk Staudenmayer (eds.), *Trading Data in the Digital Economy: Legal Concepts and Tools*, Münster Colloquia on EU Law and the Digital Economy III, Nomos, 2017.

10. Gerald Spindler, "Verträge über digitale Inhalte-Haftung, Gewährleistung und Portabilität-Vorschlag der EU-Kommission zu einer Richtlinie über Verträge zur Bereitstellung digitaler Inhalte", *MMR*, 2016, Heft 4.

11. Janja Hojnik, "Technology neutral EU law: digital goods within the traditional goods/service distinction", *International Journal of Law and Information Technology*, 2017, Vol. 25, No. 1.

12. Louisa Specht, "Daten als Gegenleistung-Verlangt die Digitalisierung nach einem neuen Vertragstypus?", *JZ*, 2017, Heft 15-16.

13. Madalena Narciso, "'Gratuitous' Digital Content Contracts in EU Consumer Law", *EuCML*, 2017, Heft 5.

14. Magda Wicker, "Vertragstypologische Einordnung von Cloud Computing-Verträgen-Rechtliche Lösungen bei auftretenden Mängeln", *MMR*, 2012, Heft 12.

15. Magda Wicker, "Haftet der Cloud-Anbieter für Schäden beim Cloud-Nutzer?-Relevante Haftungsfragen in der Cloud", *MMR*, 2014, Heft 11.

16. Marc L. Holtorf, "Cloud Computing-Ein Überblick (Teil 1)", *MPR*, Heft 2, 2013.

17. Marco Loos, *Machine-to-Machine Contracting in the Age of Internet of Things*, in: Reiner Schulze/Dirk Staudenmayer/Sebastian Lohsse (eds.), *Contracts for the Supply of Digital Content: Regulatory Challenges and Gaps*, Münster Colloquia on EU Law and the Digital Economy II, Nomos, 2017.

18. N. Helberger/M. B. M Loos/Lucie Guibault/Chantal Mak/Lodewijk Pessers, "Digital Content Contracts for Consumer", *Journal of Consumer Policy*, 2013.

19. Nick Szabo, *Smart Contracts: Building Blocks for Digital Markets*, 1996.

20. Nikolas Guggenberger, *The Potential of Blockchain Technology for the Conclusion of Contracts*, in: Reiner Schulze/Dirk Staudenmayer/Sebastian

Lohsse (eds.), *Contracts for the Supply of Digital Content: Regulatory Challenges and Gaps*, Münster Colloquia on EU Law and the Digital Economy II, Nomos, 2017.

21. Oliver Hart/John Moore, "Incomplete Contracts and Renegotiation", *Econometrica*, 1988, Vol. 56, No. 4.

22. Oliver Hart/John Moore, "Foundations of Incomplete Contracts", *The Review of Economic Studies*, 1 January 1999, Vol. 66, Issue 1.

23. Pierluigi Cuccuru, "Beyond bitcon: an early overview on smart contracts", *International Journal of Law and Technology*, 2017, Vol. 25, Issue 3.

24. Reiner Schulze, *Supply of Digital Content: A New Challenge for European Contract Law*, in: Alberto De Franceschi (ed.), *European Contract Law and the Digital Single Market, The Implications of the Digital Revolution*, intersentia, 2016.

25. Rolf H. Weber, "Liability in the Internet of Things", *EuCML*, 2017, Heft 5.

26. Ron Davies, *Cloud Computing: An overview of economic and policy issues*, Europran Parliamentary Research Service (EPRS), Member's Research Service, 2016, PE 583.786.

27. Ruth Janal/Jonathan Jung, "Spezialregelung für Verträge über digital Inhalte in Theorie und Praxis", *VuR*, 2017, Heft 9.

28. Stojan Arnerstål, "Licensing digital content in a sale of goods context", *Journal of Intellectual Property Law & Practice*, 2015, Vol. 10, Issue 10.

29. Vanessa Mak, *The new proposal for harmonized rules on certain aspects concerning contracts for the supply of digital content*, In-depth analy-

sis, Directorate General for Internal Policies, Policy Department C: Citizens' Rights and Constitutional Affairs, Legal Affairs, PE 536 494, 2016.

30. Werbach Kevin/Cornell Nicolas, "Contracts Ex Machina", *Duke Law Journal*, 2017, Vol. 67.

第四章

数字产品合同

目 次

引言：数据交易触发民法典"更新"？

数字世界正试图"改造"并"征服"传统私法。[1]作为一项新元素，数据已深入经济生活的各个环节，数字平台构成了市场运行的重要载体。《中共中央、国务院关于构建数据基础制度更好发挥数据要素作用的意见》提出"数据作为新型生产要素，是数字化、网络化、智能化的基础……深刻改变着生产方式、生活方式和社会治理方式"，[2]将数据提升到生产要素高度。与之相对，在法律世界，私法是且仍是经济社会的重要基础，仍在持续

---

　　[1]德国学者Michael Grünberger甚至明言"数字化已占领私法"。参见Michael Grünberger, "Verträge über digitale Güter", *AcP*, 2018, Heft 2-4, S. 214。

　　[2]《中共中央、国务院关于构建数据基础制度更好发挥数据要素作用的意见》，2022年12月19日，参见http://www.gov.cn/zhengce/2022-12/19/content_5732695.htm，最后访问日期2023年9月30日。

型塑法律经济生活。[3]但毋庸置疑的是,当数字经济的功能、条件发生变化,私法作为经济运行的基础制度亦须自我调适,以应对新的元素带来的影响。一言以蔽之,"私法的数字化"已成为各国立法、司法无法回避的崭新课题,[4]数据交易亦是合同法研究的新兴命题。[5]

数据流动的顶层设计,服务于数据流通,表现为数据交易。数据交易的制度起点,则在于建构合同法上的任意性规则。在欧盟,数据自由流动作为欧盟内部市场的"第五大自由"初露端倪,颇有与货物、服务、资本和人员自由流动并驾齐驱之势。作为一项形成中的"第五大自由",数据自由流动(the free flow of data)在欧盟的立法、理论和实务界都有讨论。在立法层面,2018年欧盟《非个人数据自由流动条例》第13条、第18条和第20条中,就曾明确使用"非个人数据自由流动原则"(the principle of the free flow of non-personal data)之立法表述,欧盟立法者认为,该原则

---

〔3〕Hilke Herrchen, "Die Transformation des deustchen Privatrechts", *NJW*, 2022, Heft 43, S. 3111.

〔4〕私法的数字化(Digitalisierung des Privatrechts)是一项欧洲民法学界备受关注之议题。2017年,德国民法协会将其设为年度讨论专题,2018年奥地利第20届法学家大会也以"数字时代ABGB的合同法"作为专题研讨。See Nikolaus Forgo/ Brigitta Zöchling-Jud, *Zivilrecht Das Vertragsrecht des ABGB auf dem Prüfstand- Das Vertragsrecht des ABGB auf dem Prüfstand: Überlegungen im digitalen Zeitalter*, Verhandlungen des 20. Österreichischen Juristentages, Manz Verlag Wien, 2018.

〔5〕数据交易的合同法专题研究,例如,武腾:《数据交易的合同法问题研究》,法律出版社2023年版。

旨在防止出现阻碍内部市场顺利运行的新障碍。[6]欧洲议会甚至以"非个人数据自由流动：议会批准欧盟的第五大自由"作为新闻标题，主导条例草案的议会议员Anna Maria Corazza Bildt甚至明言，"条例事实上将数据自由流动确立为欧盟单一市场的第五自由"。[7]2022年，欧盟将"非个人数据自由流动原则"进一步泛化表达为"数据自由流动原则"(the principle of free flow of data)，《欧盟数据法条例(草案)》在解释性备忘录中提出，条例草案"落实了内部市场的数据自由流动原则"。[8]而在理论与实务界，自2016年以来就有关于数据流动自由作为"第五大自由"的专题论证。[9]

欧盟"开风气之先"，是全球最早针对数字内容、数字服务制定合同规则之区域。2019年5月20日，欧盟以"孪生指令"的形

[6] Regulation (EU) 2018/1807 of the European Parliament and of the Council of 14 November 2018 on a Framework for the Free Flow of Non-personal Data in the European Union, OJ L 303, 28.11.2018, pp. 59-68.

[7] European Parliament, Policy Department for Economic, Scientific and Quality of Life Policies, Kristina Irion, Public Security Eception in the Area of Non-personal Data in the European Union, PE 618.986, April 2018, p. 1. Available at: https://www.europarl.europa.eu/RegData/etudes/BRIE/2018/618986/IPOL_BRI(2018)618986_EN.pdf (Accessed: 15.10.2023).

[8] Proposal for a Regulation of the European Parliament and of the Council on Harmonised Rules on Fair Access to and Use of Data (Data Act), COM(2022) 68 final, 2022/0047(COD), 28.02.2022, p. 7.

[9] Laura Somaini, "Regualting the Dynamic Concept of Non-Personal Data in the EU: From Ownership to Portability", European Data Protection Law Review, 2020, Vol. 6, Issue 1, pp. 84-93; National Board of Trade Sweden, Data Flows-A Fifth Freedom for the Internal Market?, 2016. Available at: https://www.kommerskollegium.se/globalassets/publikationer/rapporter/2016/publ-data-flows.pdf (Accessed: 15.10.2023).

式同时通过《数字内容指令》[10]和《货物买卖指令》,[11]首次在合同法层面回应数字交易的法律挑战。两部指令各有侧重,《货物买卖指令》是对欧盟消费品买卖规则的一次数字化"升级",指令第2条第5款第b项针对"具有数字元素的货物"(goods with digital elements)设定新规则,并直接取代1999年欧共体《消费品买卖指令》。[12]依据欧盟《货物买卖指令》第3条第3款之规定,《货物买卖指令》不直接适用于提供数字内容或数字服务的合同,仍以有体物交易为规范对象。相较之下,《数字内容指令》[13]直击数字交易的"靶心",聚焦提供数字内容和数字服务两类交易内容,专设瑕疵担保规则,事实上构建了欧盟数字交易的统一法则。两部指令均在第24条设定转化时限,成员国应于2021年7月1日之前通过并公布转化措施,转化措施应于2022年1月1日起生效适用。据此,2021年6月25日,德国同时颁布《关于转化提供数字内容和数字服务的合同法特定方面指令的法律》和

---

〔10〕Directive (EU) 2019/770 of the European Parliament and of the Council of 20 May 2019 on Certain Aspects Concerning Contracts for the Supply of Digital Content and Digital Services, OJ L 136, 22.05.2019, pp. 1-27.

〔11〕Directive (EU) 2019/771 of the European Parliament and of the Council of 20 May 2019 on Certain Aspects Concerning Contracts for the Sale of Goods, Amending Regulation (EU) 2017/2394 and Directive 2009/22/EC, and Repealing Directive 1999/44/EC, OJ L 136, 22.05.2019, pp. 29-50.

〔12〕Directive 1999/44/EC of the European Parliament and of the Council of 25 May 1999 on Certain Aspects of the Sale of Consumer Goods and Associated Guarantees, OJ L 171, 07.07.1999, pp. 12-16.

〔13〕《数字内容指令》中译本,参见张彤:《欧洲议会和欧盟理事会〈关于提供数字内容和数字服务合同特定方面的第2019/700(EU)号指令〉》,载《中德私法研究》第21卷,北京大学出版社2022年版,第349—385页。

《关于带有数字元素的物之买卖以及买卖合同其他方面规定的法律》，分别构成欧盟《数字内容指令》和《货物买卖指令》的转化法，所涉规则被直接纳入法典，《德国民法典》新规则于2022年1月1日正式生效。[14]

　　新规则之颁行，不意味着新概念、新制度之定型，更不意味着新体系、新法域之确立。事实上，纵使诸多法律概念已远滞后于数字经济的发展，欧洲的立法者也并不总能轻易地告别传统的概念体系，欧盟如是，德国亦然。欧盟《数字内容指令》和《货物买卖指令》仍以消费者保护为宗旨，适用范围仍限于消费者合同，规则体例仍遵循传统瑕疵担保法。德国亦未摆脱此路径依赖，依旧遵循2002年债法改革的基本决策，采取"法典内转化"模式转化指令，将新规则径行纳入《德国民法典》。但《数字内容指令》和《德国民法典》之"数字产品合同"新规则是否诚如立法机关所言，是欧盟数字市场立法的"新起点"、[15]"欧洲合同法的里程

---

〔14〕Gesetz zur Umsetzung der Richtlinie über bestimmte vertragsrechtliche Aspekte der Bereitstellung digitaler Inhalte und digitaler Dienstleistungen v. 25.6.2021, BGBl. I, S. 2123; Gesetz zur Regelung des Verkaufs von Sachen mit digitalen Elementen und anderer Aspekte des Kaufvertrags v. 25.6.2021, BGBl. I, S. 2133.

〔15〕Communication from the Commission to the European Parliament, the Council, the European Economic and Social Committee and the Committee of the Regions Commission Work programme 2015-A New Start, COM(2014) 910 final, 16.12.2014.

碑",[16]抑或仅是对《消费品买卖指令》的形式性调整?[17]在数字时代,欧盟与德国延续旧传统,是否足以应对数字交易的新挑战?数据新元素是否会对经典的潘德克顿民法体系产生颠覆性影响?传统民法典有无更新之必要?[18]

本章以"数字产品合同"这一具体合同形态切入,以欧盟和德国为例,试图一窥数字时代民法典"更新"之宏伟面貌。鉴于欧盟《货物买卖指令》针对有体物买卖,而非数字产品交易,故本章内容仅限于欧盟《数字内容指令》及德国的转化规则。全文以2022年《德国民法典》"数字产品合同"新规则为主线,以2019年欧盟《数字内容指令》为辅线,分为四个部分:第一部分明确2022年《德国民法典》规则更新的外部缘由,将欧盟《数字内容指令》界定为欧洲统一买卖法的"拼图"之一,从历史的视角,确定《数字内容指令》在欧盟立法中的具体位置;第二部分从整体结构、新概念、新制度三个层次,呈现《德国民法典》"数字产品合同"规则的基本面貌;第三、四部分从法技术和法体系维度评价"数字产品合同"规则对经典债法的"补丁式"更新,尤其是民法典的旧体系,应如何对数据这一新元素进行自我调适。

---

〔16〕欧盟委员会司法和消费者总局合同法部门(Contract Law Unit, DG JUST)负责人Dirk Staudenmayer对两部指令赋予"欧洲合同法里程碑"的高度评价。See Dirk Staudenmayer, "Die Richtlinien zu den digitalen Verträgen", *ZEuP*, 2019, Heft 4, S. 663.

〔17〕对两部指令的批判意见,例如, Ivo Bach, "Neue Richtlinien zum Verbrauchsgüterkauf und zu Verbraucherverträgen über digitale Inhalte", *NJW*, 2019, Heft 24, S. 1711。

〔18〕例如,德国有学者认为,合同法亟待"更新"。参见Lea Katharina Kumkar, "Herausforderungen eines Gewährleistungsrechts im digitalen Zeitalter", *ZfPW*, 2020, Heft 3, S. 306。

一、数据交易的欧盟路径：作为统一买卖法"拼图"的《数字内容指令》

2022年《德国民法典》之修正，是迫于转化欧盟《数字内容指令》和《货物买卖指令》的外部压力，对传统法典作被动"更新"。而作为欧洲统一买卖法的"拼图"之一，《数字内容指令》并非凭空而出、一蹴而就，也非欧盟立法者在数字时代的法律创新，而是欧盟在消费者合同领域的立法延续。[19]

回溯学术史，欧盟《数字内容指令》深受欧洲私法统一思潮之影响。[20]在欧洲大陆，"欧洲私法"(European Private Law)的理论研究和立法项目，始终遵循20世纪30年代比较法学家恩斯特·拉贝尔(Ernst Rabel)在《货物买卖法》[21]中建构的价值理念和规范结构：从1980年《联合国国际货物销售合同公约》(CISG)[22]到《国际商事合同通则》(PICC)，乃至《欧洲合同法原

---

[19]关于欧盟数字交易合同立法延续性之论述，参见Reiner Schulze, "Die Digitale-Inhalt-Richtlinie-Innovation und Kontinuität im europäischen Vertragsrecht", *ZEuP*, 2019, Heft 4, S. 695-723。

[20]欧洲私法统一的相关研究，参见张彤：《欧洲一体化进程中的欧洲民法趋同和法典化研究》，载《比较法研究》2008年第1期，第11—24页；张彤：《欧洲合同法最新发展之探析》，载《比较法研究》2009年第2期，第89—97页。

[21]Ernst Rabel, *Das Recht des Warenkaufs, Eine rechtsvergleichende Darstellung*, 2. Band, Tübingen-Berlin, 1958.

[22]United Nations Convention on Contracts for the International Sale of Goods (CISG), Vienna, 11.4.1980.

则》[23](PECL)[24]和《共同参考框架草案》[25](DCFR)[26]，上述规范文本皆以合同法统一为追求，规范内容则采取了救济路径下的瑕疵担保法之构造。而作为欧洲私法学界"自下而上"推进"欧洲私法统一"宏大项目的一小步，欧盟《数字内容指令》亦是欧洲学界"自下而上"推动的立法产物，其既是对2011年《欧洲共同买卖法》所留存的"法律遗产"的继承，也是对1999年《消费品买卖指令》立法结构的延续。

（一）《欧洲共同买卖法》的两项"法律遗产"

《数字内容指令》的规则渊源，可追溯至2011年欧盟《消费者权利指令》和《欧洲共同买卖法》两项文本。

---

〔23〕The Commission on European Contract Law, Ole Lando/Hugh Beale (eds.), *Principles of European Contract Law, Parts I and II*, Combined and Revised, Kluwer Law International, 2000; Ole Lando/Eric Clive/André Prüm/Reinhard Zimmermann (eds.), *Principles of European Contract Law, Part III*, Kluwer Law International, 2003.

〔24〕《欧洲合同法原则》(PECL)的中文译介，参见《欧洲合同法原则》，韩世远译，载《外国法译评》1999年第1期，第106—112页；《欧洲合同法原则(续)》，韩世远译，载《外国法译评》1999年第2期，第103—111页；[德]Reinhard Zimmermann：《欧洲合同法原则第三部分》，朱岩译，载《华东政法学院学报》2004年第6期，第83—86页。

〔25〕Christian von Bar/Eric Clive/Hans Schulte-Nölke (eds.), *Principles, Definitions and Model Rules of European Private Law, Draft Common Frame of Reference (DCFR)*, Outline Edition, Sellier. European Law Publishers, 2009.

〔26〕《共同参考框架草案》(DCFR)的中译本，参见欧洲民法典研究组/欧盟现行私法研究组编著：《欧洲私法的原则、定义与示范规则：欧洲示范民法典草案(全译本)》，法律出版社2014年版。相关讨论参见[意]阿尔多·贝杜奇：《制定一个欧洲民法典？——〈共同参考框架草案〉(DCFR)及其历史根源》，罗智敏译，载《比较法研究》2010年第6期，第147—158页。

其一，"数字内容"首见于欧盟正式立法，是在2011年的欧盟《消费者权利指令》。[27]该指令第2条第11项首次将"数字内容"(digital content)的概念界定为"以数字形式制作和提供的数据"，并且鉴于条款第19条将"提供数字内容合同"(contracts for the supply of digital content)纳入指令适用范围。藉由欧盟的消费者保护立法，欧盟立法首次对"提供数字内容合同"进行明文规定，"数字内容"也由此成为了欧洲合同法的规范对象。

其二，"数字内容"在买卖法上首次作出体系性规则设计，则是2011年欧盟委员会颁布的《欧洲共同买卖法条例(草案)》，[28]条例草案附件一《欧洲共同买卖法》(Common European Sales Law, CESL)明确纳入"销售数字内容"。《欧洲共同买卖法》是一部独立、统一的买卖法规则体系，内容贯穿合同订立到合同救济的全生命周期，以选用性工具(optional instrument)[29]的方式，适用于跨境交易，相当于提供了一套在成员国合同法之外能够适

---

〔27〕Directive 2011/83/EU of the European Parliament and of the Council of 25 October 2011 on Consumer Rights, Amending Council Directive 93/13/EEC and Directive 1999/44/EC of the European Parliament and of the Council and Repealing Council Directive 85/577/EEC and Directive 97/7/EC of the European Parliament and of the Council, OJ L 304, 22.11.2011, pp. 64-88; 中译本参见《欧盟消费者权利指令(2011/83/EU指令)》，张学哲译，载《中德私法研究》第9卷，北京大学出版社2013年版，第181—207页。

〔28〕Proposal for a Regulation of the European Parliament and of the Council on a Common European Sales Law, 11.10.2011, COM(2011) 635 final, 2011/0284 (COD).

〔29〕选用性工具(optional instrument)指《欧洲共同买卖法》作为一部供当事人选择适用的第二套合同法规范在所有成员国存在。当事人若就《欧洲共同买卖法》之适用达成一致，那么就《欧洲共同买卖法》规定范围内的所有事项而言，该法将成为唯一适用之法律，此时排除适用本国法(成员国合同法)。

用的合同法。《欧洲共同买卖法》引入"数字内容"和"提供数字内容合同"规则，并且放弃了集中规定的方式，而是将其散嵌于先合同信息、合同当事人的义务、合同救济等规范群。例如，《欧洲共同买卖法》第四部分以"当事人在买卖合同或提供数字内容合同中的义务和救济"为标题，该部分第十章第99条至第105条规范群围绕"货物和数字内容与合同相符"（conformity of the goods and digital content）展开。

若是比较欧盟《消费者权利指令》和《欧洲共同买卖法》，可以发现，《消费者权利指令》仅在"数字内容"规则上"先声夺人"，《欧洲共同买卖法》则是通过体系性的具体规则，为《数字内容指令》提供了丰富的灵感[30]和"法律遗产"。

立法史上，自2011年《欧洲共同买卖法》引入"数字内容"特别规则之后，其法案规则旋即引发学界极大关注，批评之声不绝于耳。[31]有学者认为，《欧洲共同买卖法》或将成为民族法典的竞争者。[32]有学者直言不讳，抨击《欧洲共同买卖法》"作为一部选用性的买卖法草案，内容不成熟、不完整，适用存疑，所带

---

〔30〕例如，德国学者Reiner Schulze将《欧洲共同买卖法》称为欧盟《数字内容指令》的灵感源泉(Inspirationsquelle)，参见Reiner Schulze, "Die Digitale-Inhalt-Richtlinie-Innovation und Kontinuität im europäischen Vertragsrecht", *ZEuP*, 2019, Heft 4, S. 698。

〔31〕德国学者对《欧洲共同买卖法条例(草案)》的批判性讨论，例如Horst Eidenmüller/Nils Jansen/Eva-Maria Kieninger/Gerhard Wagner/Reinhard Zimmermann, "Der Vorschlag für eine Verordnung über ein Gemeinsames Europäisches Kaufrecht-Defizite der neuesten Textstufe des europäischen Vertragsrechts", *JZ*, 2012, Heft 6, 269 ff.

〔32〕Stefan Grundmann, "Kosten und Nutzen eines optionales Europäischen Kaufrecht", *AcP*, 2012, Heft 4-5, S. 528 ff.

来的成本和问题，远多于其欲解决的问题，难被实践接纳"。[33]
德国甚至将"民法之调整"（Anpassung im Zivilrecht）[34]提上法
政策议程。2012年，德国民法学者协会以"欧洲共同买卖法"为
题召开特别会议，希望"在内部发出一个信号……提请学界关注
其对德奥瑞私法发展的意义"。[35]不仅学界争议纷繁，成员国亦
多抵制。即便到2014年欧洲议会已在一读程序原则性通过该条
例草案后，[36]仍遭到若干成员国（尤其是德国）[37]之质疑，最终
导致法案在2020年被正式撤回，[38]这一宏大的立法项目在政治
上最终宣告失败。但欧洲立法者并未放弃统一买卖法的"雄心"，

---

〔33〕Gerhard Wagner/Reinhard Zimmermann, "Vorwort: Sondertagung der Zivilrechtslehrervereinigung zum Vorschlag für ein Common European Sales Law", *AcP*, 2012, Heft 4-5, S. 467, 471.

〔34〕Gerald Spindler, "Digital Wirtschaft-analoges Rechts: Braucht das BGB ein Update?", *JZ*, 2016, Heft 17, S. 805.

〔35〕Gerhard Wagner/Reinhard Zimmermann, "Vorwort: Sondertagung der Zivilrechtslehrervereinigung zum Vorschlag für ein Common European Sales Law", *AcP*, 2012, Heft 4-5, S. 467, 469.

〔36〕欧洲议会原则性通过《欧洲共同买卖法条例(草案)》的决议，参见Document 52014AP0159, P7_TA(2014)0159 Common European Sales Law ***I European Parliament legislative Resolution of 26 February 2014 on the Proposal for a Regulation of the European Parliament and of the Council on a Common European Sales Law (COM(2011)0635 - C7-0329/2011 - 2011/0284(COD))P7_TC1-COD(2011)0284 Position of the European Parliament Adopted at First Reading on 26 February 2014 with a View to the Adoption of Regulation (EU) No …/2014 of the European Parliament and of the Council on a Common European Sales Law, OJ C 285, 29.08.2017, pp. 638-724.

〔37〕Christiane Wendehorst, "Die neuen kaufrechtlichen Gewährleistungsregelungen-ein Schritt in Richtung unserer digitalen Realität", *JZ*, 2021, Heft 20, S. 974.

〔38〕欧盟正式撤回《欧洲共同买卖法条例(草案)》，参见Withdrawal of Commission Proposals 2020/C 321/03, PUB/2020/760, OJ C 321, 29.09.2020, pp. 37-40。

而是吸取了难以在成员国层面完全统一买卖法规则的教训后,欧洲立法者才退而求其次,转而采取"小切口"推进的方式,限缩于数字交易的特定领域,将《欧洲共同买卖法》中的"数字内容"的规则提取出来,借数字单一市场战略之"东风",以数字交易立法之名,继续推进买卖法统一。

立法虽折戟,政策仍延续。《欧洲共同买卖法》立法虽然受挫,但为欧盟数字交易立法留下了两项"法律遗产"[39]:其一,《欧洲共同买卖法条例(草案)》第5条第b项明确纳入"提供数字内容合同";其二,欧洲议会在对《欧洲共同买卖法》进行一读时,将适用范围扩大到"以金钱之外的对待给付所提供的数字内容",而"提供数字内容合同"和"以金钱之外的对待给付所提供的数字内容"则被直接延续到数字单一市场的欧盟政策文件中,构成2015年《欧洲数字单一市场战略》[40]的核心内容。基于《欧洲数字单一市场战略》的政策框架,欧盟委员会借助数字议程的立法机遇,再次发力,于2015年12月9日一并提出《关于提供数字内容的合同特定方面的指令(草案)》[41]和《关于线上及其他远程

---

〔39〕Europäisches Parlament, Legislative Entschließung v. 26.2.2014, ABl. 2017 C 285, 635, 650.

〔40〕European Commission, Communication from the Commission to the European Parliament, the Council, the European Economic and Social Committee and the Committee of the Regions, A Digital Single Market Strategy for Europe, 06.05.2015, COM(2015) 192 final.

〔41〕Proposal for a Directive of the European Parliament and of the Council on Certain Aspects Concerning Contracts for the Supply of Digital Content, 09.12.2015, COM(2015) 634 final, 2015/0287 (COD).

货物买卖的合同特定方面的指令(草案)》,[42]并于2019年以《数字内容指令》和《货物买卖指令》的"孪生指令"形式,同时通过前述草案。此外,不容忽视的是,欧盟颁布指令草案,也部分缘于成员国尝试在此领域立法的外在压力。例如,脱欧前的英国于2015年修订《消费者权利法案》,在第三章专门引入销售数字内容的消费者权利。[43]正因成员国先行一步立法,使得欧盟的立法协调成为当务之急。

有关"数字内容"的明确规范继受更值一提。欧盟《数字内容指令》以《欧洲共同买卖法》中"数字内容"的概念、规则为模板。欧盟《数字内容指令》第2条第1项关于"数字内容"的概念界定、第3条第5款对适用范围的除外情形,分别取自《欧洲共同买卖法条例(草案)》第2条第j项中的"数字内容"概念及其但书条款。欧盟《数字内容指令》对客观瑕疵概念之强调,也可回溯至《欧洲共同买卖法》第99条第3款。

(二)《消费品买卖指令》提供的规则"底版"

欧盟消费者保护指令体系中,欧盟《数字内容指令》与1999年欧共体《消费品买卖指令》一脉相承,后者当属欧盟最具代表性和影响力的合同规则指令,亦是德国债法改革的"导火索"。正由于这层承继关系,《数字内容指令》亦聚焦于瑕疵担保这一

---

〔42〕Proposal for a Directive of the European Parliament and of the Council on Certain Aspects Concerning Contracts for the Online and Other Distance Sales of Goods, 09.12.2015, COM(2015) 635 final, 2015/0288 (COD).

〔43〕英国《2015年消费者权利法案》在第三章专章规定"数字内容",参见 https://www.legislation.gov.uk/ukpga/2015/15/part/1/chapter/3/enacted,最后访问日期2023年9月30日。

债法核心领域,并在延续《消费品买卖指令》规范结构的基础上,进行了若干技术性调整。

欧盟《数字内容指令》对《消费品买卖指令》之承继,主要体现于立法目的和实体规则。

其一,欧盟《数字内容指令》第1条所确立的立法目标与《消费品买卖指令》类似,旨在促进内部市场正常运转,并为消费者提供高水平的保护,就经营者和消费者之间订立的关于提供数字内容或数字服务的合同的特定要求制定统一规则。因此,《数字内容指令》仍以高水平的消费者保护为基础,从合同法的角度进行法律协调,通过在合同法核心领域引入统一规则,来增强消费者在欧盟内从另一成员国供应商处购买数字产品时的信心,并通过提高法律确定性来降低经营者在跨境销售数字产品时的成本,由此增强法律安定性、降低交易成本,实现数字单一市场。[44]

其二,欧盟《数字内容指令》的实体规则包括经营者提供数字产品时"给付义务的具体化"(Konkretisierung der Leistungspflicht)、合同不履行时的消费者救济权利,这些规则的核心内容,仍然是经营者的给付与合同相符,以及在瑕疵给付情形下消费者的瑕疵担保权利。而上述规定都承继于《消费品买卖指令》中的补正履行、合同解除和减价规则,并且欧盟《数字内容指令》第14条关

---

〔44〕参见德国《关于转化提供数字内容和数字服务的合同法特定方面指令的法律草案》"立法理由"。Deutscher Bundestag, Begründung, *Gesetzentwurf der Bundesregierung, Entwurf eines Gesetzes zur Umsetzung der Richtlinie über bestimmte vertragsrechtliche Aspekte der Bereitstellung digitaler Inhalte und digitaler Dienstleistungen*, BT-Drucksache 19/27653, 17.03.2021, S. 23; Klaus Tonner/Christoph Brömmelmeyer, *Schuldrecht Besonderer Teil: Vertragliche Schuldverhältnisse*, Nomos, 5. Auflage, 2022, S. 40, Rn. 4.

于救济权利的顺位问题,如补正履行的优先顺位,也是从《消费品买卖指令》中承继而来。

　　欧盟《数字内容指令》对《消费品买卖指令》的技术性调整,在于更强调法律确定性,并在指令转化程度上改弦更张,放弃最低限度协调,转而在指令第4条明确采取"完全协调"(Vollharmonisierung)的转化要求。1999年《消费品买卖指令》采取最低限度协调要求,意在设定瑕疵担保权利的"底线",实现消费者合同救济权利的最低限度统一,此举虽然是对消费者在跨境购买消费品时瑕疵担保权利的"保底性"保护,但实践中却因为成员国转化后的规则歧异,引发了规则"碎片化"现象。因此,出于法律确定性和构建稳定性的合同法之考量,[45]《数字内容指令》要求各成员国对于数字内容的合同救济权利立法的完全统一,禁止成员国继续保有或引入与欧盟法不相符的规定。在转化要求上,从最低程度协调到完全协调之转变,既是欧盟为避免重蹈20世纪90年代消费者保护指令立法碎片化之覆辙,防止因专门监管数字内容和数字服务产生新的法律碎片,[46]也是为了弥合数字内容议题上成员国法律传统和法典体系的差异性,更是延续了自《一般数据保护条例》(GDPR)以来欧盟在数字单一市场的统一立法立场。[47]

　　欧盟《数字内容指令》对《消费品买卖指令》的实质调整,落

―――――――――――

　　[45]参见欧盟《数字内容指令》鉴于条款第6条、第7条。

　　[46]参见欧盟《数字内容指令》鉴于条款第7条。

　　[47]事实上,1995年欧共体《数据保护指令》仍采取最低限度协调的转化要求,但与消费者保护领域的欧盟指令类似,也出现了成员国转化规则的碎片化现象。自欧盟颁布《一般数据保护条例》(GDPR)以来,欧盟在数字单一市场的立法,呈现出规则统一化倾向,以条例立法和完全协调的指令立法为基本思路。

脚于适用范围和瑕疵担保规则。

其一,指令强调未来面向,适用范围不作严格限定,旨在为数字技术及其商业模式之发展,预留充足空间。欧盟《数字内容指令》适用范围的灵活性,显然区别于《消费品买卖指令》,后者之适用仅限于买卖合同。而欧盟《数字内容指令》的适用范围,则是从合同类型、交易场景、给付交换关系和对待给付形式四个维度,作灵活化处理。[48]在合同类型上,指令原则上涵盖经营者向消费者提供数字内容的所有类型,例如,生产、加工或存储数据的服务合同,或仅为移转数字内容的DVD和其他商品的买卖合同。[49]在交易场景上,指令的适用不区分数字内容的移转方式,将数字内容下载到客户机器、数字流、实现访问可能等诸多情形皆得适用。[50]在给付交换关系上,指令既适用于一次性给付交换关系(互易),也适用于持续性债务关系。在对待给付形式上,《数字内容指令》第3条第1款第2句明确规定,指令适用于消费者向经营者提供或承诺提供个人数据的情形,既适用于一方当事人通过支付价金(报酬)来获得数字内容或数字服务的合同,也适用于由经营者处理消费者个人数据的合同。

其二,瑕疵担保规则之调整,依数据特性"量身定制"。欧盟《数字内容指令》虽以《消费品买卖指令》为底版,遵循其规范模式,聚焦于瑕疵担保规则,但欧盟立法者进一步提出,在数字单一市场上,"在特定核心领域,经营者和消费者的合同权利,应

---

〔48〕Klaus Tonner/Christoph Brömmelmeyer, *Schuldrecht Besonderer Teil: Vertragliche Schuldverhältnisse*, Nomos, 5. Auflage, 2022, S. 40, Rn. 4.

〔49〕参见欧盟《数字内容指令》鉴于条款第19条、第20条。

〔50〕参见欧盟《数字内容指令》鉴于条款第19条。

完全统一"。[51]据此,欧盟《数字内容指令》在统一"提供数字内容或数字服务的消费者合同"的关键规则时,于现行瑕疵规范之外,立足数字技术特性,补充了若干新规则,所涉关键规则,大致包括:数字内容与合同相符、不履行及瑕疵履行时的违约救济权利。一方面,指令规制对象明确限于对实现数字单一市场而言至关重要的合同法领域,针对数字产品特性引入规则,由此实现合同法的现代化。另一方面,指令也在关键规则上进行创新,例如,规定经营者的更新义务,使更新义务成为瑕疵担保法的一项新要素。

二、《德国民法典》"数字产品合同"规则:立法结构与制度创新

德国将《数字内容指令》转化为国内法时,立法者面临的首要抉择是以何种形式来转化。一般而言,欧盟成员国可以通过不同立法模式,来转化欧盟指令,其中,以"法典内转化"和"单行法转化"最为典型。例如,荷兰采取"法典内转化"模式,在《荷兰民法典》第七编第7.1节之后新增第7.1AA节,将《数字内容指令》纳入民法典。[52]与荷兰类似,德国也采取了"法典内转化"

---

〔51〕参见欧盟《数字内容指令》鉴于条款第6条。

〔52〕欧盟《数字内容指令》和《货物买卖指令》第24条第1款规定,成员国应在2021年7月1日前完成转化,荷兰选择用同一部法案来转化《数字内容指令》和《货物买卖指令》,但直至2022年4月20日才通过转化法案,并在4月26日正式公布法案。由此,荷兰既未遵守指令转化的时限,也未满足国内法转化规则应予适用的时限。事实上,荷兰在2021年9月30日就收到了违反欧盟指令转化要求的正式通知。See Kamerstukken II 2021/22, 21 109, no. 252; Implementatiewet richtlijnen verkoop goederen en levering digitale inhoud, Act of 20 April 2022, Staatsblad 2022, 164. Available at: https://zoek.officielebekendmakingen.nl/stb-2022-164.html (Accessed: 15.10.2023).

模式,根据德国基民盟、基社盟和社民党在2018年《联合执政协议》中关于数字领域欧盟规则1:1转化的基本立场,[53]德国对《数字内容指令》也采取了1:1转化。

(一)规范结构

一旦采取"法典内转化"模式,德国面临的又一抉择是新规则的体系位置,即在何处安置新规则。德国采取了"22+6"的安置方案,"22"是指共二十二条新规则集中于"债法总则","6"是指共六条新规则散见于"各种之债"。

集中呈现的二十二条新规则,是指德国采取了在《德国民法典》之"债法总则"增设特别规则的转化路径,在《德国民法典》的"债法总则"(第241条及以下条款)新增一节"数字产品合同"规范群(第327条至第327u条),将《数字内容指令》转化为《德国民法典》第二编"债之关系法"中第三章"约定债之关系"的新规则。具体就是在《德国民法典》第二编第三章第二节"双务合同"和第三节"向第三人为给付之承诺"之间,新增"第二节之一:数字产品合同"(Titel2a. Verträge über digitale Produkte),并且,"第二节之一:数字产品合同"包含两个分目,第一分目为"数字产品的消费者合同"(第327条至第327s条),第二分目为"数字产品商事合同的特别规定"(第327t至第327u条)。

分散规定的六条新规则,是指立法者为兼顾民法典的内部体系,除了在"债法总则"部分调整和补充《德国民法典》第312条

---

〔53〕Ein neuer Aufbruch für Europa-Eine neue Dynamik für Deutschland-Ein neuer Zusammenhalt für unser Land, Koalitionsvertrag zwischen CDU, CSU und SPD, 19. Legislaturperiode, 07.02.2018, Berlin, S. 13, Rn. 396.

之外,还在"债法分则"其他部分,进行了多处体系性调整。具体而言,是在《德国民法典》第八章"债法分则"之下的典型合同,在买卖、赠与、租赁和承揽合同各处,作相应规则调整,所涉条文分别为第445c条(数字产品合同的追索),第475a条(数字产品的消费品买卖合同),第516a条(数字产品赠与的消费者合同),第548a条(数字产品租赁),第578b条(数字产品租赁合同)以及第650条(数字产品承揽的消费者合同)。

"债法总则"的新规则涵盖两类合同,分别为数字产品的消费者合同(第327条至第327s条)和数字产品的商事合同(第327t条与第327u条)。两类合同的规则篇幅相差较大,以"数字产品消费者合同"规范群为主要内容,具体分为五大类:

第一,适用范围(第327条和第327a条)。第327条规定了数字产品消费者合同的适用范围及其例外,除以支付价金为对待给付的消费者合同之外,该条还涵盖以提供个人数据为对待给付的消费者合同。根据第327a条,第二节之一的新规定也适用于"一揽子合同"(Paketverträge)。

第二,提供数字产品和未提供时的权利(第327b条和第327c条)。第327b条规定了经营者的给付义务,包括给付时间、数字内容和数字服务之提供。第327c条规定了未提供时的消费者权利。

第三,经营者给付义务的具体范围(第327d条至第327h条)。第327d条规定经营者提供数字产品,应免于产品瑕疵和权利瑕疵。第327e条和第327g条分别界定产品瑕疵和权利瑕疵。第327f条规定经营者的更新义务及未安装更新之后果。第327h条是关于产品特征的特殊约定,规定了当事人在何种前提条件下,得通过产品品质特征之约定,来偏离前述规则中的客观要件。

第四,产品瑕疵时的消费者权利(第327i条至第327n条)。第327i条列举了消费者的违约救济权利,包括补正履行请求权、合同终止权、减价权、损害赔偿请求权和费用补偿请求权。第327j条为诉讼时效规则,两年诉讼时效原则上自提供数字产品之时起算,在持续提供情形自提供期间届满时起算。第327k条为举证责任倒置的一般规定。第327l条规定了补正履行请求权及排除适用该权利的前提条件。第327m条规定了消费者终止合同的前提条件及损害赔偿。第327n条规定了减价及减价金额的不同计算要求。

第五,合同之终止(第327o条和第327p条)。第327o条规定了合同终止的形式要件与法律后果。第327p条规定,消费者在合同终止后,仍负有停止使用设备之义务,经营者不得继续使用基于消费者所提供的不构成个人数据的数字内容。第327r条和第327s条分别是数字产品之变更[54]和特别约定。

此外,德国将欧盟《货物买卖指令》转化为《德国民法典》第474条及以下条款,所涉条款构成民法典消费品买卖法的一部分。

作为一项独立的新制度,"数字产品合同"的规范群自成一体。其中,"第二节之一:数字产品合同"第一分目"数字产品的消费者合同"(第327条至第327s条)规范群,实质上是形成数字产品消费者合同的独立的瑕疵担保法,[55]具有"双重优先适用"

---

〔54〕关于数字服务合同的变更,参见林洹民:《数字服务合同单方变更权之规制》,载《现代法学》2023年第2期,第70—84页。

〔55〕Hans Brox/Wolf-Dietrich Walker, *Allgemeines Schuldrecht*, C.H.Beck, 2023, 47. Auflage, S. 225, Rn. 64.

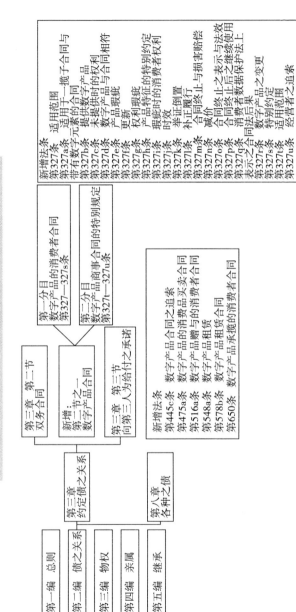

资料来源：作者根据 2022 年《德国民法典》自制

的属性。适用位阶的"双重优先",是指"债法总则"中的数字产品瑕疵担保新规则,其适用位阶,不仅优先于"债法总则"中的瑕疵担保一般规则,也优先于"债法分则"中典型合同的瑕疵担保规则。[56]此次立法者在"债法分则"买卖、赠与、租赁和承揽四类有名合同中分散补充新规则,也反向确保了"债法总则"新规则的优先适用地位。[57]

(二)一组新概念:数字产品与产品瑕疵

1.上位概念"数字产品":统摄"数字服务"与"数字内容"

作为新设的上位概念,"数字产品"被规定于《德国民法典》第327条。"数字产品"是德国的一项概念创新,《数字内容指令》无此内容。不过,德国所作创新,也仅是形式性创新,无实质内容更新。正如《德国政府转化法(草案)》的立法理由书所言,"决定性的因素,应是交易的数字形式(digitale Form)而非交易内容"。[58]因此,德国立法者未对指令概念内容有任何变化或扩

---

〔56〕Ansgar Staudinger/Markus Artz, *Neues Kaufrecht und Verträge über digitale Produkte, Einführung in das neue Recht*, C.H.Beck, 2022, Vorwort.

〔57〕Hans Brox/Wolf-Dietrich Walker, *Allgemeines Schuldrecht*, C.H.Beck, 2023, 47. Auflage, S. 225, Rn. 64.

〔58〕参见德国《关于转化提供数字内容和数字服务的合同法特定方面指令的法律草案》"立法理由"之论证。Deutscher Bundestag, *Begründung, Gesetzentwurf der Bundesregierung, Entwurf eines Gesetzes zur Umsetzung der Richtlinie über bestimmte vertragsrechtliche Aspekte der Bereitstellung digitaler Inhalte und digitaler Dienstleistungen*, BT-Drucksache 19/27653, 17.03.2021, S. 37.

展,而仅是出于规则可读性目的,[59]将"数字产品"抽象为上位概念,统辖指令中的数字内容和数字服务。[60]在此引入"数字产品"上位概念的立法价值在于:实践中,数字内容和数字服务往往难以精确区分,而第327条至327u条(第二节之一:数字产品合同)的规则大多适用于数字内容和数字服务,[61]用数字产品来涵盖数字内容和数字服务两种形式,规范射程具有充分的延展性,十分灵活。

《德国民法典》第327条第1款的"数字产品"概念,是对《数字内容指令》第3条之转化,而《德国民法典》第327条第2款中的"数字内容"和"数字服务",则是对《数字内容指令》第2条第1项"数字内容"和第2项"数字服务"之转化。其中,第327条第1款规定,"本目次规定(第327—327s条)适用于经营者以提供数字内容或数字服务(数字产品)作为标的,来换取支付价格的消费者合同。本目次意义上的价格,也包括价值的数字形式"。第327条第2款规定,"数字内容,是指以数字形式创建和提供的数据。数字服务是:1.使消费者能以数字形式创建、处理、存储或

---

〔59〕德国学者Frank Rosenkranz明确指出,立法者通过使用上位概念"数字产品"来提高新条款的可读性,这是此次德国修法的一个积极方面。See Frank Rosenkranz, "Spezifische Vorschriften zu Verträgen über die Bereitstellung digitaler Produkte im BGB", *ZUM*, 2021, Heft 2, S. 200.

〔60〕参见德国《关于转化提供数字内容和数字服务的合同法特定方面指令的法律草案》"立法理由"之论证。Deutscher Bundestag, *Begründung, Gesetzentwurf der Bundesregierung, Entwurf eines Gesetzes zur Umsetzung der Richtlinie über bestimmte vertragsrechtliche Aspekte der Bereitstellung digitaler Inhalte und digitaler Dienstleistungen*, BT-Drucksache 19/27653, 17.03.2021, S.37.

〔61〕Axel Metzger, *Münchner Kommentar zum Bürgerlichen Gesetzbuch*, C.H.Beck, 9. Auflage, 2022, BGB §327 Rn.6.

访问此类数据的服务,或者 2. 使消费者或其他用户能以数字形式上传或创建的数据进行交互的共享服务"。

在立法技术上,德国采取根据"合同标的"(Vertragsgegenstand)配置规则的规范进路,以"数字产品"为合同标的。消费者合同的标的,应是经营者提供的数字产品,形式上既可以是数字内容,也可以是数字服务。由此,第 327 条及以下条款就得以涵盖以买卖为典型的一次性给付交换型合同,也可辐射至租赁、承揽、服务等"使用类合同"(Gebrauchsüberlassungsverträge)。[62]此外,德国虽已规定"数字内容"(《德国民法典》原第 312f 条第 3 款),但在转化《数字内容指令》时,立法者另增第 327 条,通过规定"数字产品消费者合同"适用范围的方式,将数字内容和数字服务描述为合同标的。此外,在转化《数字内容指令》第 3 条时,为确保指令能顺应未来发展,德国在第 327 条有意识地宽泛界定,使"数字产品合同"得以涵盖《数字内容指令》鉴于条款第 10 条和第 19条的"数字化要约"(digitale Angebote),无论数字化要约的具体技术形式为何。[63]

---

〔62〕Michael Stürner, "Verträge über digitale Produkte: die neuen §§327-327u BGB, Teil 1: Grundlagen und vertragliche Pflichten", *Juristische Ausbildung*, 2022, Vol. 44, Issue 1, S. 33; Ansgar Staudinger/Markus Artz, *Neues Kaufrecht und Verträge über digitale Produkte, Einführung und das neue Recht*, C.H.Beck, 2022, 1. Auflage, S. 125, Rn. 283.

〔63〕参见德国《关于转化提供数字内容和数字服务的合同法特定方面指令的法律草案》"立法理由"之论证。Deutscher Bundestag, *Begründung, Gesetzentwurf der Bundesregierung, Entwurf eines Gesetzes zur Umsetzung der Richtlinie über bestimmte vertragsrechtliche Aspekte der Bereitstellung digitaler Inhalte und digitaler Dienstleistungen*, BT-Drucksache 19/27653, 17.03.2021, S. 37; Christian Grüneberg, *Bürgerlichen Gesetzbuch*, C.H.Beck, 82. Auflage, 2023, BGB §327 Rn. 3.

在"数字产品"概念的统辖之下,对于"数字内容"和"数字服务"的概念界定,德国立法者沿袭了《数字内容指令》鉴于条款第19条的立法思路,以技术中立和概念开放为基调,追求技术中立,采取面向未来的开放立法态度,防止通过技术调整来规避监管。

正是基于立法中立性和开放性的标准,《德国民法典》上的"数字内容"与"数字服务"概念,呈现出以下特色:

首先,重新界定"数字内容"。"数字内容"并非2022年《德国民法典》的新设概念,但新规则对既有规则进行了进一步的定义和调整。回溯旧概念,德国民法最早规定"数字内容",是为转化欧盟《消费者权利指令》第2条第11项的"数字内容"定义,"数字内容"是指"以数字形式制作(hergestellt/produced)和提供(bereitgestellt/supplied)的内容",相应地,《德国民法典》旧法第312f条第3款将"数字内容"界定为"以数字形式制作(hergestellt)和提供(bereitgestellt)的内容"。观察2022年《德国民法典》的新概念,《德国民法典》第327条第2款第1句对"数字内容"的界定,则转化《数字内容指令》第2条第1项,[64]界定为"数字内容是指以数字形式创建(erstellt)和提供的数据",2022年《德国民法典》第312f条第3款对"数字内容"的定义直接转致第327条第2款第1句,由此保持对"数字内容"定义的统一性。将"数字内容"定义

---

〔64〕参见德国《关于转化提供数字内容和数字服务的合同法特定方面指令的法律草案》"立法理由"之论证。Deutscher Bundestag, *Begründung, Gesetzentwurf der Bundesregierung, Entwurf eines Gesetzes zur Umsetzung der Richtlinie über bestimmte vertragsrechtliche Aspekte der Bereitstellung digitaler Inhalte und digitaler Dienstleistungen*, BT-Drucksache 19/27653, 17.03.2021, S. 38; Christian Grüneberg, *Bürgerlichen Gesetzbuch*, C.H.Beck, 82. Auflage, 2023,BGB §327 Rn. 4.

的新旧规则相比较,可以看出,相较于《德国民法典》旧法第312f
条第3款,新法第327条第2款第1句进行了术语微调,新规则更
为开放。其一,术语调整。从制作(herstellen)改为创建(erstellen)。
制作更类似于生产,欧盟《数字内容指令》第2条第1项之所以将
动词改换为创建,是因为这能更好表达已经数字化的内容,亦能
面向未来发展,兼顾无法预见的技术创新,涵盖在生产过程中无
直接人工干预的情形,例如,人工智能下的自动化创建。[65]其二,
列举性说明。欧盟《数字内容指令》鉴于条款第19条进一步明
确,"数字内容"概念应涵盖未来技术发展。由此,指令仅示例性
列举计算机程序、视频音频文件、音乐数据、数字游戏、电子书和
其他电子出版物等能构成"数字内容"的形式。其三,"内容"的
理解。"数字内容"中的"内容"与"内容"的通常词义有所不同,
不应理解为"数字内容"必须要有"内容信息",[66]在界定"数字
内容"时,唯一的决定性因素是数字形式,即数据须以数字形式
存在、以可再现的方式记录数据,至于数据是否包含内容、内容

---

〔65〕参见德国《关于转化提供数字内容和数字服务的合同法特定方面指令的
法律草案》"立法理由"之论证。Deutscher Bundestag, *Begründung, Gesetzentwurf
der Bundesregierung, Entwurf eines Gesetzes zur Umsetzung der Richtlinie über bestim-
mte vertragsrechtliche Aspekte der Bereitstellung digitaler Inhalte und digitaler Dien-
stleistungen*, BT-Drucksache 19/27653, 17.03.2021, S. 38.

〔66〕Axel Metzger, *Münchner Kommentar zum Bürgerlichen Gesetzbuch*,
C.H.Beck, 9. Auflage, 2022, BGB §327 Rn. 7.

为何,则不重要。[67]

　　其次,界定"数字服务"。有别于"数字内容"的规范模式,《德国民法典》第327条第2款第2句的"数字服务"之定义,并未采取欧盟在消费者合同领域的现行立法模式。具体而言,欧盟《数字内容指令》虽将"数字服务"和"数字内容"并列规定,但仍将两者作为一个整体使用,未作概念区分。这种立法方式旨在使指令适用范围尽可能广泛,防止经营者通过产品设计来规避监管。[68]欧盟《数字内容指令》鉴于条款第19条还对"数字服务"作示例性列举:"本指令涵盖以数字形式创建、处理、访问或存储数据的数字服务,包括软件服务,例如,视频或音频共享,以及其他形式的文件托管、文字处理或在云计算环境和社交媒体中提供的游戏。"转化指令后,《德国民法典》第327条第2款第2句第1项针对消费者的单独使用情形,第2项重点针对多人共同使用情形,且第2句中的"其他用户"无需是消费者身份。《德国民法典》第327条第2款第2句第2项的情形,不仅包括用户可以在其中创建内容,或创建与其他用户或提供商互动的服务和产品,例如,社交网络、社交媒体,还包括销售、预订、比较、经纪或评级平台,

　　〔67〕参见德国《关于转化提供数字内容和数字服务的合同法特定方面指令的法律草案》"立法理由"之论证。Deutscher Bundestag, *Begründung, Gesetzentwurf der Bundesregierung, Entwurf eines Gesetzes zur Umsetzung der Richtlinie über bestimmte vertragsrechtliche Aspekte der Bereitstellung digitaler Inhalte und digitaler Dienstleistungen*, BT-Drucksache 19/27653, 17.03.2021, S. 38.

　　〔68〕参见德国《关于转化提供数字内容和数字服务的合同法特定方面指令的法律草案》"立法理由"之论证。Deutscher Bundestag, *Begründung, Gesetzentwurf der Bundesregierung, Entwurf eines Gesetzes zur Umsetzung der Richtlinie über bestimmte vertragsrechtliche Aspekte der Bereitstellung digitaler Inhalte und digitaler Dienstleistungen*, BT-Drucksache 19/27653, 17.03.2021, S. 39.

以及具有相应功能的其他产品,还包括共享的基于云所进行的文字处理。[69]

2.新设概念"产品瑕疵":对应"物之瑕疵"

作为《德国民法典》的新概念,"产品瑕疵"(Produktmangel)可谓传统民法典以有体物交易为原型的"物之瑕疵"概念的数字化升级。

《德国民法典》第327d条和第327e条确立的"产品瑕疵"概念,乃德国立法新创。第327d条规定,"经营者依据第327条或第327a条意义上的消费者合同负有提供数字产品之义务的,其所提供的数字产品,应免于第327e条至第327g条中的产品瑕疵和权利瑕疵"。虽然《数字内容指令》鉴于条款第54条使用了"权利瑕疵"概念,但指令并无"产品瑕疵"概念。德国在转化指令时,遵循买卖法上"物之瑕疵""权利瑕疵"的经典二分进路,根据指令的立法目的进行相应修正,提出了"产品瑕疵"概念,以对应"物之瑕疵"。德国立法者创设的"产品瑕疵"概念,也是从产品不符合合同的角度,对指令第7条、第8条和第9条违约情形的转

---

〔69〕参见德国《关于转化提供数字内容和数字服务的合同法特定方面指令的法律草案》"立法理由"之论证。Deutscher Bundestag, *Begründung, Gesetzentwurf der Bundesregierung, Entwurf eines Gesetzes zur Umsetzung der Richtlinie über bestimmte vertragsrechtliche Aspekte der Bereitstellung digitaler Inhalte und digitaler Dienstleistungen*, BT-Drucksache 19/27653, 17.03.2021, S. 39.

换表达。[70]由此,"产品瑕疵"规范群(《德国民法典》第327d条
和第327e条)也形成了数字产品的瑕疵担保法体系。其中,《德国
民法典》第327e条正面规定"产品瑕疵",《德国民法典》第327d
条反面规定"数字产品与合同相符",要求数字产品"免于瑕疵"。

综观体系结构,《德国民法典》第327d条"数字产品与合同
相符"(Vertragsmäßigkeit digitaler Produkte)规则,旨在转化《数
字内容指令》第6条,经营者应提供免于"产品瑕疵"和"权利瑕
疵"的数字产品。《德国民法典》第327d条明确引入"产品瑕疵"
和"权利瑕疵"一对概念,将经营者提供无瑕疵数字产品的合同
义务具体化。此种规范方式,与《德国民法典》第433条第1款
第2句"出卖人应使买受人取得无物之瑕疵及权利瑕疵之物"相
一致。[71]这意味着,数字产品的"与合同相符"(《德国民法典》
第327d条至第327h条)与买卖合同的物之瑕疵和权利瑕疵(《德
国民法典》第433条第1款第2句、第434条以及第435条)的规则
相当。[72]《德国民法典》第327e条至第327g条界定了数字产品的
"产品瑕疵"和"权利瑕疵",出现"产品瑕疵"时,消费者享有《德

---

〔70〕参见德国《关于转化提供数字内容和数字服务的合同法特定方面指令
的法律草案》"立法理由"对第327d条之论证。Deutscher Bundestag, *Begründung,*
Gesetzentwurf der Bundesregierung, Entwurf eines Gesetzes zur Umsetzung der Richt-
linie über bestimmte vertragsrechtliche Aspekte der Bereitstellung digitaler Inhalte und
digitaler Dienstleistungen, BT-Drucksache 19/27653, 17.03.2021, S. 52.

〔71〕Hans Brox/Wolf-Dietrich Walker, *Allgemeines Schuldrecht,* C.H.Beck, 2023,
47. Auflage, S. 228, Rn. 75.

〔72〕Hans Brox/Wolf-Dietrich Walker, *Allgemeines Schuldrecht,* C.H.Beck, 2023,
47. Auflage, S. 228, Rn. 75.

国民法典》第327i条的瑕疵担保权利。[73]德国在立法理由中明确提出,《德国民法典》第327d条并非是提供无瑕疵数字产品的"原给付义务"(primäre Leistungspflicht),而是与第327b条相同,第327d条仅构成给付义务的具体化,并未创设新的义务。[74]

及至规则构成,《德国民法典》第327e条共分三款,规定数字产品的主观要件(第2款)、客观要件(第3款)和互操作性要求(第4款),以上三款为逐字转化《数字内容指令》中"与合同相符"的主观要件(第7条)、客观要件(第8条)和互操作(Integration)(第9条、第2条第12项)之结果。[75]此外,《德国民法典》第327e条第5款规定,如果经营者提供其他数字产品(aliud),即所提供的数字产品与约定的产品不同时,视同产品瑕疵,这一规则与买卖法上的物之瑕疵的异种交付规则(《德国民法典》第434条第5款)类似。在结构和术语上,与《德国民法典》第327e条的"产品瑕疵"规则相对应的,是《德国民法典》第433条的买卖合同的"物之瑕疵"

---

〔73〕Hans Brox/Wolf-Dietrich Walker, *Allgemeines Schuldrecht*, C.H.Beck, 2023, 47. Auflage, S. 228, Rn. 75.

〔74〕参见德国《关于转化提供数字内容和数字服务的合同法特定方面指令的法律草案》"立法理由"对第327d条之论证。Deutscher Bundestag, *Begründung, Gesetzentwurf der Bundesregierung, Entwurf eines Gesetzes zur Umsetzung der Richtlinie über bestimmte vertragsrechtliche Aspekte der Bereitstellung digitaler Inhalte und digitaler Dienstleistungen*, BT-Drucksache 19/27653, 17.03.2021, S. 52.

〔75〕参见德国《关于转化提供数字内容和数字服务的合同法特定方面指令的法律草案》"立法理由"对第327d条之论证。Deutscher Bundestag, *Begründung, Gesetzentwurf der Bundesregierung, Entwurf eines Gesetzes zur Umsetzung der Richtlinie über bestimmte vertragsrechtliche Aspekte der Bereitstellung digitaler Inhalte und digitaler Dienstleistungen*, BT-Drucksache 19/27653, 17.03.2021, S. 52.

规则。[76]不同在于,相较于《德国民法典》第434条在"物之瑕疵"规则中将主观要件置于优先顺位,《德国民法典》第327e条在"产品瑕疵"的规则构造上,强化了数字产品的客观要件。[77]

　　具体到产品"免于瑕疵"之判定,依据《德国民法典》第327e条第1款,"产品瑕疵"的消极构成要件有三个,包括主观要件、客观要件和互操作要件,三者须同时满足,其中主客观要件居于同等顺位,互操作性针对数字产品与数字环境连接方能使用之情形。[78]第327e条第1款规定,"如果数字产品在特定时间内符合本规定各款的主观要件、客观要件和互操作要求,则该产品无瑕疵。除非另有规定,特定时间为第327b条中的提供时间。如果经营者负有在一段时间内持续提供的合同义务(持续提供),特定时间为约定的提供时间段(提供期间)"。《德国民法典》第327e条第1款是对第327d条"经营者的给付义务"的具体化,规定了"产品瑕疵"意义上数字产品的与合同相符问题。[79]根据第1款第1

〔76〕Hans Brox/Wolf-Dietrich Walker, *Allgemeines Schuldrecht*, C.H.Beck, 2023, 47. Auflage, S. 228, Rn. 76.

〔77〕Axel Metzger, *Münchner Kommentar zum Bürgerlichen Gesetzbuch*, C.H.Beck, 9. Auflage, 2022, BGB §327e Rn. 1.

〔78〕Hans Brox/Wolf-Dietrich Walker, *Allgemeines Schuldrecht*, C.H.Beck, 2023, 47. Auflage, S. 228, Rn. 76; Reiner Schulze, *Bürgerlichen Gesetzbuch Handkommentar*, Nomos, 2022, 11. Auflage, 2021, BGB §327e Rn. 2; Axel Metzger, *Münchner Kommentar zum Bürgerlichen Gesetzbuch*, C.H.Beck, 9. Auflage, 2022, BGB §327e Rn. 1.

〔79〕参见德国《关于转化提供数字内容和数字服务的合同法特定方面指令的法律草案》"立法理由"对第327e条之论证。Deutscher Bundestag, *Begründung, Gesetzentwurf der Bundesregierung, Entwurf eines Gesetzes zur Umsetzung der Richtlinie über bestimmte vertragsrechtliche Aspekte der Bereitstellung digitaler Inhalte und digitaler Dienstleistungen*, BT-Drucksache 19/27653, 17.03.2021, S. 53.

句，如果数字产品在特定时间内符合主观要件、客观要件和互操作要求，则免于"产品瑕疵"。《德国民法典》第327e条第1款第1句仅规定"特定时间"（maßgeblichen Zeit），第2句和第3句进一步具体规定，从第2句可知，第1句所谓"免于瑕疵"的特定时间，应是第327b条意义上的"提供时间"，第3句则表明，其也适用于持续提供情形。[80]

　　产品瑕疵的要件之一，为主观要件。《德国民法典》第327e条第2款规定，"下列情形下，数字产品符合主观要件（subjektive Anforderungen）：1.数字产品 1）具有约定之品质，包括对数量、功能、兼容性和互操作之要求，2）适于合同预定之用途，2.依合同之约定提供配件、说明和客户服务，并且 3.在合同特定期间内依合同约定提供更新。功能（Funktionalität）指数字产品依其目的实现功能之能力。兼容性（Kompatibilität）指数字产品与同种类数字产品通常使用的硬件或软件配合使用而无需转换之能力。互操作（Interoperabilität）指数字产品与同种类数字产品通常使用的硬件或软件之外的其他硬件或软件一起运作之能力"。《德国民法典》第327e条第2款共4句，第1句是对数字产品主观要件的列举，第2句至第4句是对第1句所涉内容的法律界定。《德国民法典》第327e条第2款第1句第1项是对《数字内容指令》第7条第a项和第b项所含的标准之转化，第2款第1句第3项则涉及合同

----

〔80〕参见德国《关于转化提供数字内容和数字服务的合同法特定方面指令的法律草案》"立法理由"对第327e条之论证。Deutscher Bundestag, *Begründung, Gesetzentwurf der Bundesregierung, Entwurf eines Gesetzes zur Umsetzung der Richtlinie über bestimmte vertragsrechtliche Aspekte der Bereitstellung digitaler Inhalte und digitaler Dienstleistungen*, BT-Drucksache 19/27653, 17.03.2021, S. 53.

约定的更新。[81]《德国民法典》第327e条第2款第1句采取了与《德国民法典》第434条第1款第1句和第2句第1项相同的表达方式,列举了与合同相符的主观要求,例如,不符合"数量"要求为数量瑕疵,构成产品瑕疵。《德国民法典》第327e条第2款第2句至第4句分别定义功能、兼容性、互操作,三项定义源于《数字内容指令》第2条第10项至第12项。[82]其中,功能指数字产品本身的功能,兼容性和互操作性则是指数字产品与其他硬件和软件相结合的功能,两者区别在于,兼容性指通常与数字产品一起使用的硬件和软件产品,互操作指不属于前述情况的硬件和软件产品。[83]有所不同的是,德国在转化《数字内容指令》时,考虑到经营者对各种不同的数字环境往往无法预见,所以选择将数字产品的互操作要求纳入《德国民法典》第327e条第2款的主观要件范畴。

---

〔81〕参见德国《关于转化提供数字内容和数字服务的合同法特定方面指令的法律草案》"立法理由"对第327e条之论证。Deutscher Bundestag, *Begründung, Gesetzentwurf der Bundesregierung, Entwurf eines Gesetzes zur Umsetzung der Richtlinie über bestimmte vertragsrechtliche Aspekte der Bereitstellung digitaler Inhalte und digitaler Dienstleistungen*, BT-Drucksache 19/27653, 17.03.2021, S. 54-55.

〔82〕参见德国《关于转化提供数字内容和数字服务的合同法特定方面指令的法律草案》"立法理由"对第327e条之论证。Deutscher Bundestag, *Begründung, Gesetzentwurf der Bundesregierung, Entwurf eines Gesetzes zur Umsetzung der Richtlinie über bestimmte vertragsrechtliche Aspekte der Bereitstellung digitaler Inhalte und digitaler Dienstleistungen*, BT-Drucksache 19/27653, 17.03.2021, S. 55.

〔83〕参见德国《关于转化提供数字内容和数字服务的合同法特定方面指令的法律草案》"立法理由"对第327e条之论证。Deutscher Bundestag, *Begründung, Gesetzentwurf der Bundesregierung, Entwurf eines Gesetzes zur Umsetzung der Richtlinie über bestimmte vertragsrechtliche Aspekte der Bereitstellung digitaler Inhalte und digitaler Dienstleistungen*, BT-Drucksache 19/27653, 17.03.2021, S. 55.

产品瑕疵的要件之二，为客观要件。《德国民法典》第327e条第3款规定，"下列情形下，数字产品符合客观要件(objektive Anforderungen)：1.适于通常之使用，2.显示同种类之数字产品通常具有之品质，包括数量、功能、兼容性、可访问性、连续性和安全性，且该品质为消费者依数字产品之种类所期待者，3.符合经营者在缔约前向消费者提供的测试版本或预览之品质，4.提供了消费者可得期待获得之配件和说明，5.根据第327f条向消费者提供更新，并告知消费者此等更新，以及6.若无另行约定，应提供缔约之时的数字产品最新版本。第1句第2项所称之通常品质，亦包含经营者或经销链上的其他前手或其委托之人特别于广告或标签中之公开表示，消费者可得期待之品质。但经营者不知该表示，亦非可得而知该表示与合同订立时业已同等方式更正，或不影响交易决定者，不在此限"。《德国民法典》第327e条第3款第1句第1项的"适于通常使用"(Eignung zur gewöhnlichen Verwendung)，是判断数字产品是否免于产品瑕疵的首要客观要件，应根据市场流通中具有可比性的数字产品的"使用目的"(Nutzungszweck)来加以判断。[84]该项是对《数字内容指令》第8条第1款第a项之转化，规范表达方式则沿袭了《德国民法典》第434条第1款第2句第2项第1前半句。[85]由于《数字内容指令》

---

〔84〕Hans Brox/Wolf-Dietrich Walker, *Allgemeines Schuldrecht*, C.H.Beck, 2023, 47. Auflage, S. 230, Rn. 82.

〔85〕参见德国《关于转化提供数字内容和数字服务的合同法特定方面指令的法律草案》"立法理由"对第327e条之论证。Deutscher Bundestag, *Begründung, Gesetzentwurf der Bundesregierung, Entwurf eines Gesetzes zur Umsetzung der Richtlinie über bestimmte vertragsrechtliche Aspekte der Bereitstellung digitaler Inhalte und digitaler Dienstleistungen*, BT-Drucksache 19/27653, 17.03.2021, S. 56.

第8条第1款第a项规定"数字内容或数字服务应符合通常使用目的,并顾及……成员国法律、技术标准或在欠缺技术标准时,适用特定行业的行为准则",因此,《德国民法典》第327e条的客观要件仅限于"通常使用"(gewöhnliche Verwendung)。通常概念之解释,应根据交易情事作综合判断,而根据指令第8条第1款第a项,"通常"概念的参照基准,应是此类数字产品的使用目的,这也是在确定数字产品"适用性"(Eignung)这一客观标准时所应采取的参考和解释基准。[86]第327e条第3款第1句第2项的通常品质规则,则是对指令第8条第1款第b项之转化,并且,依据《数字内容指令》鉴于条款第46条,应以客观标准来确定消费者之期待。[87]概念上,"品质"(Beschaffenheit)概念采取了买卖法上对品质的广义理解,并将功能和互操作概念再次单独纳入《德国民法典》第327e条第3款第1句第2项。[88]内容上,基于指

---

〔86〕参见德国《关于转化提供数字内容和数字服务的合同法特定方面指令的法律草案》"立法理由"对第327e条之论证。Deutscher Bundestag, *Begründung, Gesetzentwurf der Bundesregierung, Entwurf eines Gesetzes zur Umsetzung der Richtlinie über bestimmte vertragsrechtliche Aspekte der Bereitstellung digitaler Inhalte und digitaler Dienstleistungen*, BT-Drucksache 19/27653, 17.03.2021, S. 56.

〔87〕参见德国《关于转化提供数字内容和数字服务的合同法特定方面指令的法律草案》"立法理由"对第327e条之论证。Deutscher Bundestag, *Begründung, Gesetzentwurf der Bundesregierung, Entwurf eines Gesetzes zur Umsetzung der Richtlinie über bestimmte vertragsrechtliche Aspekte der Bereitstellung digitaler Inhalte und digitaler Dienstleistungen*, BT-Drucksache 19/27653, 17.03.2021, S. 56.

〔88〕参见德国《关于转化提供数字内容和数字服务的合同法特定方面指令的法律草案》"立法理由"对第327e条之论证。Deutscher Bundestag, *Begründung, Gesetzentwurf der Bundesregierung, Entwurf eines Gesetzes zur Umsetzung der Richtlinie über bestimmte vertragsrechtliche Aspekte der Bereitstellung digitaler Inhalte und digitaler Dienstleistungen*, BT-Drucksache 19/27653, 17.03.2021, S. 56.

令第8条第1款第b项所列标准,"通常品质"包括可访问性、连续性和安全性等"性能特征"(Leistungsmerkmale),第3款第1句第2项还包含两项不同参引:一是同类数字产品的品质;二是更准确界定消费者的合理期待。此外,与《消费品买卖指令》的转化立场一致,《德国民法典》第327e条第3款第1句第2项仅使用"消费者期待",而未使用消费者"合理"期待之表达。[89]

产品瑕疵的要件之三,为互操作[90]。《德国民法典》第327e条第4款规定,"就执行互操作而言,下列情形中,数字产品符合互操作要求:1. 已适当(sachgemäß)执行,或 2. 虽然执行不当,但其既非因经营者的互操作不当,也非因经营者提供的指示有瑕疵所致。互操作,是指与消费者的数字环境或数字环境组成部分的连接和整合,使数字产品得以依照本节规定之要求使用。数字环境,是指消费者用于访问或使用数字产品的任何种类的硬件、软件或网络连接"。当数字产品必须与消费者的数字环境的连接和整合方能使用时,数字产品还需要满足互操作要求。《德国民法典》第327e条第4款共3句,其中第1句规定了数字产品的互操作要求(Integration),第2句和第3句则分别界定了"互操作"和"数字环境"(digital Umgebung)概念。根据《数字内容指令》第6条,互操作构成数字产品与合同相符的一部分,《德国民法典》

---

〔89〕参见德国《关于转化提供数字内容和数字服务的合同法特定方面指令的法律草案》"立法理由"对第327e条之论证。Deutscher Bundestag, *Begründung, Gesetzentwurf der Bundesregierung, Entwurf eines Gesetzes zur Umsetzung der Richtlinie über bestimmte vertragsrechtliche Aspekte der Bereitstellung digitaler Inhalte und digitaler Dienstleistungen*, BT-Drucksache 19/27653, 17.03.2021, S. 56.

〔90〕我国学界有关"互操作"的前沿研究,参见周汉华:《互操作的意义及法律构造》,载《中外法学》2023年第3期,第605—624页。

第327e条第4款第1句是对指令第9条之转化,第2句和第3句则是对指令第2条第4项和第9项之转化。[91]根据第327e条第4款第1句,当数字产品因不当互操作,并且是由经营者或其负责下进行,或由消费者实施,但因经营者提供的说明存在瑕疵所致时,构成产品瑕疵。[92]因此,消费者对数字产品自行所为之不当互操作被排除在产品瑕疵范畴之外,除非其因经营者提供的说明存在瑕疵所致。

(三)一项新制度:经营者的更新义务

欧盟《数字内容指令》的重大创新,在于引入"经营者的更新义务"(Aktualisierungspflicht),《德国民法典》亦单设第327f条,确立"经营者的更新义务",该义务亦构成瑕疵担保法的新制度。

更新数字产品乃数字产品本质特征使然。数字产品和与之互动的技术环境处于持续发展变化之中,此点显然有别于传统商品,据此,数字产品的定期更新就成为了题中之义。唯有定期更新,方能继续使用数字产品,并保持产品本身处于与合同相符之

---

〔91〕参见德国《关于转化提供数字内容和数字服务的合同法特定方面指令的法律草案》"立法理由"对第327e条之论证。Deutscher Bundestag, *Begründung, Gesetzentwurf der Bundesregierung, Entwurf eines Gesetzes zur Umsetzung der Richtlinie über bestimmte vertragsrechtliche Aspekte der Bereitstellung digitaler Inhalte und digitaler Dienstleistungen*, BT-Drucksache 19/27653, 17.03.2021, S. 58.

〔92〕参见德国《关于转化提供数字内容和数字服务的合同法特定方面指令的法律草案》"立法理由"对第327e条之论证。Deutscher Bundestag, *Begründung, Gesetzentwurf der Bundesregierung, Entwurf eines Gesetzes zur Umsetzung der Richtlinie über bestimmte vertragsrechtliche Aspekte der Bereitstellung digitaler Inhalte und digitaler Dienstleistungen*, BT-Drucksache 19/27653, 17.03.2021, S. 58.

状态,此点于安全更新而言尤甚。[93]

欧盟立法者对更新义务颇为强调,认为即便是一次性的给付交换型合同,经营者亦负有提供更新之义务,以维持数字产品与合同相符。[94]《德国民法典》第327f条是对欧盟《数字内容指令》第7条第d项、第8条第2款和第3款之转化,就经营者提供和告知数字产品更新的义务内容,予以具体规定。《德国民法典》第327f条规定,"1.经营者应确保在特定时限内向消费者提供维持数字产品符合合同之必要更新并告知消费者。必要更新还应包括安全更新。第1句所称之特定时限指:(1)在持续性提供数字产品合同,特定时限指提供时限;(2)其他情形之时限,指依数字产品种类与目的,并基于合同类型与情事,消费者可得期待之时限;2.若消费者未在合理期限内安装根据第1款提供之更新,经营者不对仅因缺乏该更新而导致的产品瑕疵负责,前提是:(1)经营者已告知消费者该更新的可用性以及未安装更新之后果,以及(2)消费者未安装或未正确安装更新的事实非因经营者提供的安装说明存在瑕疵所致"。

性质上,更新义务不构成瑕疵担保法的主给付义务。内容上,《德国民法典》第327f条分两款,第1款是"提供更新"规则,第2款是"未更新"规则。术语上,德国虽沿用《数字内容指令》的"更

---

〔93〕Axel Metzger, *Münchner Kommentar zum Bürgerlichen Gesetzbuch*, C.H.Beck, 9. Auflage, 2022, BGB §327f Rn. 1.

〔94〕参见德国《关于转化提供数字内容和数字服务的合同法特定方面指令的法律草案》"立法理由"对第327f条之论证。Deutscher Bundestag, *Begründung, Gesetzentwurf der Bundesregierung, Entwurf eines Gesetzes zur Umsetzung der Richtlinie über bestimmte vertragsrechtliche Aspekte der Bereitstellung digitaler Inhalte und digitaler Dienstleistungen*, BT-Drucksache 19/27653, 17.03.2021, S. 58.

新"(Aktualisierung)一词,但概念射程略有微调:立法者认为,鉴于瑕疵担保法的规范意旨,在此背景下,对于"更新"和"升级"两个术语,实无区分之必要,应以"更新"作为上位概念,覆盖"改进"(Verbesserung)或"变更"(Veränderung)两种类型。[95]

1.更新义务的体系定位

立法者将更新义务设定为客观要件的一部分,这种体系化安排绝非偶然。具体来说,《德国民法典》第327f条对第327e条中与更新相关的"与合同相符"进行了具体规定。而根据《德国民法典》第327e条第2款第1句第3项,更新的主观要件基于合同约定产生,并且,经营者还应遵守《德国民法典》第327e条第3款第1句第5项的更新的客观要件。此外,倘若当事人想要降低更新的客观要求,就必须仅在严格满足《德国民法典》第327h条的特定前提要件时,方能作出不利于消费者并与客观要件相偏离之合同约定。换言之,所谓更新,既可以是约定之更新,也可以是基于合同预设使用所必须之更新,若无约定,则可根据《德国民法典》第327e条第3款来确定。在法律后果上,若经营者违反更新义务,则构成产品瑕疵,消费者由此可主张《德国民法典》第327i条之权利。若因制造商未提供其所负担之更新而导致经营者未履行更新义务,经营者可根据《德国民法典》第327u条第1

---

〔95〕参见德国《关于转化提供数字内容和数字服务的合同法特定方面指令的法律草案》"立法理由"对第327f条之论证。Deutscher Bundestag, *Begründung, Gesetzentwurf der Bundesregierung, Entwurf eines Gesetzes zur Umsetzung der Richtlinie über bestimmte vertragsrechtliche Aspekte der Bereitstellung digitaler Inhalte und digitaler Dienstleistungen*, BT-Drucksache 19/27653, 17.03.2021, S. 58.

款第2句向制造商追索。[96]由此,更新义务既属于产品瑕疵的主观要件,也属于客观要件。[97]但德国主要从客观要件规定更新义务,经营者"提供更新之信息"构成产品瑕疵客观要件的一部分。

2.更新义务的范畴

《德国民法典》第327f条第1款是对欧盟《数字内容指令》第8条第2款之转化。《德国民法典》第327f条第1款第1句要求经营者在特定时限内向消费者提供为保持数字产品与合同相符所必要之更新,并将其告知消费者,第2句强调安全更新,第3句对特定时限进行了具体规定。[98]

"安全更新"之所以呈现为《德国民法典》第327f条第1款第2句,以单独一句的形式在立法上特别强调,源于指令本身。欧盟《数字内容指令》鉴于条款第47条强调,数字产品应处于符合合同的状态并保持安全,《数字内容指令》第8条第1款第b项中的"安全"一词表明,数字产品在提供之时必须安全,即使发生了安全瑕疵或与安全有关的软件缺陷,即使此种瑕疵或缺陷对产

---

[96] Axel Metzger, *Münchner Kommentar zum Bürgerlichen Gesetzbuch*, C.H.Beck, 9. Auflage, 2022, BGB §327f Rn. 2.

[97] Hans Brox/Wolf-Dietrich Walker, *Allgemeines Schuldrecht*, C.H.Beck, 2023, 47. Auflage, S. 229, Rn. 79.

[98] 参见德国《关于转化提供数字内容和数字服务的合同法特定方面指令的法律草案》"立法理由"对第327f条之论证。Deutscher Bundestag, *Begründung, Gesetzentwurf der Bundesregierung, Entwurf eines Gesetzes zur Umsetzung der Richtlinie über bestimmte vertragsrechtliche Aspekte der Bereitstellung digitaler Inhalte und digitaler Dienstleistungen*, BT-Drucksache 19/27653, 17.03.2021, S. 58.

品功能并无影响,经营者也负有更新义务,以消除安全瑕疵。[99]换言之,落入更新义务范畴的更新,主要是为确保数字产品的安全性所作之更新,即便安全瑕疵不会对数字产品本身的功能性产生任何影响。[100]因此,当事人未作约定且与增强产品性能相关之更新(准确而言是"升级"[101]),原则上不属于更新义务范畴,而仅落入第327r条的数字产品变更权之范畴。

"必要更新"则构成判定更新义务范畴的决定性因素。所谓"必要更新",是指《德国民法典》第327f条意义上的"更新",即仅限于为保持数字产品与合同相符所必需之更新。经营者无需向受领人提供任何类型之更新,而是仅需提供"为获得或提供符合合同要求的主给付所必须之更新"。在类型上,经营者的更新义务,包括"创建"(Erstellungspflicht)、"告知"(Informationspflicht)

〔99〕参见德国《关于转化提供数字内容和数字服务的合同法特定方面指令的法律草案》"立法理由"对第327f条第1款之论证。Deutscher Bundestag, *Begründung, Gesetzentwurf der Bundesregierung, Entwurf eines Gesetzes zur Umsetzung der Richtlinie über bestimmte vertragsrechtliche Aspekte der Bereitstellung digitaler Inhalte und digitaler Dienstleistungen*, BT-Drucksache 19/27653, 17.03.2021, S. 59.

〔100〕参见德国《关于转化提供数字内容和数字服务的合同法特定方面指令的法律草案》"立法理由"对第327f条之论证。Deutscher Bundestag, *Begründung, Gesetzentwurf der Bundesregierung, Entwurf eines Gesetzes zur Umsetzung der Richtlinie über bestimmte vertragsrechtliche Aspekte der Bereitstellung digitaler Inhalte und digitaler Dienstleistungen*, BT-Drucksache 19/27653, 17.03.2021, S. 58ff.

〔101〕欧盟《数字内容指令》和《德国政府转化草案》均未对更新(Update)和升级(Upgrade)作出区分,参见德国《关于转化提供数字内容和数字服务的合同法特定方面指令的法律草案》"立法理由"对第327f条之论证。Deutscher Bundestag, *Begründung, Gesetzentwurf der Bundesregierung, Entwurf eines Gesetzes zur Umsetzung der Richtlinie über bestimmte vertragsrechtliche Aspekte der Bereitstellung digitaler Inhalte und digitaler Dienstleistungen*, BT-Drucksache 19/27653, 17.03.2021, S. 58.

和"提供"（Bereitstellungspflicht）义务，但不包括"安装"义务，而之所以未将"安装义务"纳入义务范畴，是因为经营者虽然必须提供正确安装所需之必要信息，但消费者的疏忽及由此引发之瑕疵，不仅不构成经营者责任，而且会使经营者免于瑕疵担保义务。

3.更新义务期间

更新义务的真正"爆炸性"[102]内容，在于更新义务期间，这也是更新义务新规则的难点所在。所谓"更新义务期间"，是指经营者应在何种期间内负有更新义务，即经营者需要在多长的时间范围内承担更新数字产品的合同义务，而即便是在一次性提供数字产品的情形，也应确定经营者在何种期间内负有更新义务。

欧盟《数字内容指令》未就数字内容或数字服务"免于瑕疵"（Mangelfreiheit）作统一规定，加之数字产品"免于瑕疵"之判断，在一次性提供和持续性提供两种情形下显然不同，由此，在不同提供情形下的更新义务期间，亦应区分构造。[103]事实上，欧盟《数字内容指令》第8条第2款有意识地进行了区分规定，作为对该条款之转化，《德国民法典》第327f条第1款第3句中第1项和第2项之规定，分别对应欧盟《数字内容指令》第8条第2款中

---

〔102〕Gerald Spindler, "Umsetzung der Richtlinie über digitale Inhalt in das BGB, Schwerpunkt 1: Anwendungsbereich und Mangelbegriff", *MMR*, 2021, Heft 6, S. 456.

〔103〕参见德国《关于转化提供数字内容和数字服务的合同法特定方面指令的法律草案》"立法理由"对第327e条之论证。Deutscher Bundestag, *Begründung, Gesetzentwurf der Bundesregierung, Entwurf eines Gesetzes zur Umsetzung der Richtlinie über bestimmte vertragsrechtliche Aspekte der Bereitstellung digitaler Inhalte und digitaler Dienstleistungen*, BT-Drucksache 19/27653, 17.03.2021, S. 53.

的第a项和第b项。据此,德国立法者将第1句中的"特定时限"(maßgebliche Zeitraum)区分为两种情形:一是持续性提供情形,特定时限涵盖整个提供期间(第1项);二是其他情形,特定时限指依数字产品种类和目的、基于合同类型和情事,消费者可得期待之时限(第2项)。例如,一次性单独提供及系列性单独提供。并且,根据第327f条第1款第3句第2项,更新期间之确定,应基于消费者期待并依据"数字产品种类与目的,并基于合同类型与情事"综合判定。

"特定时限"(更新时限)的评估和判断,应考虑:(1)消费者期待,(2)数字产品种类与目的,以及(3)合同类型与情事三类因素。值得一提的是消费者之期待(第327f条第1款第3句第2项)。根据《数字内容指令》鉴于条款第46条,消费者合理期待采客观标准,应客观确定。消费者合理期待之确定,还需要考虑其他标准,例如,数字产品继续传播的程度、欠缺更新时产生风险的程度。[104]数字产品若被包含在某一物品中或与之相连时,标的物的通常使用寿命、使用期限,也将对消费者可合理期待的更新时限产生决定性影响。[105]例如,在智能家居APP的复杂控制系统

〔104〕参见德国《关于转化提供数字内容和数字服务的合同法特定方面指令的法律草案》"立法理由"对第327f条之论证。Deutscher Bundestag, *Begründung, Gesetzentwurf der Bundesregierung, Entwurf eines Gesetzes zur Umsetzung der Richtlinie über bestimmte vertragsrechtliche Aspekte der Bereitstellung digitaler Inhalte und digitaler Dienstleistungen*, BT-Drucksache 19/27653, 17.03.2021, S. 59.

〔105〕参见德国《关于转化提供数字内容和数字服务的合同法特定方面指令的法律草案》"立法理由"对第327f条之论证。Deutscher Bundestag, *Begründung, Gesetzentwurf der Bundesregierung, Entwurf eines Gesetzes zur Umsetzung der Richtlinie über bestimmte vertragsrechtliche Aspekte der Bereitstellung digitaler Inhalte und digitaler Dienstleistungen*, BT-Drucksache 19/27653, 17.03.2021, S. 59.

下,消费者通常可以期待,在供暖设备使用期内为合同约定的额外功能提供更新。如通过APP来控制汽车导航系统或娱乐电子系统亦是如此。[106]值得注意的是,欧盟《数字内容指令》第7条第3款将更新期作为一段时限时,额外使用了"消费者可以合理期待"之表述,但《德国民法典》在第327f条第1款第3句第2项并未采纳指令表达。[107]德国立法者认为,并无必要引入"合理期待"的概念,因为消费者可期待的更新期,取决于一般消费者的预期范围,但对于《德国民法典》而言,"合理期待"是一个陌生概念,其仅描述了必须审查的内容,即一个理性的一般买受人可以在什么时间段内期待更新。[108]

更新义务期间的特殊之处,在于其与瑕疵担保期间的关系。

〔106〕参见德国《关于转化提供数字内容和数字服务的合同法特定方面指令的法律草案》"立法理由"对第327f条之论证。Deutscher Bundestag, *Begründung, Gesetzentwurf der Bundesregierung, Entwurf eines Gesetzes zur Umsetzung der Richtlinie über bestimmte vertragsrechtliche Aspekte der Bereitstellung digitaler Inhalte und digitaler Dienstleistungen*, BT-Drucksache 19/27653, 17.03.2021, S. 59.

〔107〕参见德国《关于转化提供数字内容和数字服务的合同法特定方面指令的法律草案》"立法理由"对第327f条之论证。Deutscher Bundestag, *Begründung, Gesetzentwurf der Bundesregierung, Entwurf eines Gesetzes zur Umsetzung der Richtlinie über bestimmte vertragsrechtliche Aspekte der Bereitstellung digitaler Inhalte und digitaler Dienstleistungen*, BT-Drucksache 19/27653, 17.03.2021, S. 59.

〔108〕参见德国《关于转化提供数字内容和数字服务的合同法特定方面指令的法律草案》"立法理由"对第327f条第1款之论证。Deutscher Bundestag, *Begründung, Gesetzentwurf der Bundesregierung, Entwurf eines Gesetzes zur Umsetzung der Richtlinie über bestimmte vertragsrechtliche Aspekte der Bereitstellung digitaler Inhalte und digitaler Dienstleistungen*, BT-Drucksache 19/27653, 17.03.2021, S. 60;德国2002年债法改革立法理由中关于买受人可期待之品质的相关论证,参见Deutscher Bundestag, *Begründung, Entwurf eines Gesetzes zur Modernisierung des Schuldrechts*, Drucksache 14/6040, 14.05.2001, S. 214.

鉴于现行德国民法上并无"产品更新"的类似规则,而欧盟《数字内容指令》鉴于条款第47条表明,数字产品的更新期限事实上会长于瑕疵担保期间。因此,更新义务将导致经营者义务的持续时间被显著延长。换言之,经营者提供更新信息的时限长度,不限于且可能超出瑕疵担保期间。即便两年瑕疵担保期间可以成为更新义务最短期间的"抓手",但当瑕疵担保期间经过之后,更新义务仍有适用余地。[109]

　　更新义务的新规则,也存在诸多存疑之处。就更新期间而言,尽管目前的更新期间规则体系纳入了细化判定标准,但更新期间究竟如何判断,仍存在模糊之处。在前述"特定时限"(更新时限)的判断标准中,客观化的消费者合理期待究竟是什么? 这一点在欧盟《数字内容指令》和德国的转化法律中并无明确说明,由此将带给经营者较多的法律不确定性。对此,经营者可以考虑在法律允许的范围内明确更新义务的具体时间范围。[110]原因在于,《德国民法典》第327h条允许当事人在一定条件下可以另行达成约定,在合同订立之时,第327h条采纳了欧盟指令鉴于条款第49条的要求,当事人可以通过打勾等方式来达成个别的、明确的(明示)约定。根据《德国民法典》第327h条之规定,"如果消费者在作出合同声明之前已被明确告知"并对此(经营者设定的

---

〔109〕参见德国《关于转化提供数字内容和数字服务的合同法特定方面指令的法律草案》"立法理由"对第327f条第1款之论证。Deutscher Bundestag, *Begründung, Gesetzentwurf der Bundesregierung, Entwurf eines Gesetzes zur Umsetzung der Richtlinie über bestimmte vertragsrechtliche Aspekte der Bereitstellung digitaler Inhalte und digitaler Dienstleistungen*, BT-Drucksache 19/27653, 17.03.2021, S. 59.

〔110〕Kristina Schreiber, "Ein neues Vertragsrecht für digitale Produkte", *MMR*, 2021, Heft 8, S. 602.

更新期间)明确单独表示同意的话,那么就允许对偏离法定的更新义务进行特殊约定。有观点指出,也可以对更新期间进行单独约定,例如通过附加的"点击框"以突出通知的方式进行单独确认。[111]此外,倘若更新引发数字产品的质量下降,法律上应作何评价,新规则也没有明确回应。[112]

三、"数字产品合同"新规则的技术性评价

《德国民法典》以概念抽象、定义简明、符合逻辑的立法技术见长,但对《德国民法典》第327条至第327u条的"数字产品合同"规则,法技术上应作何评价? 对此,德国学界立场分歧,褒贬不一。有学者认为,在缺乏司法判决的情况下,目前的"数字产品合同"新规则,看上去略显怪异和夸张,但随着社会生活数字化的进一步发展,新规则的意义将愈发凸显。[113]有批评认为,《数字内容指令》将数字内容合同界定为双务合同,这种类型界定以传统销售链为基础,但现实的网络销售行为则常常体现为多方合同,将新规则纳入双务合同,与交易实践不符。[114]

---

〔111〕Kristina Schreiber, "Ein neues Vertragsrecht für digitale Produkte", *MMR*, 2021, Heft 8, S. 602.

〔112〕德国学者Frank Rosenkranz也对更新引发的质量下降提出了类似疑虑。See Frank Rosenkranz, "Spezifische Vorschriften zu Verträgen über die Bereitstellung digitaler Produkte im BGB", *ZUM*, 2021, Heft 2, S. 211.

〔113〕Hans Brox/Wolf-Dietrich Walker, *Allgemeines Schuldrecht*, C.H.Beck, 2023, 47. Auflage, S. 224, Rn. 61.

〔114〕[德]Beate Gsell:《欧盟(EU)2019/770号指令针对数位内容及服务提供契约之特定契约法面向》, Matthias Veicht(方旭天)译,载《月旦民商法杂志》2020年总第68期,第177页。

　　诚然，某种程度上，欧盟《数字内容指令》用语繁琐、表达冗长，甚至有失精准，但欧盟此种立法表达，多基于如下考量：立法者为了尽可能准确表达数字内容和数字服务的技术特征，而采用较为细致的、具有技术性或描述性的语言表达方式。这种立法特色，也导致《德国民法典》的"数字产品合同"新规则，需要如实反映指令的技术要素，以满足完全协调的转化要求。体现在"数字产品合同"新规则上，如下两项技术性调整颇具特色：其一，"与合同相符"概念，着重强调给付的时间维度；其二，"产品瑕疵"概念，凸显瑕疵的客观要件，将之提升到与主观要件同等地位。

（一）"与合同相符"概念：强调时间维度

　　作为现代合同法的一项核心概念，"与合同相符"（Vertragsmäßigkeit, conformity）又称适约性、合约性、一致性、契约适合性。[115]欧盟《数字内容指令》虽然延续了《消费品买卖指令》对适约性的基

---

　　[115]就概念表达而言，此概念系从英文conformity，德文Vertragsmäßigkeit翻译而来，目前尚未统一用语，以"与合同相符"居多。在我国，吴越早在2002年撰写的《德国债法改革对中国未来民法典的启示》一文中，就将Vertragsmäßigkeit翻译为"适约性"，杜景林、卢谌则称之为"合约性"，新近指令翻译也常见"适约性""不适约"之表达。参见吴越：《德国债法改革对中国未来民法典的启示》，朱岩编译：《德国新债法条文及官方解释》，法律出版社2003年版，第4—5页；张彤：《欧洲议会和欧盟理事会〈关于提供数字内容和数字服务合同特定方面的第2019/700(EU)号指令〉》，载《中德私法研究》第21卷，北京大学出版社2022年版，第376页；孙新宽：《论数字内容合同的权利救济体系——以欧盟〈数字内容合同指令议案〉为中心》，载《北京航空航天大学学报(社会科学版)》2017年第6期，第28—29页；[德]Beate Gsell：《欧盟(EU)2019/770号指令针对数位内容及服务提供契约之特定契约法面向》，Matthias Veicht(方旭天)译，载《月旦民商法杂志》2020年总第68期，第170页。关于"物的不适约"的用语生成之历史考察，参见武腾：《买卖标的物不适约研究》，中国政法大学出版社2017年版，第85—87页。

本界定,但相较于《欧洲共同买卖法》和《消费品买卖指令》,此前立法均未体现提供数字内容与交付货物在"与合同相符"问题上的差异,《数字内容指令》则着眼于此,立足数字技术特性,回应数字服务、数字内容的现实状况,对"与合同相符"概念进行了技术修正,强调给付的时间维度。

欧盟《数字内容指令》第6条以"数字内容或数字服务与合同相符"为题,规定"经营者应向消费者提供符合指令第7条至第9条规定的数字内容或数字服务",指令第8条第4款更是单独一款,规定"如果合同约定在一定时间内持续提供数字内容或数字服务,则在该期间内数字内容或数字服务应符合约定"。这标志着,欧盟立法者明确调整"与合同相符"概念的内涵构成,强调"持续性提供数字内容"这一给付特征。

"与合同相符"的时间维度,在于提供方式和更新义务。首先,实践中,数字内容或数字服务的提供方式,既可以是一次即时提供,也可以是在某一时间段内持续提供。在持续提供情形下,数字内容"与合同相符"的要求,就不限于特定提供时点,而应保证数字内容在某一段时间内符合合同约定。这种给付方式的区别,本质上是继续性债务关系和一时性债务关系的区别。其次,数字内容的更新,亦要求"与合同相符"概念具有时间维度。事实上,更新义务的产生时点不再仅限于"提供"时点,构成债法的一项创新。[116]《数字内容指令》第8条第2款规定,"经营者应

---

〔116〕参见德国《关于转化提供数字内容和数字服务的合同法特定方面指令的法律草案》"立法理由"对第327d条之论证。Deutscher Bundestag, *Begründung, Gesetzentwurf der Bundesregierung, Entwurf eines Gesetzes zur Umsetzung der Richtlinie über bestimmte vertragsrechtliche Aspekte der Bereitstellung digitaler Inhalte und digitaler Dienstleistungen*, BT-Drucksache 19/27653, 17.03.2021, S. 52.

确保向消费者告知并向其提供更新,以确保在一段时间内保持数字内容或数字服务与合同相符",第2款第a项进一步明确,"如果合同约定在一段期间内持续性提供,则确保所提供的数字内容或数字服务在整个期间内与合同相符"。

强调时间维度,有可能产生体系性后果,传统买卖法上的风险移转和违约责任即是其例。传统买卖法的风险移转,原则上以出卖人交付货物为移转时点。但在持续性提供数字内容的情形下,风险移转的时点就不再是一次性时间点,而是持续性状态,由此,就需要适用持续性债务关系的风险移转相关规则。此外,由于《数字内容指令》中的"与合同相符"概念适用于持续性给付,数字内容提供方的违约责任,就相应关联两种不同时间类型:一是提供数字内容的时点;二是合同约定的提供数字内容的时间段。就后者而言,《数字内容指令》第11条第3款在"经营者的责任"标题下明确规定,"如果合同约定在一段时间内持续提供,那么经营者应对在依合同提供数字内容或数字服务期限内发生的与合同不符承担责任"。而就德国民法而言,传统买卖法以一时性交换关系为原型,由此,经典违约责任的规则原型,需要对上述特点进行相应调整。

(二)产品瑕疵概念:凸显客观要件

欧盟《数字内容指令》的另一重大创新,在于修正了此前欧盟指令对"与合同相符"概念的主观要件的优先立场,采取了与欧盟《消费品买卖指令》不同的立法方式,平行规定"与合同相符"的主观要件(第7条)和客观要件(第8条),并在《数字内容指令》第8条第1款明文规定,"经营者'除遵守主观要件之外',还应(具备如下客观要件)",由此,将主客观要件居于同一顺位,适用不分先后。

回溯立法史,主客观要件孰先孰后,在"与合同相符"概念的立法过程中,并非一锤定音。立法最初以主观要件优先,后续调整后,才将客观要件居于和主观要件同等的地位。

欧盟原始的立法方案是在构造"与合同相符"概念时,采取主观要件优先的立场。2015年欧盟《数字内容指令(草案)》第6条的基本立场是主观要件优先于客观要件,这一点明显区别于《消费品买卖指令》。欧盟《数字内容指令(草案)》第6条共5款,其中第1款为主观要件,第2款为客观要件,实质上是对2019年欧盟《数字内容指令》的第6条(数字内容或数字服务与合同相符)、第7条(与合同相符的主观要求)和第8条(与合同相符的客观要求)三项规则的合一规定。欧盟《数字内容指令(草案)》第6条第1款和第3款采主观要件,规定"为符合合同约定,数字内容应当……",第6条第2款的客观标准则居于嗣后补充地位,规定"在合同未作约定时,数字内容……符合同类数字内容通常使用之目的"。但由于欧盟《数字内容指令(草案)》第6条第2款的客观要件以"合同未作约定"作为补充适用的必要前提,就不难理解,指令草案的基本立场是,若有约定,则以约定优先。欧盟委员会以主观要件为首要标准的考量在于,根据《数字内容指令(草案)》鉴于条款第18条至第21条,唯有强调主观要件,才能在使用格式条款提供数字内容的情形下,避免与知识产权产生矛盾。[117]

---

〔117〕Proposal for a Directive of the European Parliament and of the Council on Certain Aspects Concerning Contracts for the Supply of Digital Content, 09.12.2015, COM(2015) 634 final, 2015/0287 (COD).

欧盟在后续调整中，开始将客观要件置于与主观要件齐平之地位。在后续的咨询意见中，欧盟理事会未采纳关于修正草案中主观要件优先的意见，而认为，应在指令中对主客观要件分设规则。据此，客观要件通过"数字内容还需符合合同约定的须具备的品质"的规定而得到强化。此外，客观标准还增加了"数字内容须具有同类数字内容通常具备的，且消费者能合理期待的质量和其他给付特征"。这一表述与消费者保护进行了折中，"通常使用"指向市场实践标准，例如，应供应商和生产商要求进行质量或安全升级。反之，"消费者的合理期待"则从消费者视角对这种修正提出了一些批判性评价。问题当然还在于，就销售链中经营者之间的合同的最初的主观要件而言，这种潜在地改善消费者的地位的规定究竟会产生何种影响？尤其是如何避免对最末端的经营者产生不适当的负担？关于"数字内容与合同相符"的上述新规定或能通过包括许可权在内的商事领域的新立法予以化解。尽管仍有不足，但欧盟《数字内容指令》对"与合同相符"概念因应数字化的变化而言，仍有助益。此外，欧盟《数字内容指令》在鉴于条款第45条中，也对将主客观要件置于同一顺位的立法考量有所提及，立法者担心客观标准可能会因当事人的个别约定而降低，因此，指令第8条第5款规定，仅在消费者明示，并且单独接受的前提下，才允许另行约定。[118]

问题在于，主观要件和客观要件之间，也可能存在矛盾。作

---

〔118〕参见德国《关于转化提供数字内容和数字服务的合同法特定方面指令的法律草案》"立法理由"对第327e条之论证。Deutscher Bundestag, *Begründung, Gesetzentwurf der Bundesregierung, Entwurf eines Gesetzes zur Umsetzung der Richtlinie über bestimmte vertragsrechtliche Aspekte der Bereitstellung digitaler Inhalte und digitaler Dienstleistungen*, BT-Drucksache 19/27653, 17.03.2021, S. 53.

为合同客体，数字产品不仅要满足合同当事人对标的品质的主观约定，也需满足此类标的应具备的客观交易要求。但主观上，消费者通常对数字产品并无专业知识，对产品瑕疵更无明确认知；而客观上，数字产品也尚未形成明确的行业惯例。[119]

此外，产品瑕疵之判断，还受其他因素影响，数字产品本身的创新性、不同数字内容特性之间的相互影响，当属两项典型因素。

其一，数字产品的创新性会直接导致客观要件之缺位。数字内容常具有创新性，市场上可能无法获得同样或类似的数字内容，那么，一旦数字内容构成"特定物"，在判断数字内容有无瑕疵时，就缺乏客观标准，而须回溯至主观品质约定加以判断。例如，通过APP购买苹果Mac运营系统时，在判断该系统的某项功能有无瑕疵时，能否将Windows或Linux系统的同类功能纳入"瑕疵"的考量范畴？

其二，不同数字内容的各项特性会相互影响，导致瑕疵判断困难。例如，软件直接与存储空间相关，存储空间不足，软件就无法正常运行。如果从瑕疵的客观要件出发，往往难以判断，瑕疵究竟是存在于软件的数字内容，还是存在于存储空间的数字内容。[120]因此，在判定数字内容瑕疵时，就有必要在瑕疵的主观要件和客观要件之间确立一定的顺位，例如，只有在当事人就数字

〔119〕Brigitta Zöchling-Jud, *Vertragsmäßigkeit von Waren und digitalen Inhalten-(rechtzeitige) Bereitstellung digitaler Inhalte*, in: Markus Artz/Beate Gsell (Hrsg.), *Verbrauchervertragsrecht und digitaler Binnenmarkt*, Mohr Siebeck, 2018, S. 126.

〔120〕Brigitta Zöchling-Jud, *Vertragsmäßigkeit von Waren und digitalen Inhalten-(rechtzeitige) Bereitstellung digitaler Inhalte*, in: Markus Artz/Beate Gsell (Hrsg.), *Verbrauchervertragsrecht und digitaler Binnenmarkt*, Mohr Siebeck, 2018, S. 126-127.

内容的瑕疵缺乏约定之时，才需要按照客观标准判断是否存在瑕疵，这一点在《欧洲共同买卖法草案》第99条第2款中有所规定。《德国民法典》第327e条遵循了"与合同相符"的主客观要件处于同一顺位的指令要求，同时，巧妙地将如何处理主客观要件的相互矛盾问题，留给了司法裁判。

四、"数字产品合同"新规则的体系性评价

在经典的债法体系之下，对于2022年《德国民法典》第327条至第327u条的"数字产品合同"新规则，应作何评价？是否存在体系性"瑕疵"？德国将"数字产品合同"规则"提到括号前"作为公因式，在"债法总则"安置新规定，此举是否合乎民法典的体系逻辑？

欧盟《数字内容指令》立足"合同标的"设定规则，这种立法逻辑与《德国民法典》基于功能理性建构规则"金字塔"的体系逻辑，可谓"背道而驰"。欧盟以"主题式"立法见长，从1994年《消费品买卖指令》到2011年《消费者权利指令》，消费者保护领域的欧盟指令立法，总是围绕某一特定主题、特定事项、特定场景来制定规则，由此来实现欧盟"建构内部市场+加强消费者保护"的双重政策目标。《数字内容指令》亦不例外，指令规则仅针对提供数字内容或数字服务的合同，仅限于这两种合同标的类型创设规则，不详细规定经营者主给付义务的具体内容，仅以提供数字内容或数字服务作为指令适用之前提。正是基于此种立法逻辑，欧盟或者说对于欧盟立法者而言，无论是所有权移转、授予使用权，还是提供服务；不论约定之给付究竟是一次性提供，

还是在一段时间内提供，约定的给付类型并不重要，指令应适用于所有合同类型，内容则应涵盖提供数字产品规则及瑕疵担保权利。[121]

反观之，《德国民法典》以功能理性为底层价值，强调概念之抽象、定义类型之精简和法典体系的内部逻辑。原则上，《德国民法典》并未采取针对特定产品类型设置独立有名合同规则的立法方式。[122]迄今为止，德国以给付义务作为合同类型的划分依据，并无根据给付义务指向的标的种类来确定合同类型之方法。[123]例如，德国不是针对"卡车"来进行分类，而是适用关于买卖、租赁、服务合同等一般规则。也正是《数字内容指令》与《德国民法典》的立法逻辑不尽相同，使得德国在转化指令规则时，需要"冲破"不同立法逻辑的"屏障"。而对《德国民法典》的"数字产品合同"新规则的体系安排，德国学界也多有抨击。例如，有学者从合同类型论的角度出发，认为德国将新规则置于"债法

---

〔121〕参见德国《关于转化提供数字内容和数字服务的合同法特定方面指令的法律草案》"立法理由"关于四种转化方案之论证。Deutscher Bundestag, *Begründung, Gesetzentwurf der Bundesregierung, Entwurf eines Gesetzes zur Umsetzung der Richtlinie über bestimmte vertragsrechtliche Aspekte der Bereitstellung digitaler Inhalte und digitaler Dienstleistungen*, BT-Drucksache 19/27653, 17.03.2021, S. 27.

〔122〕参见德国《关于转化提供数字内容和数字服务的合同法特定方面指令的法律草案》"立法理由"关于四种转化方案之论证。Deutscher Bundestag, *Begründung, Gesetzentwurf der Bundesregierung, Entwurf eines Gesetzes zur Umsetzung der Richtlinie über bestimmte vertragsrechtliche Aspekte der Bereitstellung digitaler Inhalte und digitaler Dienstleistungen*, BT-Drucksache 19/27653, 17.03.2021, S. 27.

〔123〕Sebastian Martens, *Schuldrechtsdigitalisierung, Einführung in die Änderungen des Kauf- und Verbraucherrechts, insbesondere in die Regelungen der Verträge über digitale Produkte (§§327ff. BGB)*, C.H. Beck, 2022, S. 61.

总则"的合同通则,发挥补充规定功用,但此种转化路径,并不能妥当解决非典型合同和混合合同的问题,实践中存在与现行有名合同的类型特征不相符合的差异性规则。[124]

由于《数字内容指令》采取完全协调的立法方式,德国在转化指令时,就面临如何将指令与现行规则相协调的立法挑战。而德国在转化《数字内容指令》时,不仅在内容上严格转化指令规则,也将指令中的规范结构,纳入《德国民法典》之中。[125]

(一)《立法理由书》四种转化方案的弊端

德国在《关于转化提供数字内容和数字服务的合同法特定方面指令的法律草案》中,明确比较了逐一增补、整体转化、分解转化和单行法四种方案,本文认为四种方案各有不足。

1.方案一:在"债法分则"逐一增补规则

方案之一,是进行逐一增补,将新规则纳入"债法分则"的各典型合同规则之中。逐一增补的主要缺陷在于立法负担过重,恐导致《德国民法典》篇幅剧增、规则"臃肿",此外,还可能出现转化漏洞。具体而言,如果采取在"债法分则"的有名合同中补充新规则的转化方案,就需要在买卖、租赁、服务和承揽合同中,分别增补相关的瑕疵担保规则,这将使指令转化的立法工作量成

---

〔124〕〔德〕Beate Gsell:《欧盟(EU)2019/770号指令针对数位内容及服务提供契约之特定契约法面向》,Matthias Veicht(方旭天)译,载《月旦民商法杂志》2020年总第68期,第177页。

〔125〕Sebastian Martens, *Schuldrechtsdigitalisierung, Einführung in die Änderungen des Kauf- und Verbraucherrechts, insbesondere in die Regelungen der Verträge über digitale Produkte (§§327ff. BGB)*, C.H. Beck, 2022, S. 61.

倍增加。[126]此外,由于欧盟《数字内容指令》对数字产业持开放立场,指令也适用于目前无法预见的新商业模式,指令规则自然应能适用于未来可能出现的新型合同。因此,为了防止出现转化漏洞,德国的转化规则还应适用于非典型合同和混合合同,但目前《德国民法典》"债法分则"的有名合同,可能也可以覆盖未来的新型商业模式。[127]逐一增补的转化方案不仅难以处理有名合同与混合合同的关系,更与所有合同类型统一适用"提取到括号前"的债总规则的传统思路相矛盾。

2.方案二:在"债法分则"新设一类典型合同

方案之二,是进行整体转化,在"债法分则"中新设一种有名合同。[128]此种方案的缺陷在于,在"债法分则"中,根据约定的给付类型确定具体的合同类型,这似乎并不可行,可能与"债

---

〔126〕参见德国《关于转化提供数字内容和数字服务的合同法特定方面指令的法律草案》"立法理由"关于第一种转化方案之论证。Deutscher Bundestag, *Begründung, Gesetzentwurf der Bundesregierung, Entwurf eines Gesetzes zur Umsetzung der Richtlinie über bestimmte vertragsrechtliche Aspekte der Bereitstellung digitaler Inhalte und digitaler Dienstleistungen*, BT-Drucksache 19/27653, 17.03.2021, S. 26.

〔127〕参见德国《关于转化提供数字内容和数字服务的合同法特定方面指令的法律草案》"立法理由"关于四种转化方案之论证。Deutscher Bundestag, *Begründung, Gesetzentwurf der Bundesregierung, Entwurf eines Gesetzes zur Umsetzung der Richtlinie über bestimmte vertragsrechtliche Aspekte der Bereitstellung digitaler Inhalte und digitaler Dienstleistungen*, BT-Drucksache 19/27653, 17.03.2021, S. 27.

〔128〕在"债法分则"确立合同新类型之见解,例如, Axel Metzger, "Verträge über digitale Inhalte und digitale Dienstleistungen: Neuer BGB-Vertragstypus oder punktuelle Reform?", *JZ*, 2019, Heft 12, S. 586; Charlotte Wendland, "Abtretungen und Verbraucherschutz unter der Rom I-Verordnunginhalt", *ZvglRWiss*, 2019, Heft 4, S. 422f。

法分则"的规范结构存在矛盾。[129]欧盟《数字内容指令》并未规定能与买卖、租赁相并列的统一、独立的合同类型,也未规定给付义务的合同正当性,而是直接作为前提预设,因此,无论约定的给付类型为何,只要其与提供数字内容或数字服务相关,指令即可适用。[130]内容上,相较于既有的有名合同,由于欧盟《数字内容指令》的给付义务内容多样,规则内容欠缺典型的交易原型,这导致"提供数字内容或数字服务的合同"在法律适用上,难以形成一种典型模式。[131]德国在转化指令时,需要涵盖一次性给付和持续性给付提供数字内容或数字服务两种形态,法律适用的类型取向自然可能关联数字内容的买卖合同、租赁合同或是数字服务合同,但若是针对数字内容或数字服务创建一种独立的有名

---

〔129〕关于典型合同功能的深入研究,参见周江洪:《典型合同原理》,法律出版社2023年版,第19—21页。

〔130〕参见德国《关于转化提供数字内容和数字服务的合同法特定方面指令的法律草案》"立法理由"关于四种转化方案之论证。Deutscher Bundestag, *Begründung, Gesetzentwurf der Bundesregierung, Entwurf eines Gesetzes zur Umsetzung der Richtlinie über bestimmte vertragsrechtliche Aspekte der Bereitstellung digitaler Inhalte und digitaler Dienstleistungen*, BT-Drucksache 19/27653, 17.03.2021, S. 27.

〔131〕参见德国《关于转化提供数字内容和数字服务的合同法特定方面指令的法律草案》"立法理由"关于四种转化方案之论证。Deutscher Bundestag, *Begründung, Gesetzentwurf der Bundesregierung, Entwurf eines Gesetzes zur Umsetzung der Richtlinie über bestimmte vertragsrechtliche Aspekte der Bereitstellung digitaler Inhalte und digitaler Dienstleistungen*, BT-Drucksache 19/27653, 17.03.2021, S. 27.

合同,恐怕与"债法分则"的既有规范结构不相符合。[132]

3.方案三:在"债法分则"新设若干类典型合同

方案之三,是分解转化,即在"债法分则"中新设若干有名合同。该方案是指在"债法分则"中,引入几种新的合同类型,例如,区分终局性或一时性提供数字内容合同。但是,区分终局性(永久提供)或一时性(暂时提供)合同,既无法依托于任何业已存在的交易原型(Leitbild),也不以实践中的给付方式、给付内容为依据,甚至可能无法涵盖合同类型的未来发展,难以满足《数字内容指令》对技术发展的未来面向,存在不完全转化指令的转化漏洞风险。[133]

4.方案四:另设单行法

方案之四,是另设单行法。[134]欧盟的一些其他成员国可能

---

〔132〕参见德国《关于转化提供数字内容和数字服务的合同法特定方面指令的法律草案》"立法理由"关于四种转化方案之论证。Deutscher Bundestag, *Begründung, Gesetzentwurf der Bundesregierung, Entwurf eines Gesetzes zur Umsetzung der Richtlinie über bestimmte vertragsrechtliche Aspekte der Bereitstellung digitaler Inhalte und digitaler Dienstleistungen*, BT-Drucksache 19/27653, 17.03.2021, S. 27.

〔133〕参见德国《关于转化提供数字内容和数字服务的合同法特定方面指令的法律草案》"立法理由"关于四种转化方案之论证。Deutscher Bundestag, *Begründung, Gesetzentwurf der Bundesregierung, Entwurf eines Gesetzes zur Umsetzung der Richtlinie über bestimmte vertragsrechtliche Aspekte der Bereitstellung digitaler Inhalte und digitaler Dienstleistungen*, BT-Drucksache 19/27653, 17.03.2021, S. 27.

〔134〕在《德国民法典》之外制定单行法之观点,例如, Andreas Sattler, "Neues EU-Vertragsrecht für digitale Güter-Die Richtlinie (EU) 2019/770 als Herausforderung für das Schuld-, Urheber- und Datenschutzrecht", *CR*, 2020, Vol. 36, Issue 3, S. 153。

选择以这种方式转化指令。[135]就德国而言,尤其是20世纪90年代,也曾有制定单行法转化欧盟与消费者合同相关指令的立法先例。[136]但在2002年德国的债法改革中,立法者为了提高私法秩序的透明度和可理解性,最终决定将欧盟关于消费者合同法的指令规则,纳入《德国民法典》,而当时放弃单行法的立法理由,在今日仍然适用。[137]

5.最终方案:在"债法总则"新设规则

最终方案是"提取到括号前",在"债法总则"设定规则。德国采取了"法典内转化"的模式,这一点与荷兰类似,但并不赞同荷兰将新规则置于"债法分则"的作法,而是以"提取到括号

---

〔135〕参见德国《关于转化提供数字内容和数字服务的合同法特定方面指令的法律草案》"立法理由"关于四种转化方案之论证。Deutscher Bundestag, *Begründung, Gesetzentwurf der Bundesregierung, Entwurf eines Gesetzes zur Umsetzung der Richtlinie über bestimmte vertragsrechtliche Aspekte der Bereitstellung digitaler Inhalte und digitaler Dienstleistungen*, BT-Drucksache 19/27653, 17.03.2021, S. 27.

〔136〕参见德国《关于转化提供数字内容和数字服务的合同法特定方面指令的法律草案》"立法理由"关于四种转化方案之论证。Deutscher Bundestag, *Begründung, Gesetzentwurf der Bundesregierung, Entwurf eines Gesetzes zur Umsetzung der Richtlinie über bestimmte vertragsrechtliche Aspekte der Bereitstellung digitaler Inhalte und digitaler Dienstleistungen*, BT-Drucksache 19/27653, 17.03.2021, S. 27.

〔137〕德国2002年债法改革将消费者保护法纳入《德国民法典》的立法理由,参见Deutscher Bundestag, *Begründung, Entwurf eines Gesetzes zur Modernisierung des Schuldrechts*, Drucksache 14/6040, 14.05.2001, S. 97; 2022年德国转化《数字内容指令》的立法考量,参见德国《关于转化提供数字内容和数字服务的合同法特定方面指令的法律草案》"立法理由"关于四种转化方案之论证。Deutscher Bundestag, *Begründung, Gesetzentwurf der Bundesregierung, Entwurf eines Gesetzes zur Umsetzung der Richtlinie über bestimmte vertragsrechtliche Aspekte der Bereitstellung digitaler Inhalte und digitaler Dienstleistungen*, BT-Drucksache 19/27653, 17.03.2021, S. 27.

前"(vor die Klammer ziehen)作为最终立法方案，将新规则纳入"债法总则"，将指令转化为《德国民法典》第二编第三章"债法总则"的特殊规则。[138]这也表明，德国原则上赞同欧盟对实质内容的处理模式，指令的转化规则，不应创设或纳入任何具体的合同类型，新设有名合同，既无必要，也不适当。[139]在德国司法实践中，欧盟《数字内容指令》所涉内容多体现为消费者合同中的格式条款，相关争议可以通过直接适用或类推适用"债法分则"规则加以解决。并且，争议焦点主要涉及软件销售商业模式的合同定性，以及软件是否构成民法上的"物"这一前提问题，对此，法院能够基于现行规则框架予以澄清和明确。[140]

德国采取"提取到括号前"方案的核心理由，在于欧盟《数

---

〔138〕参见德国《关于转化提供数字内容和数字服务的合同法特定方面指令的法律草案》"立法理由"关于四种转化方案之论证。Deutscher Bundestag, *Begründung, Gesetzentwurf der Bundesregierung, Entwurf eines Gesetzes zur Umsetzung der Richtlinie über bestimmte vertragsrechtliche Aspekte der Bereitstellung digitaler Inhalte und digitaler Dienstleistungen*, BT-Drucksache 19/27653, 17.03.2021, S. 27; Gerald Spindler, "Umsetzung der Richtlinie über digitale Inhalt in das BGB, Schwerpunkt 1: Anwendungsbereich und Mangelbegriff", *MMR*, 2021, Heft 6, S. 451.

〔139〕参见德国《关于转化提供数字内容和数字服务的合同法特定方面指令的法律草案》"立法理由"。Deutscher Bundestag, *Begründung, Gesetzentwurf der Bundesregierung, Entwurf eines Gesetzes zur Umsetzung der Richtlinie über bestimmte vertragsrechtliche Aspekte der Bereitstellung digitaler Inhalte und digitaler Dienstleistungen*, BT-Drucksache 19/27653, 17.03.2021, S. 24.

〔140〕参见德国《关于转化提供数字内容和数字服务的合同法特定方面指令的法律草案》"立法理由"。Deutscher Bundestag, *Begründung, Gesetzentwurf der Bundesregierung, Entwurf eines Gesetzes zur Umsetzung der Richtlinie über bestimmte vertragsrechtliche Aspekte der Bereitstellung digitaler Inhalte und digitaler Dienstleistungen*, BT-Drucksache 19/27653, 17.03.2021, S. 24.

字内容指令》未与任何特定合同类型相关联,指令规则围绕合同本身的规范对象(合同内容)展开,《数字内容指令》鉴于条款第12条明确规定,"指令不影响提供数字内容或数字服务合同的法律性质……合同是否构成买卖、服务、租赁合同或混合合同,留待成员国自行规定",指令未将合同界定为任何一种有名合同,若将新规则置于"债法分则",新设合同类型时就很难确定特征性给付的具体内涵,也很容易与既有的有名合同产生交叉,徒增规则适用成本。[141]与放弃合同类型化的欧盟立场类似,弗洛里安•福斯特(Florian Faust)也在专家意见中认为,应通过司法判例,来为大量的混合合同和非典型合同设定新的类型。[142]

(二)"提取到括号前"方案的缺陷

在"法典内转化"模式下,德国将数字产品合同新规则"提取到括号前",提取为"债法总则"的公因式,这一规范模式有其合理之处。"提取到括号前"能够最大限度地避免民法典在典型合同的规则重复,保持新规则的规模精简。对于法典化的国家而言,此种规范模式有其可借鉴之处。但问题在于:这种立法方式

---

〔141〕Gerald Spindler, "Umsetzung der Richtlinie über digitale Inhalt in das BGB, Schwerpunkt 1: Anwendungsbereich und Mangelbegriff", *MMR*, 2021, Heft 6, S. 451;参见德国《关于转化提供数字内容和数字服务的合同法特定方面指令的法律草案》"立法理由"对第327条之论证。Deutscher Bundestag, *Begründung, Gesetzentwurf der Bundesregierung, Entwurf eines Gesetzes zur Umsetzung der Richtlinie über bestimmte vertragsrechtliche Aspekte der Bereitstellung digitaler Inhalte und digitaler Dienstleistungen*, BT-Drucksache 19/27653, 17.03.2021, S. 38.

〔142〕Gerald Spindler, "Digital Wirtschaft-analoges Rechts: Braucht das BGB ein Update?", *JZ*, 2016, Heft 17, S. 810.

能否妥当回应数字产品的特殊性?[143]有何风险?

1.法典体例之破坏

"提取到括号前"的立法方案,对德国而言并非新事。早在 2002年的德国债法改革中,出于规则透明度和可理解性之考量, 立法者有意识地将所有消费者合同规则纳入《德国民法典》。[144] 问题在于,《德国民法典》以"总分则"体例享誉世界,被认为是 全球立法之典范。但在欧盟指令规则的屡次冲击之下,以体系结 构著称的《德国民法典》,却在当下变得面貌模糊、结构不清。在 "债法总则"嵌入"数字产品合同"规则的解决方案,使欧盟"数 字产品合同"的"主题式"立法,再一次"填充"了《德国民法典》 规则,以逻辑和均衡著称的《德国民法典》规则体系,也再次因 为欧盟指令转化而被"膨胀"。[145]《德国民法典》第327—327u 条的"数字产品合同"的新规则也成为了庞然大物。《德国民法 典》确立的"总分则"体例,意味着立法者在"债法总则"确立的 是一般规则和嗣后适用的规则,在"债法分则"设置特别规则和 优先适用的规则,在"总分则"体例下,规范适用上遵循"特别法 优先"(lex specialis)的基本原则。[146]但"数字产品合同"新规则

---

〔143〕德国法上类似讨论,参见Michael Grünberger, "Verträge über digitale Güter", *AcP*, 2018, Heft 2-4, S. 214-216。

〔144〕Hans Brox/Wolf-Dietrich Walker, *Allgemeines Schuldrecht*, C.H.Beck, 2023, 47. Auflage, S. 224-225, Rn. 63.

〔145〕Hans Brox/Wolf-Dietrich Walker, *Allgemeines Schuldrecht*, C.H.Beck, 2023, 47. Auflage, S. 224-225, Rn. 63.

〔146〕Klaus Tonner/Christoph Brömmelmeyer, *Schuldrecht Besonderer Teil: Vertragliche Schuldverhältnisse*, Nomos, 5. Auflage, 2022, S. 33, Rn. 3.

却在某种程度上打破了前述规范结构。数字产品合同,是指提供数字内容或数字服务,并以支付报酬为对待给付的合同,当提供方是经营者,相对方是消费者时,即构成《德国民法典》第327—327s条意义上的消费者合同,以"数字产品"为标的的消费者合同,在规范适用上,就会出现"债法总则"优先适用于"债法分则"的基本格局,这与法典的"总分则"体例,显然存在冲突。[147]

2.格式条款控制的原型缺失

欧盟立法者的基本立场,是放弃合同类型化。欧盟《数字内容指令》鉴于条款第12条直言不讳,"指令不影响提供数字内容或数字服务合同的法律性质……合同是否构成买卖、服务、租赁合同或混合合同,由成员国自行规定"。欧盟《数字内容指令》毋宁聚焦于给付内容和瑕疵概念,不把提供数字内容或数字服务的合同界定为任何一种特定合同类型,也不要求成员国专门针对数字内容创建新的合同类型。[148]这更多的是欧盟的政策考量,为成员国民法或合同法的多元性提供充分空间。然而,放弃合同类型化的立法进路,亦不完美,亦有"隐忧"。放弃合同类型化之立场,并不能改变如下事实:必须对基本类型加以分类,由此,方能

---

〔147〕Klaus Tonner/Christoph Brömmelmeyer, *Schuldrecht Besonderer Teil: Vertragliche Schuldverhältnisse*, Nomos, 5. Auflage, 2022, S. 34, Rn. 3.

〔148〕Gerald Spindler, "Digital Wirtschaft-analoges Rechts: Braucht das BGB ein Update?", *JZ*, 2016, S. 806; 参见德国《关于转化提供数字内容和数字服务的合同法特定方面指令的法律草案》"立法理由"对第327条之论证。Deutscher Bundestag, *Begründung, Gesetzentwurf der Bundesregierung, Entwurf eines Gesetzes zur Umsetzung der Richtlinie über bestimmte vertragsrechtliche Aspekte der Bereitstellung digitaler Inhalte und digitaler Dienstleistungen*, BT-Drucksache 19/27653, 17.03.2021, S. 38.

为格式条款法上的内容控制提供类型原型,倘若立法放弃了合同类型化,而实践中,数字产品合同又常以格式条款的形式出现,那么,在欠缺一个明确界定的合同类型原型的情况下,格式条款的内容控制就存在障碍。[149]有学者明确指出,德国只有对欧盟《数字内容指令》1:1对照转化,严格限于指令内容转化,德国才有可能在《德国民法典》第307条规定的不同合同类型的基础上,维持对数字内容合同的"原型控制"(Leitbildkontrolle)。[150]

结语:数字时代民法典"更新"的双重风险

数据流通基础制度的立法探索,呈现全球同步的节奏。世界主要国家和地区,都致力于探索数字市场、数据交易的法律规则,试图在"法律竞争"[151]中抢占先机。

欧盟数字交易立法虽先行一步,却先天不足。受制于《欧洲联盟条约》第5条第2款的有限单一授权原则,欧盟在私法领域的立法权限仅限于消费者保护、公司法、反垄断法、劳动法等特定授权领域。[152]换言之,欧盟以保护性立法为主,而作为基础规则的交易规则,却因为缺乏全面授权导致立法缺位。正因为缺乏数字经济领域的一般性立法权限,欧盟在数字市场的交易规则立

---

〔149〕Gerald Spindler, "Digital Wirtschaft-analoges Rechts: Braucht das BGB ein Update?", *JZ*, 2016, Heft 17, S. 806, 811.

〔150〕Gerald Spindler, "Digital Wirtschaft-analoges Rechts: Braucht das BGB ein Update?", *JZ*, 2016, Heft 17, S. 806.

〔151〕参见金晶:《欧盟的规则,全球的标准?——数据跨境流动监管的"逐顶竞争"》,载《中外法学》2023年第1期,第46—65页。

〔152〕参见《欧洲联盟运行条约》第50条、第81条、第114条、第153条、第169条。

法上"捉襟见肘",无权制定全面综合的基础性规则。《数字内容指令》的一系列规定,旨在强化内部市场的消费者保护水平,[153]仍是保护性规则,绝非纯粹中立的交易规则。

德国虽保持立法节制姿态,但仍固守传统瑕疵担保法的理论体系,在法典内部转化指令,强作调整。数字产品合同新规则,事实上是给诞生于工业时代的《德国民法典》的经典体系,打上了一片数字时代的异色"补丁"。诚然,德国未借修法之机大肆更新《德国民法典》,仅是1:1转化《数字内容指令》,新规则甚至原样采纳指令的规范方法、规则结构和术语表达。至于指令未涉足之规则领域,例如,数据交易的一般性规则,德国保持缄默。但即便德国刻意保持立法节制,仅在法典内作最小程度的修正,仍无法改变新规则对《德国民法典》进行"补丁式"更新之本色。数字产品合同的特殊瑕疵担保规则,给经典的潘德克顿体系带来了新的一击:德国仍陷于"瑕疵"的类型化起点,创造了"产品瑕疵"和"数字产品"概念,试图以更宽泛、复杂的法律定义和构成要件,来涵盖所有新的交易,但此举与类型化、抽象化的法典编纂思路,相去甚远。面对《数字内容指令》的新规则,德国并无完美的安置方案,而仅能劣中选优,在"债法总则"设置数字产品合同特殊规则,但在"债法总则"的一般规则中大幅植入消费者保护的特殊规则,打破了"特殊到一般"的规则体系,冲击了传统民法的总分则体例,也冲击了经典债法的抽象逻辑体系。潘德克顿体系下《德国民法典》的数字化更新,可谓"积重难返"。

---

〔153〕欧盟《数字内容指令》仅适用于消费者合同,是基于欧盟在合同法方面发布相应指令之立法权限。See Sascha Stiegler, "Indizwirkung der §§327 ff. BGB für den unternehmerischen Geschäftsverkehr?", *MMR*, 2021, Heft 10, S. 753.

欧盟法和民族法典之间的张力关系，在数字时代进一步加剧，甚至欧盟数字市场立法，正在给以《德国民法典》为代表的欧洲大陆民族法典，带来新一轮破坏。欧盟以主题式立法为特色，从《消费品买卖指令》到《数字内容指令》，从《数字服务法》[154]到《数据治理法》，欧盟立法系针对特殊事项、为解决特定问题所设。不同的是，《德国民法典》基于功能理性建构法律"金字塔"，以类型化、抽象逻辑为根基。《德国民法典》的体系建构并非从实际现象出发，而是以具体法律问题为最小单元。若以结果论，即便没有"数字产品合同"新规则，适用《德国民法典》现行规范，在很大程度上也能得出与《数字内容指令》规则相同之结果，但德国转化的指令规则，无疑将突破现行法典体系。[155]"产品瑕疵"和"数字产品合同"新概念，难谓"债法总则"的新的适格"公因式"，实质是在"公分母"（一般规则）中嵌入"分子"（特殊规则）。经营者的更新义务是一项新的瑕疵担保规则，但若论及当事人的利益格局，亦有经营者负担过重之嫌。"产品瑕疵"规范群看似延续了给付障碍法的"救济进路"立法模式，但新规则的"双重优先适用"属性，挑战着"一般到特殊"的现行给付障碍法体系。风险更在于，将新规则置于成文法典，法典化不仅会很快

---

〔154〕欧盟《数字服务法》的前沿研究，参见王天凡：《数字平台的"阶梯式"监管模式：以欧盟〈数字服务法〉为鉴》，载《欧洲研究》2023年第2期，第50—77页。

〔155〕Florian Faust, *Digitale Wirtschaft-Analoges Recht: Braucht das BGB ein Update ? Gutachten A zum 71. Deutschen Juristentag*, in: Ständigen Deputation des Deutschen Juristentages (Hrsg.), *Verhandlungen des 71. Deutschen Juristentages Essen 2016, Band I Gutachten*, C.H.Beck, 2016, S. A 88.

过时,也将无法跟上商业模式创新周期的步伐。[156]对《德国民法典》百年经典体系而言,日新月异的欧盟指令恐将成为一种极富侵略性的"外来物"。

数字时代的民法典"更新",面临结构冲突和价值冲突的双重风险。诚如苏永钦教授所言,"应当只把一般性、不涉及公共政策的规定留在民法典,涉及公共政策的往外丢,例如,消费者保护处理的民事关系,就不是民法典需要管的问题"。[157]欧盟有限授权立法的结果是,作为保护法的例外规则与日俱增,消费者保护规则膨胀,而作为交易法的一般规则并无建树。对成员国而言,保护性规则的立法转化任务,如《德国民法典》,就体现为愈发增多的消费者保护规则与少有改动的任意性交易规则之间的结构失衡。这种结构失衡进一步触发价值冲突,数字交易领域的消费者保护规则,再次冲击以平等主体为基本预设的民法典价值基础。消费者保护规则,本应构成以平等主体、平等保护为基础的民事规则之例外,以平等主义作为价值根基的民事法律,仅在有特殊保护之必要时,方为例外情形,明文设定相应的保护性规则。但在欧盟法的外部压力之下,例外规则"反客为主",成为了《德国民法典》的立法新素材。若德国疲于应对欧盟法转化的压力,无法从中抽身,就失去了将立法焦点集中于数字经济领域一般交易规则立法考量之机会。德国学者弗洛里安·福斯特指出,民法"更新"应恪守两项基本原则:第一,若现行法足够灵活,足

---

〔156〕Gerald Spindler, "Digital Wirtschaft-analoges Rechts: Braucht das BGB ein Update?", *JZ*, 2016, Heft 17, S. 810.

〔157〕苏永钦:《只恐双溪舴艋舟,载不动许多愁》,载《厦门大学法律评论》,总第三十二辑,厦门大学出版社2021年版,第18页。

以涵盖数字内容特性，就无必要专门制定一般规则；第二，若欲创设法律规则，则须立足数字产品特性理性为之。[158]因此，数字时代的民法典更新，其功能定位，仍要继续反对大幅引入保护性规则，而应当尽可能地设置一般性规则。

立法者的任务，绝非紧随每一次技术革新，在立法上"亦步亦趋"。若任由立法者随技术变革应声而动，那么身处瞬息万变的技术创新时代，民法典更新的节奏恐将难以追及技术变革的脚步。立法者不应关注时下涌现的某个具体的实际问题来制定特殊规则，这些规则不仅会很快过时，甚至根本跟不上数字技术更迭的脚步。

本章参考文献

◎中文文献

1.[德]Beate Gsell：《欧盟(EU)2019/770号指令针对数位内容及服务提供契约之特定契约法面向》，Matthias Veicht(方旭天)译，载《月旦民商法杂志》2020年总第68期。

2.[德]Reinhard Zimmermann：《欧洲合同法原则第三部分》，朱岩译，载《华东政法学院学报》2004年第6期。

3.金晶：《欧盟的规则，全球的标准？——数据跨境流动监管的"逐顶竞争"》，载《中外法学》2023年第1期。

4.林洹民：《数字服务合同单方变更权之规制》，载《现代法学》2023年第2期。

---

[158] Gerald Spindler, "Digital Wirtschaft-analoges Rechts: Braucht das BGB ein Update?", *JZ*, 2016, Heft 17, S. 806.

5.《欧盟消费者权利指令(2011/83/EU指令)》,张学哲译,载《中德私法研究》第9卷,北京大学出版社2013年版。

6.《欧洲合同法原则》,韩世远译,载《外国法译评》1999年第1期。

7.《欧洲合同法原则(续)》,韩世远译,载《外国法译评》1999年第2期。

8.欧洲民法典研究组/欧盟现行私法研究组编著:《欧洲私法的原则、定义与示范规则:欧洲示范民法典草案(全译本)》,法律出版社2014年版。

9.《欧洲议会和欧盟理事会〈关于提供数字内容和数字服务合同特定方面的第2019/700(EU)号指令〉》,张彤译,载《中德私法研究》第21卷,北京大学出版社2022年版。

10.苏永钦:《只恐双溪舴艋舟,载不动许多愁》,载《厦门大学法律评论》总第三十二辑,厦门大学出版社2021年版。

11.孙新宽:《论数字内容合同的权利救济体系——以欧盟〈数字内容合同指令议案〉为中心》,载《北京航空航天大学学报(社会科学版)》2017年第6期。

12.王天凡:《数字平台的"阶梯式"监管模式:以欧盟〈数字服务法〉为鉴》,载《欧洲研究》2023年第2期。

13.武腾:《买卖标的物不适约研究》,中国政法大学出版社2017年版。

14.武腾:《数据交易的合同法问题研究》,法律出版社2023年版。

15.[意]阿尔多·贝杜奇:《制定一个欧洲民法典?——〈共同参考框架草案〉(DCFR)及其历史根源》,罗智敏译,载《比较法研究》2010年第6期。

16.张彤:《欧洲一体化进程中的欧洲民法趋同和法典化研究》,载《比较法研究》2008年第1期。

17.张彤:《欧洲合同法最新发展之探析》,载《比较法研究》2009年第2期。

18.周汉华:《互操作的意义及法律构造》,载《中外法学》2023年第3期。

19.周江洪:《典型合同原理》,法律出版社2023年版。

◎外文文献

1. Andreas Sattler, "Neues EU-Vertragsrecht für digitale Güter-Die Richtlinie (EU) 2019/770 als Herausforderung für das Schuld-, Urheber- und Datenschutzrecht", *CR*, 2020, Vol. 36, Issue 3.

2. Ansgar Staudinger/Markus Artz, *Neues Kaufrecht und Verträge über digitale Produkte, Einführung in das neue Recht*, C.H.Beck, 2022.

3. Axel Metzger, "Verträge über digitale Inhalte und digitale Dienstleistungen: Neuer BGB-Vertragstypus oder punktuelle Reform?", *JZ*, 2019, Heft 12.

4. Brigitta Zöchling-Jud, *Vertragsmäßigkeit von Waren und digitalen Inhalten-(rechtzeitige) Bereitstellung digitaler Inhalte*, in: Markus Artz/Beate Gsell (Hrsg.), *Verbrauchervertragsrecht und digitaler Binnenmarkt*, Mohr Siebeck, 2018.

5. Charlotte Wendland, "Abtretungen und Verbraucherschutz unter der Rom I-Verordnunginhalt", *ZvglRWiss*, 2019, Heft 4.

6. Christiane Wendehorst, "Die neuen kaufrechtlichen Gewährleistungsregelungen-ein Schritt in Richtung unserer digitalen Realität", *JZ*, 2021, Heft 20.

7. Dirk Staudenmayer, "Die Richtlinien zu den digitalen Verträgen",

ZEuP, 2019, Heft 4.

8. Ernst Rabel, *Das Recht des Warenkaufs, Eine rechtsvergleichende Darstellung*, 2. Band, Tübingen-Berlin, 1958.

9. Florian Faust, *Digitale Wirtschaft-Analoges Recht: Braucht das BGB ein Update ? Gutachten A zum 71. Deutschen Juristentag*, in: Ständigen Deputation des Deutschen Juristentages (Hrsg.), *Verhandlungen des 71. Deutschen Juristentages Essen 2016, Band I Gutachten*, C.H.Beck, 2016.

10. Frank Rosenkranz, "Spezifische Vorschriften zu Verträgen über die Bereitstellung digitaler Produkte im BGB", *ZUM*, 2021, Heft 2.

11. Gerald Spindler, "Digital Wirtschaft-analoges Rechts: Braucht das BGB ein Update?", *JZ*, 2016, Heft 17.

12. Gerald Spindler, "Umsetzung der Richtlinie über digitale Inhalt in das BGB, Schwerpunkt 1: Anwendungsbereich und Mangelbegriff", *MMR*, 2021, Heft 6.

13. Gerhard Wagner/Reinhard Zimmermann, "Vorwort: Sondertagung der Zivilrechtslehrervereinigung zum Vorschlag für ein Common European Sales Law", *AcP*, 2012, Heft 4-5.

14. Hans Brox/Wolf-Dietrich Walker, *Allgemeines Schuldrecht*, C.H.Beck, 2023, 47. Auflage.

15. Hilke Herrchen, "Die Transformation des deustchen Privatrechts", *NJW*, 2022, Heft 43.

16. Horst Eidenmüller/Nils Jansen/Eva-Maria Kieninger/Gerhard Wagner/Reinhard Zimmermann, "Der Vorschlag für eine Verordnung über ein Gemeinsames Europäisches Kaufrecht-Defizite der neuesten Textstufe des europäischen Vertragsrechts", *JZ*, 2012, Heft 6.

17. Ivo Bach, "Neue Richtlinien zum Verbrauchsgüterkauf und zu Verbraucherverträgen über digitale Inhalte", *NJW*, 2019, Heft 24.

18. Klaus Tonner/Christoph Brömmelmeyer, *Schuldrecht Besonderer Teil: Vertragliche Schuldverhältnisse*, Nomos, 5. Auflage, 2022.

19. Kristina Schreiber, "Ein neues Vertragsrecht für digitale Produkte", *MMR*, 2021, Heft 8.

20. Laura Somaini, "Regualting the Dynamic Concept of Non-Personal Data in the EU: From Ownership to Portability", *European Data Protection Law Review*, 2020, Vol. 6, Issue 1.

21. Lea Katharina Kumkar, "Herausforderungen eines Gewährleistungsrechts im digitalen Zeitalter", *ZfPW*, 2020, Heft 3.

22. Michael Grünberger, "Verträge über digitale Güter", *AcP*, 2018, Heft 2-4.

23. Michael Stürner, "Verträge über digitale Produkte: die neuen §§ 327-327u BGB, Teil 1: Grundlagen und vertragliche Pflichten", *Juristische Ausbildung*, 2022, Vol. 44, Issue 1.

24. Nikolaus Forgo/Brigitta Zöchling-Jud, *Zivilrecht Das Vertragsrecht des ABGB auf dem Prüfstand-Das Vertragsrecht des ABGB auf dem Prüfstand: Überlegungen im digitalen Zeitalter*, Verhandlungen des 20. Österreichischen Juristentages, Manz Verlag Wien, 2018.

25. Reiner Schulze, "Die Digitale-Inhalt-Richtlinie-Innovation und Kontinuität im europäischen Vertragsrecht", *ZEuP*, 2019, Heft 4.

26. Sascha Stiegler, "Indizwirkung der §§327 ff. BGB für den unternehmerischen Geschäftsverkehr?", *MMR*, 2021, Heft 10.

27. Sebastian Martens, *Schuldrechtsdigitalisierung, Einführung in die*

Änderungen des Kauf- und Verbraucherrechts, insbesondere in die Regelungen der Verträge über digitale Produkte (§§327ff. BGB), C.H. Beck, 2022.

28. Stefan Grundmann, "Kosten und Nutzen eines optionales Europäischen Kaufrecht", *AcP*, 2012, Heft 4-5.

第五章

数据流动的法律工具

引言:数据传输作为数据流动的基本单元

数据跨境流动是技术问题,是贸易问题,更是政治经济社会问题。数据跨境流动是数字经济全球化的命脉,数据跨境流动突破了传统主权国家的地理疆界,无形地往来于世界各国的机器云端。作为国家基础性战略资源,数据跨境流动带来了前所未有的风险:关键信息基础设施运营者和批量个人信息处理者在境内收集、产生的个人数据和重要数据一旦泄露或滥用,可能严重危害国家安全和公共利益;个人数据(个人信息)在境外遭到非法使用时,受害人无法向"千里之外"的第三国有效主张法律救济;各国主管机关囿于主权原则,难以监管和处置发生于境外的数据处理活动。如何发展数字经济并确保数据流动的自由和安全,既是数字经济监管的全球挑战,也是各国数据立法的核心命题。

数据唯有流动,方能实现价值。在数据流动领域,欧盟以个人权利保护为导向的数据保护立法呈现出一定程度的范式扩张。[1]欧盟个人数据保护的基本价值随充分性认定融入日本、韩

---

〔1〕学界关于数据跨境流动的比较研究,例如,王融:《数据跨境流动政策认知与建议——从美欧政策比较及反思视角》,载《信息安全与通信保密》2018年第3期,第41—53页;刘文杰:《美欧数据跨境流动的规则博弈及走向》,载《国际问题研究》2022年第6期,第65—78页;李艳华:《隐私盾案后欧美数据的跨境流动监管及中国对策——软数据本地化机制的走向与标准合同条款路径的革新》,载《欧洲研究》2021年第6期,第25—49页;李墨丝:《中美欧博弈背景下的中欧跨境数据流动合作》,载《欧洲研究》2021年第6期,第1—24页。

国的数据法律改革之中,^{〔2〕}《一般数据保护条例》(GDPR)立法
模式一定程度地影响了我国《数据安全法》《网络安全法》《个人
信息保护法》的制度和概念。例如,《个人信息保护法》的诸多概
念、原则和规则都一定程度借鉴了GDPR:区分个人信息和敏感
个人信息、专章规定个人信息的跨境提供、将标准合同作为个人
信息跨境提供的合法方式以及确立删除权等个人主体权利。^{〔3〕}
不仅东亚国家的数据法律受到欧盟法律的广泛影响,而且全球多
国或地区的数据立法现代化进程奉GDPR为圭臬,欧盟"数据法

---

〔2〕欧盟于2019年1月23日和2021年12月17日分别通过对日本和韩国的充分
性认定。See European Commission, Implementing Decision (EU) 2019/419 of 23 Jan-
uary 2019 pursuant to Regulation (EU) 2016/679 of the European Parliament and of the
Council on the adequate protection of personal data by Japan under the Act on the Pro-
tection of Personal Information, C(2019) 304, OJ L 76, 19.03.2019, p. 1-58; European
Commission, Commission Implementing Decision (EU) 2022/254 of 17 December 2021
pursuant to Regulation (EU) 2016/679 of the European Parliament and of the Council
on the adequate protection of personal data by the Republic of Korea under the Personal
Information Protection Act, C(2021) 9316, OJ L 44, 24.02.2022, pp. 1-90.

〔3〕学界关于个人信息保护的比较法研究,参见周汉华:《〈个人信息保护法
(草案)〉:立足国情与借鉴国际经验的有益探索》,载《探索与争鸣》2020年第11期,
第9—11页;周汉华:《探索激励相容的个人数据治理之道——中国个人信息保护
法的立法方向》,载《法学研究》2018年第2期,第3—23页;高富平:《制定一部促
进个人信息流通利用的〈个人信息保护法〉》,载《探索与争鸣》2020年第11期,第
12—14页;洪延青:《推进"一带一路"数据跨境流动的中国方案——以美欧范式
为背景的展开》,载《中国法律评论》2021年第2期,第30—36页;许可:《自由与安
全:数据跨境流动的中国方案》,载《环球法律评论》2021年第1期,第22页。

律帝国"初具雏形。[4]吊诡的是,欧盟并非数字经济"高地",其数字市场的规模与活跃度与中美两国不可同日而语,这与数据立法的"欧洲中心主义"毫不匹配。[5]反之,我国作为数据资源大国,能否以及在多大程度上借鉴欧盟立法模式,亟需立法者审慎决断。

本章以"个人数据跨境传输的欧盟标准"为视角,在欧盟基本权利保护的宏观背景下,探索欧盟数据法律范式的扩张风险。本章首先考察欧盟个人数据保护标准在欧盟政策中的定位,随后从规则建构和司法推进两个维度,提炼个人数据跨境传输中欧盟个人数据保护标准的整体适用和个别适用以及欧盟法院的司法推动,最后反思我国数据立法借鉴欧盟数据法律范式的可能风险。本章试图解决四个相互关联的问题:

第一,欧盟个人数据保护标准的政策定位是什么?

第二,欧盟个人数据保护标准是如何嵌入个人数据跨境传输的法律规则之中?

第三,欧盟法院如何推进欧盟个人数据保护标准并监管全球数据流动?

第四,欧盟数据法律范式有何扩张风险?

---

[4]例如, GDPR对智利、韩国、巴西、日本、肯尼亚、印度、加利福尼亚、印尼等其他国家或地区产生影响。See European Commission, Data protection as a pillar of citizens' empowerment and the EU's approach to the digital transition-two years of application of the General Data Protection Regulation, COM(2020) 264 final, 26.06.2020, p. 3.

[5]欧洲中心主义的相关论述,参见朱明哲:《中国近代法制变革与欧洲中心主义法律观——以宝道为切入点》,载《比较法研究》2018年第1期,第155页。

一、欧盟数据保护标准的政策定位

保护基本权利和实现内部市场,可谓欧洲一体化进程中最为古老且同等重要的两项目标。从1995年《数据保护指令》,到2016年GDPR,直至2020年《欧洲数据战略》,上述双重目标在数据跨境流动领域表现为:第一,保护基本权利,尤其是要保障与数据保护相关的基本权利;第二,实现内部市场,尤其是要实现数据的自由流动,从而建构数字单一市场。[6]

建构和推广欧盟个人数据保护标准,可谓欧盟数据立法的一项重要政策内容。以欧盟委员会的通讯文件为例,早在2010年,《欧盟个人数据保护整体方案》就提出要制定个人数据保护的国际法律标准和技术标准,将高度统一的欧盟数据保护水准视为推广欧盟标准的最佳方法。[7]2012年,《在互联世界中保护隐私:面向21世纪的欧盟数据保护框架》表明,个人数据跨境传输时,无论处理者是否位于欧盟,无论何时向欧盟公民提供商品,都应当适用欧盟的标准和规则,创建高水平的欧洲数据保护标准。[8]2017年,《全球化世界中个人数据的交换和保护》提出,GDPR提供多种数据跨境传输机制,将国际数据流动和个人保

---

〔6〕European Commission, A comprehensive approach on personal data protection in the European Union, COM(2010) 609 final, 04.11.2010, p. 1.

〔7〕European Commission, A comprehensive approach on personal data protection in the European Union, COM(2010) 609 final, 04.11.2010, pp. 15-19.

〔8〕European Commission, Safeguarding Privacy in a Connected World A European Data Protection Framework for the 21st Century, COM(2012) 9 final, 25.01.2012, pp. 10-13.

护最高水准相结合,应推广欧盟高水平的数据保护标准。[9]2020年,在《数据保护作为公民赋权的支柱和欧盟数字化转型路径:GDPR两年适用》中,欧盟委员会认为,GDPR广受国际社会欢迎,欧盟在数据保护领域的领导地位表明其可以成为数字经济监管的标准制定者。[10]以冯德莱恩(Ursula von der Leyen)领衔的新一届欧盟委员会在发展欧盟数据法律标准上更为积极。2020年,欧盟委员会在《欧洲数据战略》《塑造欧洲的数字未来》和《人工智能白皮书》中提出应制定欧洲标准,推进欧洲方法,制定全球标准。[11]欧盟内部市场委员布雷顿(Thierry Breton)甚至提出,要让欧盟占据标准制定领域,成为标准的制定者。[12]

在数据流动的制度供给上,欧盟通过立法和司法,将欧盟个人数据保护标准融入顶层设计。在规则建构上,GDPR专章规定个人数据跨境传输规则,将欧盟个人数据保护水准作为数据

---

〔9〕European Commission, Exchanging and Protecting Personal Data in a Glo-balised World, COM(2017) 7 final, 10.01.2017, pp. 2-3; European Commission, Data protection rules as a trust-enabler in the EU and beyond-taking stock, COM(2019) 374 final, 24.07.2019, pp. 1-3, 11, 19.

〔10〕European Commission, Data protection as a pillar of citizens' empowerment and the EU's approach to the digital transition-two years of application of the General Data Protection Regulation, COM(2020) 264 final, 26.06.2020, pp. 3, 10, 14, 18.

〔11〕European Commission, White Paper on Artificial Intelligence-A European approach to excellence and trust, COM(2020) 65 final, 19.02.2020, pp. 8-9; European Commission, A European strategy for data, COM(2020) 66 final, 19.02.2020, p. 5; European Commission, Shaping Europe's digital future, COM(2020) 67 final, 19.02.2020, pp. 2, 13, 16.

〔12〕European Commission, Press release, Digital sovereignty: Commission kick-starts alliances for Semiconductors and industrial cloud technologies, Brussels, 19.07.2021.

保护是否得到"充分保障"的评判标准。在司法推动上,2015年Schrems I案和2020年Schrems II案型塑了数据跨境流动中欧盟法院的强监管角色。[13] 在GDPR"确保欧盟公民个人数据传输到境外时,欧盟个人数据保护随数据流动到域外"的宗旨之下,欧盟个人数据保护标准随着数据流动流向世界。

二、数据跨境流动的规则建构

规则建构层面,GDPR确立了数据跨境传输的欧盟立法范式,欧盟个人数据保护标准融入数据跨境传输的规范体系之中。具体而言,GDPR建构了数据跨境传输的"三维"体系:第一,数据传输的基本原则(GDPR第44条)确立了针对出境数据的永久最低保护标准;第二,GDPR第45条的充分性认定(adequacy decision)设定了针对特定国家"整体适用"欧盟个人数据保护标准的法律方案;第三,GDPR第46条的标准数据保护条款(standard data protection clauses)则构成针对特定商事主体"个别适用"欧盟个人数据保护标准的法律工具。

(一)数据传输的基本原则:设定数据保护最低永久标准

欧盟立法者认为,一旦超出GDPR的适用范围,就存在数据

---

〔13〕C-362/14-Schrems, Maximillian Schrems v. Data Protection Commissioner, Judgment of 06.10.2015; C-311/18-Facebook Ireland and Schrems, Data Protection Commissioner v. Facebook Ireland Limited and Maximillian Schrems, Judgment of 16.07.2020.

接收国(第三国)无限制使用数据的风险,因此,GDPR对数据跨境传输采取了"原则禁止+例外允许"的基本模式。

在规范构造上,欧盟立法者在GDPR第44条中将数据传输的基本原则(general principle for transfers)设计为"附许可保留的预防性禁止规定",即以禁止数据传输作为基本原则,仅在符合GDPR第五章的特定前提时,方才允许数据跨境传输。前述基本原则的功能在于,一方面,该原则为欧盟的出境数据确立了以欧盟保护水平为准的数据保护永久最低标准;另一方面,该原则也隐含了对数据传输的二阶审查,将数据传输合法性审查的管辖范围延长到出境数据,实现了欧盟数据保护标准的域外扩张。[14]

首先,数据传输的基本原则(GDPR第44条第2句)确立了数据保护的最低永久标准(perpetuiertes Schutzniveau),实现了个人数据保护水平的地域扩张。[15]结构上,GDPR第44条共两句,第1句明确,"就正在处理中的个人数据或拟在传输到第三国或国际组织后进行处理的个人数据,包括从第三国或国际组织再传输到其他第三国或国际组织的个人数据,控制者和处理者,仅在满足GDPR第五章的规定后,方可传输";第2句规定,"为确保GDPR所保障的对自然人的保护程度不受减损,GDPR第五章的所有规定都应适用"。GDPR第44条包含如下三项规范要素:(1)界定适格跨境传输的前提条件(第1句第1种情形);(2)所有后续

---

〔14〕关于欧盟法域外适用的相关研究,例如,蒋小红:《欧盟法的域外适用:价值目标、生成路径和自我限制》,载《国际法研究》2022年第6期,第91—107页;王燕:《数据法域外适用及其冲突与应对——以欧盟〈通用数据保护条例〉与美国〈澄清域外合法使用数据法〉为例》,载《比较法研究》2023年第1期,第187—200页。

〔15〕Boris P. Paal/Daniel A. Pauly (Hrsg.), *Datenschutz-Grundordnung*, C.H.Beck, 2021, Art. 44 Rn. 16.

传输亦适用上述前提条件(第1句第2种情形);(3)确立数据跨境传输的一般解释规则(第2句)。实质上,GDPR第44条第2句是欧盟永久保护水平理念的具体化,保证出境数据享有的保护水平不低于GDPR的数据保护水平,为第三国或国际组织的数据进口方确立了数据保护的永久最低标准。[16]

　　其次,二阶审查(GDPR第44条第1句)为数据出境建构了合法性审查框架。仅在符合GDPR所有其他规定(第一阶审查)并遵守第五章规定(第二阶审查)的前提下,方可实现数据出境。这意味着,数据跨境传输时,第一阶段审查仅针对传输本身的合法性,审查依据不仅包括传输本身涉及的法律依据,还涵盖GDPR的所有规定,但这种全面审查不涉及第三国。第二阶段审查才会考察数据传输是否满足跨境的特别要求,即数据传输的许可是否扩展到GDPR地域适用范围之外的领域。[17]换言之,数据出境时,仅符合GDPR第五章不足以构成合法性之依据,数据跨境传输不仅要满足数据保护的一般规定(GDPR第5条至第8条),还要满足涉及第三国数据处理要求的特别规定(GDPR第13条第1款第f项,第14条第1款第f项,第15条第1款第c项和第2款,第28条第3款第a项,第30条第1款第d项和第e项及第2款第c项)。[18]

―――――――――

〔16〕Boris P. Paal/Daniel A. Pauly (Hrsg.), *Datenschutz-Grundordnung*, C.H.Beck, 2021, Art. 44 Rn. 16.

〔17〕Boris P. Paal/Daniel A. Pauly (Hrsg.), *Datenschutz-Grundordnung*, C.H.Beck, 2021, Art. 44 Rn. 9-10; Thomas Zerdick, in: Eugen Ehmann/Martin Selmayer (Hrsg.), *Datenschutz-Grundordnung Kommentar*, C.H.Beck, 2018, Art. 44 Rn. 13.

〔18〕Boris P. Paal/Daniel A. Pauly (Hrsg.), *Datenschutz-Grundordnung*, C.H.Beck, 2021, Art. 44 Rn. 9.

（二）充分性认定：针对国家的整体性工具

如果将数据传输的基本原则定位为欧盟管制数据出境的框架性规范，GDPR第45条的充分性认定，则可谓欧盟法下数据跨境传输的最便利的法律工具。充分性认定是对《欧盟基本权利宪章》第8条第1款保护个人数据义务之履行，旨在确保出境数据能在欧盟境外继续延续欧盟的高水准保护，确保域外国家提供的数据保护水平与欧盟实质等同。[19]欧盟委员会以决议(decision)形式签发充分性认定，认定第三国、第三国特定区域或行业、国际组织能够确保提供充分数据保护水平(adequate level of protection)，第三国在获得充分性认定的欧盟委员会决议后，该国的数据出口方无需提供进一步的数据保护或任何其他授权，即可实现数据出境，个人数据能够自由流动到第三国。

就法律工具的功能而言，充分性认定是一种整体适用、整体审查的法律形式。具体而言，根据GDPR第45条之规定，充分性认定是对域外国家数据保护水平的全面审查，旨在认定特定第三国能否提供与欧盟相当的数据保护的充分水平。GDPR第45条意义上的充分保护水平，并不要求第三国法律制度与欧盟法相同，但要求第三国的法律制度能在事实上确保其数据保护水平与欧盟保护水平"实质相当(实质等同)"，而整体审查的判定依据不仅包括GDPR第45条第2款、GDPR鉴于条款第102条至第104条，还包括欧盟法院Schrems I案和Schrems II案判决所确立的实质审

---

〔19〕European Commission, Exchanging and Protecting Personal Data in a Globalised World, COM(2017) 7 final, 10.01.2017, p. 4.

查基准。[20]

就法律工具的适用而言,充分性认定主要借助GDPR第45条第2款的充分性认定实体标准来实现整体适用。充分性认定的实体标准包括但不限于:(1)第三国存在有效数据保护体系;(2)第三国存在有效数据保护监管和(3)国际义务。[21]三项标准中,第一项标准"第三国存在有效的数据保护体系"尤其值得关注,这一标准为欧盟委员会"变相"创设了审查域外国家法律状况的合法权限,欧盟委员会可以依据欧盟标准和欧盟基本价值,来整体实质评估第三国的法治和基本权利保护状况。首先,这是一项极为宽泛的标准,数据保护体系包括第三国的一般性或行业性的法律规范,有效的数据保护规则涵盖具有法律拘束力、满足透明度要求的规则,并且,数据保护规则不限于数据保护领域的法律规则,也包括其他领域的规则,例如公共安全、国防、国家安全和刑法领域的法律规范,还包括不具有正式法源地位的规则,例如专业规则或安全措施。[22]其次,欧盟委员会评估第三国数据保护法治状况与欧盟是否"等同"时,需要在法治、尊重人权和基本自由(《欧洲联盟条约》第1条、第2条、第3条)以及保障《欧盟基本权利宪章》的背景下,对第三国的所有数据保护专门立法和其他领域立法状况进行评估,如果第三国法律规定针对侵害相应保护领域的情形,对侵害措施的范围和适用既无清晰准确

---

〔20〕Boris P. Paal/Daniel A. Pauly (Hrsg.), *Datenschutz-Grundordnung*, C.H.Beck, 2021, Art. 45 Rn. 1b.

〔21〕Boris P. Paal/Daniel A. Pauly (Hrsg.), *Datenschutz-Grundordnung*, C.H.Beck, 2021, Art. 45 Rn. 4.

〔22〕Boris P. Paal/Daniel A. Pauly (Hrsg.), *Datenschutz-Grundordnung*, C.H.Beck, 2021, Art. 45 Rn. 4a.

规定,也未设置任何最低要求,或者对个人数据保护的限制不限于绝对必要程度或侵害了基本权利的本质内容,就不满足(第三国法律与欧盟数据保护立法的)"等同"要求。[23]因此,"第三国存在有效的数据保护体系"标准,本质上是一种裁量空间极大的实质审查。此外,欧盟还引入了第二项实体标准,即"有效的数据保护监管"标准,将实质审查的触角落到第三国的法律运行和法律救济层面。在"有效的数据保护监管"标准下,第三国仅在理论上存在数据保护监管立法远远不够,必须在实践中存在特定机构(审级)监督、执行数据保护法律的有效适用,保证遵守数据保护立法。[24]

就法律工具的效果而言,充分性认定是向第三国"整体适用"欧盟个人数据保护标准的一种法律方案,旨在确保在个人数据传输到第三国时继续提供高水平保护,确保欧盟对第三国采取协调一致的处置方式。[25]整体适用意味着,欧盟委员会签发充分性认定决议,表明欧盟官方认可该第三国具备"与欧盟兼容"的数据

〔23〕Boris P. Paal/Daniel A. Pauly (Hrsg.), *Datenschutz-Grundordnung*, C.H.Beck, 2021, Art. 45 Rn. 4c; EuGH, "Ungültigkeit der Safe-Harbor-Entscheidung der EU betreffend die USA", *NJW*, 2015, Heft 43, S. 3151ff.

〔24〕Boris P. Paal/Daniel A. Pauly (Hrsg.), *Datenschutz-Grundordnung*, C.H.Beck, 2021, Art. 45 Rn. 6; EuGH, "Ungültigkeit der Safe-Harbor-Entscheidung der EU betreffend die USA", *NJW*, 2015, Heft 43, S. 3151ff.

〔25〕Thomas Zerdick, in: Eugen Ehmann/Martin Selmayer (Hrsg.), *Datenschutz-Grundordnung Kommentar*, C.H.Beck, 2018, Art. 45 Rn. 1.

保护水平。[26]充分性认定也是欧盟自创的数据出境"白名单"机制，欧盟委员会亦可通过签发充分性认定的机会，与第三国进行建设性对话，从而在全球范围内创建高水平的"与欧盟兼容"的数据保护标准，欧盟由此成为了数据保护标准的出口方。[27]

（三）标准合同条款：针对企业的个别性工具

如果说充分性认定是欧盟对特定第三国整体适用个人数据保护标准，那么替代性数据传输工具则是个别适用欧盟个人数据保护标准的法律工具。替代性数据传输工具的适用范围虽然有限，仅适用于特定商事主体之间的特定数据传输，但更为灵活，其地理适用范围不限于特定第三国，原则上可以全球适用。[28]GDPR第46条确立了经批准的标准数据保护条款，有拘束力的公司规则(BCR)，行为准则和认证机制四类替代性数据传输

---

〔26〕European Commission, Safeguarding Privacy in a Connected World A European Data Protection Framework for the 21st Century, COM(2012) 9 final, 25.01.2012; European Commission, Exchanging and Protecting Personal Data in a Globalised World, COM(2017) 7 final, 10.01.2017; Thomas Zerdick, in: Eugen Ehmann/Martin Selmayer (Hrsg.), *Datenschutz-Grundordnung Kommentar*, C.H.Beck, 2018, Art. 45 Rn. 1.

〔27〕European Commission, Safeguarding Privacy in a Connected World A European Data Protection Framework for the 21st Century, COM(2012) 9 final, 25.01.2012; European Commission, Exchanging and Protecting Personal Data in a Globalised World, COM(2017) 7 final, 10.01.2017; Thomas Zerdick, in: Eugen Ehmann/Martin Selmayer (Hrsg.), *Datenschutz-Grundordnung Kommentar*, C.H.Beck, 2018, Art. 45 Rn. 1; Jan Philipp Albrecht, "Die EU-Datenschutzgrundverordnung rettet die informationelle Selbstbestimmung!-Ein Zwischenruf für einen einheitlichen Datenschutz durch die EU", *ZD*, 2013, Heft 12, S. 587.

〔28〕Thomas Zerdick, in: Eugen Ehmann/Martin Selmayer (Hrsg.), *Datenschutz-Grundordnung Kommentar*, C.H.Beck, 2018, Art. 46 Rn. 2.

工具。[29]根据GDPR第46条第1款之规定,当数据流向未获欧盟充分性认定的地区时,第三国的数据进口方可在"提供适当保障措施"的前提下,通过替代性数据传输工具,来实现数据国际流动。而在四类替代性数据传输工具中,标准合同条款是使用率最高的一种法律工具。

标准合同条款(standard contractual clauses),又称标准数据保护条款(standard data protection clauses),欧盟不同法律文件所用名称略异,前者多见于欧盟的标准合同条款版本,后者则为GDPR法定概念,但两者指代相同。GDPR第46条第2款使用"标准数据保护条款"概念,具体包括两类,一是欧盟委员会通过的标准数据保护条款(GDPR第46条第2款第c项),二是成员国数据保护监管机构通过的标准数据保护条款(GDPR第46条第2款第d项)。欧盟委员会通过的条款依据特定程序产生,由官方确认条款能够提供数据保护的充分保障。[30]

在条款版本上,欧盟委员会依据1995年《数据保护指令》共发布过三套标准合同条款,分别是2001年《标准合同条款的决定(第一套)》[31],2004年《替代性标准合同条款的决定(第二

---

〔29〕European Commission, Exchanging and Protecting Personal Data in a Globalised World, COM(2017) 7 final, 10.01.2017, p. 5.

〔30〕Boris P. Paal/Daniel A. Pauly (Hrsg.), *Datenschutz-Grundordnung*, C.H.Beck, 3. Aufl., 2021, Art. 45 Rn. 19.

〔31〕Commission Decision of 15 June 2001 on standard contractual clauses for the transfer of personal data to third countries, under Directive 95/46/EC, OJ L 181, 04.07.2001, pp. 19-31.

套)》[32]和2010年《针对第三国处理者的标准合同条款的决定(第
三套)》[33]。[34]2021年6月4日,欧盟委员会发布最新版本条款,
取代了上述旧的三套条款,新版条款采用了"标准合同条款"称
谓,统一为"一套条款+内含四种模块",适用于欧盟或欧洲经济
区内的数据控制者或处理者进行的跨境传输,旧的三套条款自
2021年9月27日起废止。[35]

　　数据跨境传输上,欧盟现行标准合同条款包含控制者到控制
者、控制者到处理者、处理者到处理者和处理者到控制者四种传
输模块(module)。现行条款合并规定四种模块,条款结构在不同
模块"套叠"下迂回复杂,但事实上,四种模块是由旧的三套标
准条款整合而来。历史视角下,旧的三套条款目标用途不同,第
一套和第二套条款适用于数据控制者之间的数据传输,第三套条
款针对第三国数据处理者,第一套和第二套条款的责任承担机制

---

〔32〕Commission Decision of 27 December 2004 amending Decision 2001/497/EC
as regards the introduction of an alternative set of standard contractual clauses for the
transfer of personal data to third countries, OJ L 385, 29.12.2004, pp. 74-84.

〔33〕Commission Decision of 5 February 2010 on standard contractual clauses for
the transfer of personal data to processors established in third countries under Directive
95/46/EC of the European Parliament and of the Council, OJ L 39, 12.02.2010, pp. 5-18.

〔34〕Commission Implementing Decision (EU) 2016/2297 of 16 December 2016
amending Decisions 2001/497/EC and 2010/87/EU on standard contractual clauses
for the transfer of personal data to third countries and to processors established in such
countries, under Directive 95/46/EC of the European Parliament and of the Council, OJ
L 344, 17.12.2016, pp. 100-101.

〔35〕Commission Implementing Decision (EU) 2021/914 of 4 June 2021 on stan-
dard contractual clauses for the transfer of personal data to third countries pursuant to
Regulation (EU) 2016/679 of the European Parliament and of the Council, OJ L 199,
07.06.2021, pp. 31-61.

不同,第一套条款中数据出口方和进口方采取连带责任形式(例如第一套条款的第6条第2款),第二套条款采取过错责任形式(例如第二套条款的第3条第a款)。[36]第三套条款更契合数据处理商事实践惯例的全球化趋势,适用于在第三国的次级数据处理(sub-processing)情形,特别针对在第三国设立的数据处理者(数据进口商)将其数据处理服务分包给在第三国设立的次级处理者进行次级数据处理服务的情形。[37]因此,欧盟现行标准合同条款的四种模块针对的情形各异,商事主体应当依据个案需求选定条款。

欧盟数据跨境传输标准合同条款的结构相对稳定,包括欧盟委员会决定本身和附件两部分。欧盟委员会决定共计四条,规定了条款的目的、适用范围和意义,附件完整纳入标准合同条款和相关表格。以2021年6月修订的现行版本为例,附件中的《标准合同条款》主要包括一般条款、数据出口方义务、数据进口方义务、违约救济与争议解决等内容,为当事人设定了具体义务内容且不得规避解释。[38]

---

〔36〕Boris P. Paal/Daniel A. Pauly (Hrsg.), *Datenschutz-Grundordnung*, C.H.Beck, 2021, Art. 45 Rn. 26.

〔37〕Commission Decision of 5 February 2010 on standard contractual clauses for the transfer of personal data to processors established in third countries under Directive 95/46/EC of the European Parliament and of the Council, OJ L 39, 12.02.2010, pp. 5-18; Boris P. Paal/Daniel A. Pauly (Hrsg.), *Datenschutz-Grundordnung*, C.H.Beck, 2021, Art. 45 Rn. 28.

〔38〕Boris P. Paal/Daniel A. Pauly (Hrsg.), *Datenschutz-Grundordnung*, C.H.Beck, 2021, Art. 45 Rn. 22.

1.以合同义务"补强"数据保护

标准合同条款的价值在于合同义务的标准化。当欧盟数据流向任意第三国的公司时,位于第三国的数据进口方和位于欧盟的数据出口方通过适用标准合同条款,以合同义务形式确定欧盟的个人数据保护标准。合同义务标准化的意义在于,作为一种为实现GDPR第46条目的而提供的适当保障措施,标准合同条款必须包含在特定数据传输情形中无法满足的那些数据保护的基本要素,其目的是,以合同的形式,对特定数据传输中欠缺的普遍适当的数据保护水平情形予以补足。[39]换言之,当数据控制者将数据传输到尚未获得欧盟充分性认定、保护水平尚不充分的第三国时,标准合同条款包含了在特定情形下所欠缺的数据保护的基本要素,由此发挥了弥补特定第三国数据保护水平不足的功能。[40]

以合同义务"补强"域外国家数据保护水平之不足,亦符合数据跨境传输中欧盟个人数据保护标准的目标。若数据处理者位于欧盟境外,数据国际传输的合同构造更复杂,当合同涉及第

---

[39] Thomas Zerdick, in: Eugen Ehmann/Martin Selmayer (Hrsg.), *Datenschutz-Grundordnung Kommentar*, C.H.Beck, 2. Aufl., 2018, Art. 46 Rn. 11; European Commission, Working Party on the Protection of Individuals with regard to the Processing of Personal Data, Transfers of personal data to third countries: Applying Articles 25 and 26 of the EU data protection directive, DG XV D/5025/98, WP 12, 24.07.1998, p. 18.

[40] European Commission, Working Party on the Protection of Individuals with regard to the Processing of Personal Data, Transfers of personal data to third countries: Applying Articles 25 and 26 of the EU data protection directive, DG XV D/5025/98, WP 12, 24.07.1998, p. 16.

三国数据流时,由于第三国数据接收方并不受(欧盟的)能够提供充分数据保护水平的、可执行的数据保护规则的法律约束,就必须通过合同机制,来为数据主体提供额外的保护措施。[41]现行条款确立了数据出口方的诸多义务,包括数据保护的保障义务(第8条),次级处理者的使用(第9条),数据主体权利(第10条),补救措施(第11条)、责任(第12条)及监管(第13条)。同时,针对当地(第三国)法律和公共当局访问数据情形,现行条款专门引入了公共当局访问(数据时)的数据进口方的义务(第15条),其中包括数据进口方的通知义务和审查义务,通过合同义务的标准化,将欧盟的个人数据保护标准以合同形式拘束当事人,并通过禁止变更规定保证欧盟个人数据保护标准的一体适用。

2.以合同条款"固定"数据保护标准

标准合同条款实质上是一种通过标准条款来"固定"欧盟个人数据保护标准的一种法律工具。在适用机制上,标准合同条款禁止内容变更,必须整体适用。标准合同条款本身是一种软法,作为示范条款,本身并无法律拘束力,仅在合同当事人采纳示范条款,并将之纳入当事人缔结的数据传输合同时,标准合同条款才产生拘束力。但是,根据《欧盟运行条约》第288条,欧盟委员会作出的决议和决定在整体上具有法律约束力,拘束成员国,成员国的国家监管机构有义务在合同中接受欧盟委员会通过的标准条款。根据GDPR第46条第2款第c项和第d项,如果标准数据

---

〔41〕European Commission, Working Party on the Protection of Individuals with regard to the Processing of Personal Data, Transfers of personal data to third countries: Applying Articles 25 and 26 of the EU data protection directive, DG XV D/5025/98, WP 12, 24.07.1998, p. 23.

保护条款在内容上完整使用且未作任何更改，无需获得数据保护监管机构的批准就可以进行数据传输，由于欧盟委员会明确承认的标准合同条款是向第三国传输数据的适当保证，因此，内容完整且未更改的标准合同条款一般无需审批。[42]从法律确定性的角度而言，相较于一对一的个别合同解决方案和BCR机制，标准合同条款提供了一种相对简单、合法、安全的选择，以满足将个人数据传输到境外的GDPR的额外法律要求，具有法律确定性的显著优势。[43]个别的合同方案仅在获得主管监管机构授权的前提下才能使用，BCR需要个别批准(GDPR第46条第3款第a项和第b项)，这两种审批程序中，主管监管机构都需要进行复杂、耗时的一致性机制(GDPR第46条第4款，第47条第1款，第63条以下)，而标准合同数据保护条款按法定程序产生，无需监管机构进一步审批。[44]但这也意味着，欧盟委员会通过标准合同的条款内容"固定"了欧盟个人数据保护标准，并借助禁止变更的整体适用机制，保证商事主体在个别适用中也能统一践行欧盟的个人数据保护标准。

3.以示范条款形成商事惯例

特别值得关注的新发展，是示范条款的国际合作。2023年，欧盟着眼于标准合同条款的国际协同，意图促进数据跨境传输示

---

〔42〕Markus Lang, in: Flemming Moos (ed.), *Datenschutz und Datennutzung*, otto-schmidt, 2021, S. 861.

〔43〕Markus Lang, in: Flemming Moos (ed.), *Datenschutz und Datennutzung*, otto-schmidt, 2021, S. 861.

〔44〕Markus Lang, in: Flemming Moos (ed.), *Datenschutz und Datennutzung*, otto-schmidt, 2021, S. 861.

范条款(model clauses)的使用与区域协调。2023年5月24日，欧盟委员会公布了《东盟示范合同条款和欧盟标准合同条款的联合指南》，[45]该指南识别并确定了欧盟标准合同条款与东盟示范合同条款(ASEAN Model Contractual Clauses)之间的共性，以此协助在欧盟和东盟两个辖区内的公司来使用相应的合同条款。

《东盟示范合同条款和欧盟标准合同条款的联合指南》预计分两部分，目前已经发布的《参考指南》(Reference Guide)在2023年2月获得批准，《参考指南》主要是条款对比，以表格和说明的形式，明确标注了东盟示范合同条款和欧盟标准合同条款之间的共性和差异。未来将要发布的第二部分则是《实施指南》(Implementation Guide),《实施指南》将提供符合两套合同条款要求的公司最佳实践(best practices)，由此帮助在东盟和欧盟运营的公司了解各自合同条款的异同，助力于公司合规。

上述新发展的背后，或许隐藏着规则"出口"的新探索。欧盟国际合作的目的，当然不限于合作本身，其终极目的或在于促进标准合同条款"最佳实践"之形成，进而将欧盟和东盟的合同条款，塑造为数据跨境传输的商事惯例。尽管欧盟委员会明确表达，《东盟示范合同条款和欧盟标准合同条款的联合指南》旨在促进世界不同地区之间以示范条款为基础的数据传输，但这也反向证明，欧盟正试图通过区域联合协作，来促进数据跨境传输中更多的商事主体更广泛地使用标准合同条款。而《东盟示范合同条款和欧盟标准合同条款的联合指南》中对于"公司最佳实践"的明确提及，意味着在数据跨境传输中，东盟正在有意识地

---

〔45〕ASEAN/European Commission, Joint Guide to ASEAN Model Contractual Clauses and EU Standard Contractual Clauses, 24.05.2023.

形成新的商事惯例。一旦商事惯例形成并确立，那么，考虑到国际仲裁对商事惯例的积极认可态度，这将极大推动跨国公司更广泛地使用欧盟和东盟的示范条款。采用公司最佳实践，将成为跨国公司合规的优先选择，这也是欧盟规则"出口"的崭新形式。

三、数据跨境流动的司法控制

规则建构并不足以持续保障欧盟个人数据保护标准的贯彻，值得注意的是，欧盟法院通过司法审查制度，确立了对数据跨境传输的持续监管。欧盟司法监管的特点在于：其一，欧盟法院司法审查本属欧盟主权范围，但司法审查的对象是域外国家的数据保护水平；其二，GDPR法源结构的独特性为"基本权利保护"奠定了规范基础。GDPR是一种派生性立法，应遵守欧盟基础性立法的位阶高于派生性立法的基本原则。相应地，欧盟法院在司法审查中，基础性法源主要是《欧盟基本权利宪章》中私人生活和家庭受到尊重的权利(第7条)和个人数据保护权利(第8条)，派生性法源以GDPR为主。在双层法源结构下，但凡涉及数据跨境传输中的数据保护，就会在法律基础上与《欧盟基本权利宪章》联动，欧盟的基本权利保护价值由此融入欧盟法院司法审查。

笔者从类案和个案两个维度，观察欧盟法院对欧盟个人数据保护标准的司法推进。就类案而言，从2003年到2019年，欧盟法院确立了欧盟法扩张解释的基本立场，在2015年Schrems I案后，欧盟法院聚焦司法审查，效力审查机制逐步形成。在个案上，2020年Schrems II案具有突破意义，确立了欧盟法院的个案实质审查机制，司法审查"升级"为对第三国数据保护水平的实质监管,欧盟法院成为全球数据流动的"新权威"。

(一)经由类案形成"效力审查"机制

在集中进行效力审查之前,欧盟法院就已通过扩张解释夯实了司法监管的基本立场。欧盟法院在数据跨境传输案件的先予裁决中采取扩张解释立场,践行欧盟扩大数据保护立法实质管辖范围的立法政策。例如,在出现专门的数据跨境传输案件之前,欧盟法院就在涉及《数据保护指令》概念解释的案件中屡屡表达扩张解释欧盟数据保护法律的基本立场。在2009年Rijkeboer案和2017年Nowak案中,法院对"个人数据"概念采取扩张解释;在2014年Google Spain and Google案中,法院对"处理"和"个人数据处理"概念采取扩张解释;在2018年Jehovan todistajat案和2019年Buivids案中,法院对"控制者"和"个人数据处理"仍采取扩张解释。[46]扩张解释的基本立场,为后续数据传输案件的审判确立了基本思路。

在数据跨境传输案件中,欧盟法院的首要判例当属2003年涉及"向第三国传输数据"概念解释的Lindqvist案。这一判例的意义在于,GDPR的数据跨境传输规范体系承继于《数据保护指令》,因此,指令第25条第6款的"向第三国传输数据"概念,构成了GDPR相关概念的解释基点。该案所涉问题为,在网站上传

---

〔46〕C-553/07-Rijkeboer, College van burgemeester en wethouders van Rotterdam v. M. E. E. Rijkeboer, Judgment of 07.05.2009; C-582/14-Breyer, Patrick Breyer v. Bundesrepublik Deutschland, Judgment of 19.10.2016; C-131/12-Google Spain and Google, Google Spain SL and Google Inc. v. Agencia Española de Protección de Datos (AEPD) and Mario Costeja González, Judgment of 13.05.2014; C-25/17-Jehovan todistajat, Judgment of 10 July 2018; C-345/17-Buivids, Judgment of 14.02.2019.

个人数据致使第三国人员访问时，是否构成《数据保护指令》第25条的"向第三国传输数据"。欧盟法院认为，指令第四章未就"使用互联网"确立标准，鉴于立法时的互联网发展状况，无法假定立法者想要将"数据加载到网页"的情形纳入"向第三国传输数据"的概念之下，即便该数据会因此被具有技术手段的第三国人员访问，因此，成员国公民将个人数据上传到该成员国或另一成员国的主机服务提供商的网站，致使连接到互联网的包括第三国在内的所有人都可访问数据时，不构成"向第三国传输数据"。[47]在Lindqvist案后的十余年间，欧盟法院在法律解释的路径上一以贯之，以扩张解释为主导，通过法律解释来明确和补充欧盟的数据保护立法。

但自2015年以来，数据跨境传输领域的司法裁判重心转变，以Schrems I案[48]和《航班乘客个人信息记录数据(PNR)协议》案[49]（《PNR协议》案）为代表，欧盟进入司法审查时代，通过一系列"名"为法律解释，"实"为司法审查的经典判例，法院聚焦于被解释对象的法律效力，《欧盟基本权利宪章》成为司法审查的新基准。司法审查不仅成为欧盟法律文件效力审查的常用机制，而且不断产生"外溢"效应，成为欧盟跨境传输范式扩张的新工具。

例如，在2015年的Schrems I案中，成员国法院提请欧盟法院就《数据保护指令》第25条第6款的"充分性认定"概念进行解

---

[47] C-101/01-Lindqvist, Judgment of 06.11.2003, paras. 63, 64, 68, 71.

[48] C-362/14-Schrems, Maximillian Schrems v. Data Protection Commissioner, Judgment of 06.10.2015.

[49] Avis 1/15-Accord PNR UE-Canada, Opinion of the Court of 26.07.2017.

释,并提请审查美欧《安全港决定》[50]的效力。欧盟法院对"充分性认定"采取实质解释,判定《安全港决定》无效。法院认为,安全港原则仅适用于从欧盟接收个人数据的自我认证的美国组织,美国公共当局无需遵守安全港原则,《安全港决定》第1条不符合《数据保护指令》第25条第6款和《欧盟基本权利宪章》的要求,因此无效。[51]《安全港决定》第3条因剥夺成员国监管机构基于指令第28条所享有的监督权而陷于无效,并且,第1条和第3条无效导致《安全港决定》整体无效。[52]

又如,在2017年的《PNR协议》案中,案件涉及欧盟和加拿大的国际协议草案《航班乘客个人信息记录数据(PNR)共享协议》是否符合《欧盟基本权利宪章》。法院认为,协议允许将所有乘客的PNR数据传输给加拿大当局以供其使用、保留,并可能后续传输给其他当局或第三国,无论是将PNR数据从欧盟传到加拿大当局,还是欧盟与加拿大就数据的保留、使用、后续传输条件达成框架协议,都构成对《欧盟基本权利宪章》第7条基本权利的干预,相关操作同时构成对个人数据的处理,进而构成对《欧盟基本权利宪章》第8条基本权利的干预,欧盟法院发布第1/15号意见,裁定协议若干条款不符合欧盟认可的基本权利,禁止以

---

〔50〕Commission Decision of 26 July 2000 pursuant to Directive 95/46/EC of the European Parliament and of the Council on the adequacy of the protection provided by the safe harbour privacy principles and related frequently asked questions issued by the US Department of Commerce, OJ L 215, 25.08.2000, pp. 7-47.

〔51〕C-362/14-Schrems, Maximillian Schrems v. Data Protection Commissioner, Judgment of 06.10.2015, paras. 82, 87-89, 96-98.

〔52〕C-362/14-Schrems, Maximillian Schrems v. Data Protection Commissioner, Judgment of 06.10.2015, paras. 105, 106.

现行形式缔结协议。[53]

效力审查由此成为欧盟法院"新宠"。先予裁决的重心从解释欧盟法,转向审查被解释对象的法律效力,先予裁决的法律基础也发生转变,判决依据不再局限于GDPR或《数据保护指令》等派生性立法,而是贯穿至以《欧盟基本权利宪章》为代表的基础性立法。

(二)通过个案确立"实质等同"标准

欧盟法院司法审查的诡谲之处在于,针对个案的效力审查,影响远超个案本身。后GDPR时代,数据传输规则的解释与适用案件频出,欧盟法院通过司法审查机制,成为了全球数据流动监管的"新权威"。尤其是在2020年的Schrems II案中,欧盟法院确立了跨境数据传输的个案实质审查机制,通过"升级版"的司法审查,司法审查的"长臂"得以"名正言顺"地触及诸如评估第三国数据保护法律水平、实质审查第三国法律是否符合欧盟基本权利保护水准等超国家事项,实质是欧盟法院对数据保护标准的司法监管。

1.2020年Schrems II案

2020年的Schrems II案是2015年Schrems I案的延续和升级。原告奥地利公民Maximillian Schrems自2008年以来使用Facebook,Facebook总公司注册于美国,欧盟用户须与Facebook爱尔兰公司缔约,后者将用户的部分或全部个人数据传输到

---

〔53〕Avis 1/15-Accord PNR UE-Canada, Opinion of the Court of 26.07.2017, paras. 125, 126, 165, 232.

Facebook的美国服务器并进行处理。[54]2013年，Schrems向爱尔兰数据保护专员申诉称，美国法律无法充分保证存储在美国的个人数据免受当局的监视活动，要求禁止爱尔兰公司将其个人数据传至美国。申诉被驳回，理由是欧盟委员会《安全港决定》[55]认定安全港机制能够确保美国提供充分数据保护水平。2015年，欧盟法院在Schrems I案判决认定《安全港决定》无效。[56]随后，爱尔兰高等法院将Schrems的申诉转回数据保护专员，Facebook爱尔兰公司在数据保护专员的调查中解释称，个人数据是根据欧盟委员会《个人数据传输的标准合同条款决定》（《标准合同条款决定》）[57]的标准条款传到美国，数据保护专员要求Schrems重新申诉。2015年，Schrems申诉称，依美国法，Facebook美国公司必须将用户数据传输给国家安全局(NSA)、联邦调查局(FBI)等当局，美国当局的监控计划对Schrems个人数据的处理，违反了《欧盟基本权利宪章》，《标准合同条款决定》也无法为数据传输

---

〔54〕C-311/18-Facebook Ireland and Schrems, Data Protection Commissioner v. Facebook Ireland Limited and Maximillian Schrems, Judgment of 16.07.2020, paras. 50-68.

〔55〕Commission Decision of 26 July 2000 pursuant to Directive 95/46/EC of the European Parliament and of the Council on the adequacy of the protection provided by the safe harbour privacy principles and related frequently asked questions issued by the US Department of Commerce, OJ L 215, 25.08.2000, pp. 7-47.

〔56〕C-362/14-Schrems, Maximillian Schrems v. Data Protection Commissioner, Judgment of 06.10.2015.

〔57〕Commission Decision 2010/87/EU of 5 February 2010 on standard contractual clauses for the transfer of personal data to processors established in third countries under Directive 95/46/EU of the European Parliament and of the Council, as amended by Commission Implementing Decision (EU) 2016/2297 of 16 December 2016, OJ L 39, 12.02.2010, pp. 5-18.

提供正当性，Schrems请求数据保护专员禁止或暂停将其个人数据传输到Facebook美国公司。基于Schrems I案判例，数据保护专员于2016年向爱尔兰高等法院起诉，法院于2018年向欧盟法院申请先予裁决。爱尔兰高等法院提供了一份2017年判决副本，证实美国当局依据《外国情报监控法案》第702条和《第12333号行政命令》对传输到美国的个人数据进行情报活动，允许司法部长和中情局局长对美国境外的非美国公民进行个人监视，以获取外国情报信息，尤其是为棱镜(PRISM)和上游(UPSTREAM)监视计划提供依据。在上游监视计划中，互联网服务提供商必须向NSA提供选定目标的所有通讯，并将某些通讯信息传输给联邦调查局和中情局，提供电缆、交换机、路由器等互联网骨干网的电信运营商必须允许NSA复制、过滤网络流量，以获取相关通讯信息，NSA可以访问相关通讯的元数据和通信内容。《第12333号行政命令》允许NSA通过大西洋海底电缆访问传输到美国的数据，并在其到达美国前依据《外国情报监控法案》收集和保留数据。爱尔兰高等法院认为，美国对个人数据进行了大规模处理，却未实质确保数据保护水平与《欧盟基本权利宪章》第7条和第8条的水平相当；美国当局处理个人数据时，欧盟公民无法享受与美国公民相同的救济措施，《美国宪法第四修正案》作为美国法上对抗非法监视的最重要法律依据不适用于欧盟公民，欧盟公民起诉障碍重重；NSA基于《第12333号行政命令》进行的活动不受司法管辖，美国隐私专员不属于《欧盟基本权利宪章》第47条意义上的法庭，美国法律未向欧盟公民提供与《欧盟基本权利宪章》实质相同的保护水平。因此，爱尔兰高等法院就案件能否适用欧盟法、标准合同条款有效性、隐私盾决议的有效性等十一项问题提请欧盟法院进行先予裁决。

在Schrems II案中,欧盟法院特别强调尊重私人生活的权利、保护个人数据的权利和获得有效法律救济和公平审判的权利(《欧盟基本权利宪章》第7条、第8条、第47条),并就四项问题裁决如下:[58]

其一,确认GDPR长臂管辖。欧盟法院将GDPR第2条第1款和第2款解释为,在欧盟成员国设立的公司出于商业目的将个人数据传输到第三国设立的另一公司时,无论在数据传输之时或传输之后存在第三国当局基于公共安全、国防和国家安全目的处理个人数据的可能性,数据跨境传输应适用GDPR。

其二,确立实质等同审查标准。欧盟法院将GDPR第46条第1款和第46条第2款第c项解释为,"适当保障"和"可执行的(数据主体)权利和有效法律救济"必须确保,基于标准合同条款传输到第三国的个人数据所获得的保护水平,应与在欧盟基于GDPR和《欧盟基本权利宪章》确保的保护水平实质等同(essentially equivalent)。在评估数据保护水平时,必须特别考量两类因素:(1)设立在欧盟的数据处理者、控制者与第三国的接收方之间订立的合同条款;以及(2)第三国当局访问个人数据的法律体系因素,尤其是GDPR第45条第2款非穷尽列举的因素。

其三,主管监管机关负有暂停或终止数据传输的义务。法院将GDPR第58条第2款第f项和第j项解释为,在不存在欧盟委员会充分性认定,监管机构认为第三国无法遵守标准合同条款并且无法通过其他手段为传输数据提供与欧盟水准相当的充分保障

---

〔58〕EuGH, "Übermittlung personenbezogener Daten von Facebook Ireland in die USA-Schrems II", *NJW*, 2020, Heft 36, S. 2613ff, Rn. 149, 199.

时,若欧盟的数据控制者或传输者未能主动暂停或终止数据传输,监管机构有义务暂停或禁止将数据依据标准合同条款传到第三国,监管机构可以通过临时性或确定性限制的方式,例如颁发数据处理禁令,暂停或禁止数据传输行为,换言之,若企业未能自行阻却数据传输,监管机构有权禁止数据传输。[59]

其四,判定《标准合同条款决定》有效,《隐私盾决议》无效。法院认定,《标准合同条款决定》未违反《欧盟基本权利宪章》第7条、第8条和第47条,有效性不受影响,欧盟委员会《关于美欧隐私盾的充分性决议》(《隐私盾决议》)[60]无效。

2.欧盟法院对第三国数据保护水平的实质审查

Schrems II案判决《隐私盾决议》无效,释放出欧盟法院审查第三国数据保护水平的全面实质审查信号。事实上,在美欧2015年《安全港决议》因Schrems I案陷于非法后,美欧就数据保护达成了新的《隐私盾决议》,欧盟委员会在《隐私盾决议》第1条第1款评估得出,美国能够确保通过隐私盾协议传输到美国的欧盟个人数据达到充分保护水平,允许企业基于特定保护措施将个人数据从欧盟传输到美国。[61]在性质上,隐私盾是欧盟委员会针对

---

〔59〕C-311/18-Facebook Ireland and Schrems, Data Protection Commissioner v. Facebook Ireland Limited and Maximillian Schrems, Judgment of 16.07.2020, para. 113.

〔60〕Commission Implementing Decision (EU) 2016/1250 of 12 July 2016 pursuant to Directive 95/46/EC of the European Parliament and of the Council on the adequacy of the protection provided by the EU-U.S. Privacy Shield, OJ L 207, 01.08.2016, pp. 1-112.

〔61〕EuGH, "EU-US-Datenschutzschild ungültig-Schrems II", *MMR*, 2020, Heft 9, S. 597.

特定行业的数据传输对相应美国企业作出的一种"充分性认定"，但实践中存在主权国家干预、访问欧盟个人数据的可能风险，经由Schremes II案，欧盟法院再次将之上升为政治问题。[62]

首先，《隐私盾决议》无效的原因在于其未能提供有效数据保护。欧盟法院判定《隐私盾决议》违反比例原则、违反《欧盟基本权利宪章》和缺乏有效法律救济。具体而言：

其一，违反比例原则。欧盟法院认为，对欧盟公民基本权利的干预不都会违反《欧盟基本权利宪章》，但美国法律规定未能充分准确地规定美国当局采取措施的前提和范围，法律规则具有一般性和模糊性，不符合欧盟法的比例原则，对基本权利的干预并无充分限制。[63]

其二，违反《欧盟基本权利宪章》。欧盟法院认为，若将《欧盟基本权利宪章》视为GDPR国际适用的标准，那么美国法在隐私领域全然不符合欧盟保护标准，如果美国企业侵犯欧盟公民隐私，受害人应有权起诉，欧盟公民缺乏有效的法律保护工具来就美国当局的监控措施采取行动并行使权利，尤其缺乏独立的法院审判，构成对《欧盟基本权利宪章》第7条、第8条和第47条的违反。[64]

---

〔62〕Alexander Golland, "Datenschutzrechtliche Anforderungen an internationale Datentransfers", *NJW*, 2020, Heft 36, S. 2593.

〔63〕EuGH, "EU-US-Datenschutzschild ungültig-Schrems II", *MMR*, 2020, Heft 9, S. 597.

〔64〕C-311/18-Facebook Ireland and Schrems, Data Protection Commissioner v. Facebook Ireland Limited and Maximillian Schrems, Judgment of 16.07.2020, paras. 176-178, 199; Alexander Golland, "Datenschutzrechtliche Anforderungen an internationale Datentransfers", *NJW*, 2020, Heft 36, S. 2593; EuGH, "EU-US-Datenschutzschild ungültig-Schrems II", *MMR*, 2020, Heft 9, S. 597.

其三,缺乏对"可强制执行的(数据主体)权利和有效法律救济"(GDPR第45条第2款)。欧盟法院对美国数据保护专员有无足够权限来有效维护欧盟公民合法权益提出质疑,尽管《隐私盾决议》试图通过在美国设立数据保护专员为欧洲数据提供有效保障,但美国监视法律影响过巨,隐私盾的保护对于欧盟公民而言不够充分,监控程序不能确保监控仅限于选定目标,对个人数据的收集缺乏适当限制。[65]

其次,《标准合同条款决定》的有效性需以实践中始终保持"适当数据保护水平"为前提,欧盟公司和接收数据的第三国公司应审查个案中是否维持了充分的数据保护水平。[66]而"适当数据保护水平"之存续,须以存在诸如标准合同条款的适当保障措施和在实践中保障"可执行的(数据主体)权利和有效法律救济"为前提。[67]因此,数据进出口方仅订立标准合同条款仍不充分,数据出口方的义务更在于审查个案中依据标准条款是否切实充

---

〔65〕EuGH, "EU-US-Datenschutzschild ungültig-Schrems II", *MMR*, 2020, Heft 9, S. 597.

〔66〕C-311/18-Facebook Ireland and Schrems, Data Protection Commissioner v. Facebook Ireland Limited and Maximillian Schrems, Judgment of 16.07.2020, paras. 126, 149; EuGH, "Datenschutzrecht: Übermittlung personenbezogener Daten von Facebook Ireland in die USA-Privacy Shield", *EuZW*, 2020, Heft 21, S. 941; Alexander Golland, "Datenschutzrechtliche Anforderungen an internationale Datentransfers", *NJW*, 2020, Heft 36, S. 2593.

〔67〕C-311/18-Facebook Ireland and Schrems, Data Protection Commissioner v. Facebook Ireland Limited and Maximillian Schrems, Judgment of 16.07.2020, para. 91; Alexander Golland, "Datenschutzrechtliche Anforderungen an internationale Datentransfers", *NJW*, 2020, Heft 36, S. 2593.

分保障数据保护。[68]因此,欧盟法院立场明确,数据国际传输原则上允许使用标准合同条款,但若数据出口方未作个案研判或未能保证提供与欧盟同等的数据保护水平,数据传输仍可能无效。

欧盟法院Schrems II案可能引发蝴蝶效应。例如,瑞士和美国之间的隐私盾在很大程度上与美欧隐私盾相似,Schrems II案是否会导致瑞士和美国之间的隐私盾无效? 若瑞士维持隐私盾决议,又会对瑞士数据保护法的充分性评估有何影响? 又如,英国能否创设与隐私盾功能类似的数据传输工具?[69]所涉国家现有数据跨境传输法律安排的不确定性大幅增加。

3.2023年欧美充分性认定

欧盟法院在Schrems II案判定《隐私盾决议》无效后,美欧之间的跨境数据传输陷入极大的法律不确定性。立于此"危墙"之下,美欧之间的数据传输也并未仅寄希望于标准合同条款这种个别性的传输工具。鉴于欧盟和美国之间密切的经济、政治和战略联系,跨大西洋数据传输极其重要,加之欧盟向美国传输数据所涉范围和行业之广泛性,如何重新达成美欧数据传输的新的"白名单",使得欧盟的数据控制者和数据处理者能够以低门槛的方式来合法安全地向美国传输个人数据,这不仅符合欧盟自身利益,表现了欧盟相关产业的现实需求,也构成美欧数据战略政治

---

〔68〕C-311/18-Facebook Ireland and Schrems, Data Protection Commissioner v. Facebook Ireland Limited and Maximillian Schrems, Judgment of 16.07.2020, para. 134; Alexander Golland, "Datenschutzrechtliche Anforderungen an internationale Datentransfers", *NJW*, 2020, Heft 36, S. 2593.

〔69〕EuGH, "EU-US-Datenschutzschild ungültig-Schrems II", *MMR*, 2020, Heft 9, S. 597.

博弈的一部分。[70]

2023年7月10日，欧盟委员会通过了《关于在欧盟—美国数据隐私框架下个人数据保护的充分性认定决议》，[71]在这份新的充分性认定中，欧盟委员会认定美国为数据处理提供了充分的保护水平。这意味着，继《隐私盾决议》无效后，美欧之间新的充分性认定重新达成，欧盟的数据出口方基于GDPR第45条向美国传输数据具备了法律依据，欧盟的数据出口方向美国传输个人数据时面临的法律不确定性，由此暂告一段落。但是，新的充分性认定并非美欧数据跨境传输"白名单"的终局安排，欧盟向美国传输数据的法律风险依然存在，新的充分性认定面临具体执行的诸多问题，其本身是否经得起欧盟法院的司法审查，亦未可知。最重要的是，欧盟法院再次撤销新的充分性认定的达摩克利斯之剑，依然高悬。

（三）欧盟法院穿透式监管

1.穿透式监管之内涵

欧盟法院对欧盟委员会《隐私盾决议》和《标准合同条款决定》的司法审查，要求域外法律必须在实质上符合欧盟的基本权利保护标准，是一种穿透式监管。穿透式监管意味着，商事主体

---

〔70〕Stefan Hessel, "Der neue Angemessenheitsbeschluss für Datenübermittlungen in die USA", *NJW*, 2023, Heft 41, S. 2969.

〔71〕Commission Implementing Decision of 10.7.2023 pursuant to Regulation (EU) 2016/679 of the European Parliament and of the Council on the adequate level of the protection of personal data under the EU-US Data Privacy Framework, C(2023) 4745 final, 10.07.2023.

在适用标准合同条款之后,仍受欧盟法院监管,条款仍可能被判无效。欧盟通过对欧盟委员会《标准数据保护条款决定》的司法审查,实现了对标准合同条款的效力控制。尽管标准合同条款仅拘束缔约当事人,对第三国政府当局并无拘束力,但条款以欧盟委员会通过《标准数据保护条款决定》的形式发布,而这种欧盟委员会决定的效力,取决于合同条款是否包含有效机制,在实践中能否确保缔约方遵守欧盟法要求的保护水平,以及在违反合同条款或无法履行合同条款时能否暂停或禁止数据传输。[72]在Schrems II案判决中,欧盟法院强调,欧盟委员会通过的标准合同条款应仅发挥合同保障功能,其唯一宗旨是为欧盟的数据控制者和处理者提供统一适用于在第三国的合同保障,原则上使各缔约方能在此基础上保证各方之间的数据保护水平,但条款与第三国本身的数据保护水平无关,审查或确保(条款涉及的)第三国的数据保护水平的充分性问题,恰恰不是欧盟委员会的任务所在。[73]换言之,只要未被欧盟法院判定无效,《标准数据保护条款决定》就能够拘束监管机构,当第三国无法遵守标准合同条款或无法保障对数据的充分保护时,监管机构必须暂停或终止基于标准合同条款向第三国传输个人数据(GDPR第58条第2款第

---

〔72〕Kristina Schreiber, "EU-U.S.-Privacy Shield ungültig, Standardvertragsklauseln zu prüfen", *GRUR-Prax*, 2020, Heft 16-17, S. 379; Boris P. Paal/Daniel A. Pauly (Hrsg.), *Datenschutz-Grundordnung*, C.H.Beck, 2021, Art. 45 Rn. 12c; C-311/18-Facebook Ireland and Schrems, Data Protection Commissioner v. Facebook Ireland Limited and Maximillian Schrems, Judgment of 16.07.2020, paras. 136-137.

〔73〕Boris P. Paal/Daniel A. Pauly (Hrsg.), *Datenschutz-Grundordnung*, C.H.Beck, 2021, Art. 45 Rn. 12c; C-311/18-Facebook Ireland and Schrems, Data Protection Commissioner v. Facebook Ireland Limited and Maximillian Schrems, Judgment of 16.07.2020, para. 133.

f项和第j项)。[74]不仅如此,根据Schrems II案判决,数据接收方负有采取补充措施的义务,以达到与欧盟实质等同的数据保护水平。在Schrems II案判决后,如果商事主体选择以标准合同条款的形式传输数据,就需要进行个案审查,例如,通过向数据接收者发送调查问卷的形式来审查,了解是否存在第三国当局干预的可能性。[75]2021年6月18日,欧盟数据保护委员会发布《数据跨境传输的补充措施建议》,[76]为数据跨境传输提供了实践参考标准,例如,以问责制的方式应用于数据跨境传输,包括了解传输对象、核实采用的传输工具、根据GDPR第46条评估传输工具、确定并采取补充措施等六个步骤。在欧盟法院Schrems II案判决前,标准合同条款的价值在于效率性和安定性,但Schrems II案判决后,在欧盟法院"实质等同"的司法审查之下,通过标准合同条款把个人数据传输到无法提供充分数据保护水平的第三国时,标准条款仍可能被判无效。

穿透式监管的风险也体现在其他的替代性传输工具上。例如,BCR也基于合同产生,不拘束政府机构,如果商事主体使用BCR机制,也需要个案审查,根据欧盟法院判决,BCR的有效性判断和标准合同条款类似,需要进行实质审查,这意味着,如果

---

〔74〕Kristina Schreiber, "EU-U.S.-Privacy Shield ungültig, Standardvertragsklauseln zu prüfen", *GRUR-Prax*, 2020, Heft 16-17, S. 379.

〔75〕Kristina Schreiber, "EU-U.S.-Privacy Shield ungültig, Standardvertragsklauseln zu prüfen", *GRUR-Prax*, 2020, Heft 16-17, S. 379.

〔76〕European Data Protection Board, Recommendations 01/2020 on measures that supplement transfer tools to ensure compliance with the EU level of protection of personal data, Version 2.0, 18.06.2021.

标准合同条款无效,那么此种情形下也不应考虑BCR机制。[77]
欧盟法院对第三国数据保护水平的"实质等同"司法审查,使欧
盟数据跨境传输规则的法律效力的安定性受到较大挑战。

2.穿透式监管的不确定性风险

穿透式监管的真正危险在于,欧盟法院既可以对充分性认定
决议进行司法审查,也同样可以审查其他跨境传输工具的法律效
力,GDPR下的个人数据跨境传输机制都处于一种不确定性之中。

欧盟法院在有关标准合同条款的论证中表明,只有数据出
口方在个案中确保第三国法律状况具备充分数据保护水平时,
GDPR所要求的"适当保障"方得满足,否则就须补充标准合同
条款内容。换言之,即便欧盟标准合同条款原则有效,数据进出
口方仍应审查个案中是否维持了适当的数据保护水平。[78]这意
味着,如果数据进口方所在国家无法提供充分数据保护水平,也
无法通过标准合同条款提供充分保障,企业就无法将数据传输
到第三国。无论是《隐私盾决议》还是《标准合同条款决定》,只
要不符合欧盟个人数据保护的基本权利保护要求,都可能陷入无
效,全球企业始终处于欧盟司法审查的达摩克利斯之剑下。[79]

---

〔77〕Kristina Schreiber, "EU-U.S.-Privacy Shield ungültig, Standardvertrags-
klauseln zu prüfen", *GRUR-Prax*, 2020, Heft 16-17, S. 379; European Data Protection
Board, FAQ on the judgment of the ECJ in Case C-311/18, p. 3; Datenschutzkonferenz,
Pressemitteilung, 28.07.2020, 1 f.

〔78〕EuGH, "Datenschutzrecht: Übermittlung personenbezogener Daten von Face-
book Ireland in die USA-Privacy Shield", *EuZW*, 2020, Heft 21, S. 941.

〔79〕Alexander Golland, "Datenschutzrechtliche Anforderungen an internationale
Datentransfers", *NJW*, 2020, Heft 36, S. 2596.

穿透式监管的不确定性还在于，无论欧盟和美国之间达成第几轮充分性认定，欧盟法院可以主动或被动地"故技重施"，判定新的充分性认定无效。即便欧盟与美国已于2023年重新达成充分性认定，但欧盟法院继续撤销充分性认定的达摩克利斯之剑依然高悬。德国律师Stefan Hessel就提出，新的充分性认定遭到欧盟法院再次挑战的可能性很大。[80]一方面，德国联邦和州独立数据保护机构会议(DSK)认为，基于GDPR第45条作出的充分性认定决议也可能因欧盟法院的司法审查而被宣布无效，数据控制者必须为此做好准备。[81]另一方面，德国图林根州数据保护和信息自由专员Lutz Hasse在新闻稿中警告，"没有理由为新的充分性认定而欣喜若狂"，[82]欧盟法院"故伎重演"废除该充分性认定的可能性相当之高。[83]

---

〔80〕Stefan Hessel, "Der neue Angemessenheitsbeschluss für Datenübermittlungen in die USA", *NJW*, 2023, Heft 41, S. 2973.

〔81〕Datenschutzkonferenz (DSK), Anwendungshinweise der Konferenz der unabhängigen Datenschutzaufsichtsbehörden des Bundes und der Länder vom 4. September 2023, S. 31. Available at: https://datenschutzkonferenz-online.de/media/ah/230904_DSK_Ah_EU_US.pdf (Accessed: 15.10.2023).

〔82〕Lutz Hasse, Pressemitteilung des TLfDI, Neuer EU-Data Privacy Framework-Beschluss: Kein Grund zur Euphorie, Erfurt, 14.07.2023. Available at: https://www.tlfdi.de/fileadmin/tlfdi/presse/Pressemitteilungen_2023/230714_PM_MS365_.pdf (Accessed: 15.10.2023).

〔83〕Pressemitteilung des TLfDI, Anwendungshinweise der DSK zum Angemessenheitsbeschluss des EU-U.S. Data Privacy Framework-Der TLfDI weicht vom Votum der DSK ab und nimmt Stellung!, Erfurt, 04.09.2023. Available at: https://tlfdi.de/presse/pressemitteilungen/anwendungshinweise-der-dsk-zum-angemessenheitsbeschluss-des-eu-us-data-privacy-framework-der-tlfdi-weicht-vom-votum-der-dsk-ab-und-nimmt-stellung/ (Accessed: 15.10.2023).

　　穿透式监管的不确定性,继续延续于2023年新一轮欧美充分性认定之中。在2023年7月10日欧盟委员会《关于在欧盟—美国数据隐私框架下个人数据保护的充分性认定决议》通过当日,以数据保护活动家Max Schrems为核心的NOYB协会就宣布将对新的充分性认定决议向欧盟法院提起诉讼。[84]德国律师Stefan Hessel提出,欧盟法院是否会真的处理该诉讼的实质内容,目前存疑,他认为,就像迄今为止被宣布无效的充分性认定决议一样,欧盟法院更有可能在先予裁决程序中来处理充分性认定决议。[85]在2023年10月12日,欧盟法院裁定驳回Philippe Latombe诉欧盟委员会一案,驳回了Latombe请求暂停执行《关于在欧盟—美国数据隐私框架下个人数据保护的充分性认定决议》并废除充分性认定决议第1条和第2条的临时申请。欧盟法院认为,Philippe Latombe并未对紧迫性的前提要件予以证明,即无法证明如果不暂停执行涉案充分性认定决议,其就将遭受严重损害,这构成暂停执行和其他临时措施的必要条件,据此,欧盟法院驳回了Latombe的申请。[86]由此可见,充分性认定决议将持续面临

---

　　[84] NOYB, European Commission gives EU-US data transfers third round at CJEU, 10.07.2023. Available at: https://noyb.eu/en/european-commission-gives-eu-us-data-transfers-third-round-cjeu (Accessed: 15.10.2023).

　　[85] Stefan Hessel, "Der neue Angemessenheitsbeschluss für Datenübermittlungen in die USA", *NJW*, 2023, Heft 41, S. 2973.

　　[86] Latombe v. Commission, Case T-553/23. Available at: https://curia.europa.eu/juris/document/document.jsf?text=&docid=278542&pageIndex=0&doclang=FR&mode=lst&dir=&occ=first&part=1&cid=225583&mkt_tok=MTM4LUVaTS0wN-DIAAAGOxAnEqqdpCOSIxzlMbkH_XxqkTItezUxwEks_6Yrqi3UeVCbaunykeKV-BElst4JDpWSdUIegz0afWqAFUNbFmkQPMljLwc7BwYAw38Q22mNQn (Accessed: 15.10.2023).

欧盟法院司法审查的法律压力,而穿透式监管也使得跨境数据传输的不确定性陡然增加。

穿透式监管的不确定性更在于,欧盟法院如何保持司法审查的独立性和中立性,对欧盟委员会的法律文件进行审查,是值得怀疑的。更为甚者,欧盟法院是否会异化为欧盟数字战略版图的一项法律工具,更值得警惕。

结语:数据传输工具的深层风险

事情正在起变化,新的角力正在发生。

2023年5月和7月,欧盟委员会分别公布《东盟示范合同条款和欧盟标准合同条款的联合指南》和《欧美数据隐私框架下个人数据保护水平的充分性认定》[87],由此,欧盟和东盟在数据跨境传输合同条款的区域协调正式开启,欧盟和美国之间的数据传输新协议至此达成。欧盟、美国、东盟的数据传输"共同体"正在形成,数据竞争的区域联合正在加剧。我国的数据跨境流动制度也处于调适锚准阶段。2023年9月28日,国家互联网信息办公室发布《规范和促进数据跨境流动规定(征求意见稿)》,对《数据出境安全评估办法》《个人信息出境标准合同办法》等现有数据出境制度进行了进一步的修正和细化,对数据跨境流动制度作出了便利化安排。我国数据出境政策的适时而动,能够有效回应

---

〔87〕Commission Implementing Decision of 10.7.2023 pursuant to Regualtion (EU) 2016/679 of the European Parliament and of the Council on the adequate level of protection of personal data under the EU-US Data Privacy Framework, Brussels, 10.07.2023, C(2023) 4745 final.

市场困局,但数据出境法律规则的频繁改动,也容易影响我国数据出境法律制度的市场稳定预期。

必须承认,欧盟在全球数字经济中的市场份额,与欧盟在全球数据立法中的"欧洲中心主义"毫不匹配。虽然欧盟的数字经济规模远远落后于中国和美国,但其通过法律领域的传统优势,以立法带动数字市场发展,一跃成为全球数字立法的引领者。欧盟通过GDPR和《非个人数据欧盟境内自由流动条例》完成了个人数据和非个人数据的全类型数据流动立法。在将GDPR成功推向全球后,欧盟数据立法全面开花:从2018年《网络安全条例(草案)》[88]到2020年《数字服务法(草案)》[89]和《数字市场法(草案)》,[90]直至2021年《人工智能条例(草案)》,[91]以及2022年《数

〔88〕European Commission, Proposal for a Regulation of the European Parliament and of the Council establishing the European Cybersecurity Industrial, Technology and Research Competence Centre and the Network of National Coordination Centres A contribution from the European Commission to the Leaders' meeting in Salzburg on 19-20 September 2018, COM(2018) 630 final, 12.09.2018.

〔89〕European Commission, Proposal for a Regulation of the European Parliament and of the Council on a Single Market For Digital Services (Digital Services Act) and amending Directive 2000/31/EC, COM(2020) 825 final, 15.12.2020.

〔90〕European Commission, Proposal for a Regulation of the European Parliament and of the Council on contestable and fair markets in the digital sector (Digital Markets Act), COM(2020) 842 final, 15.12.2020.

〔91〕European Commission, Proposal for a Regulation of the European Parliament and of the Council laying down harmonised rules on Artificial Intelligence (Artificial Intelligence Act) and amending certain Union legislative acts, COM(2021) 206 final, 21.04.2021.

字市场法》[92]的正式生效,欧盟通过条例(Regulation)这种统一立法形式,将数据领域的规则统一涵盖到数字服务、数字市场、人工智能、网络安全等众多主题,全领域、多类型的欧盟数据法律体系初现轮廓,数据立法的欧洲模式初具规模。不容否认的是,全球层面,欧盟数据立法模式呈现出扩张态势。无论是巴西《通用数据保护法》,还是2019年印度《个人数据保护法案(草案)》,乃至《东盟跨境数据流动示范合同条款》,上述法案都不同程度地借鉴了GDPR模式及其数据跨境传输规则。例如,巴西《通用数据保护法》第五章规定数据跨境传输,确立了与GDPR类似的数据传输规则,该法第33条区分"第三国或国际组织的个人数据保护水平充分性程度下的传输""具体合同条款""标准合同条款""全球性公司规则"等传输机制。2019年印度《个人数据保护法案(草案)》第七章专章规定"个人数据跨境传输的限制",设置了与充分性认定类似的"向某一国家或某一国家内的某一实体或某一类别的实体或国际组织传输",引入与标准合同条款和BCR机制类似的"根据保护局批准的标准合同"和"集团内部计划"等数据跨境传输形式。与欧盟标准合同条款类似,《东盟跨境数据流动示范合同条款》也区分"控制者到处理者"和"控制者到控制者"两种传输模块,规定了数据出口方义务和数据进口方义务。

---

〔92〕European Commission, Regulation (EU) 2022/2065 of the European Parliament and of the Council of 19 October 2022 on a Single Market For Digital Services and amending Directive 2000/31/EC (Digital Services Act), OJ L 277, 27.10.2022, p. 1-102;国内有关欧盟《数字服务法》的前沿研究,例如,王天凡:《数字平台的"阶梯式"监管模式:以欧盟〈数字服务法〉为鉴》,载《欧洲研究》2023年第2期,第50—77页。

正如美国学者纽曼(Abraham Newman)所言,欧盟的"政策出口"成功地向其他国家输出欧盟规则,欧盟的充分性认定成为了其他国家政治参与者推动国内立法改革的重要工具,推动了其他国家的隐私保护立法,然而,当各国法律传统和民族价值差异巨大时,欧盟不能强迫其他国家改变立法。[93]

欧盟数据立法模式的潜在风险在于,欧盟个人数据保护标准以基本权利保护作为价值根基,以欧盟法院的"宪法审查"式司法审查作为终极监管工具。这对于法律移植而言,是一个颇值思量的问题。近年来,我国学者对于数据立法借鉴GDPR模式多有反思,但对法律移植的风险,尚未达成共识。《个人信息保护法》与GDPR在一定程度上存在趋同。例如,《个人信息保护法》第1条受到GDPR第1条个人数据处理定义的影响,将"规范个人信息处理活动"作为立法目标,未能全面反映我国规范个人信息处理活动的立法意图。《个人信息保护法》第4条的个人信息处理概念遵循GDPR第4条对个人数据处理的宽泛界定,但宽泛界定和欧盟法院的扩张解释立场可能导致规范对象和适用范围的泛

---

〔93〕自1999年起,借助欧盟扩张过程中的结对程序(Twinning),欧盟的国家数据保护专员到中欧国家提供立法改革建议,例如,捷克、西班牙、拉脱维亚、立陶宛和马耳他,旨在通过不同国家间数据保护机构的联系以改进其监管能力。See Abraham Newman, "European Data Privacy Regulation on a Global Stage: Export or Experimentalism?", in: Jonathan Zeitlin (ed.), *Extending Experimentalist Governance? The European Union and Transnational Regulation*, Oxford University Press, 2015, pp. 227-246.

化,导致法律对社会干预过度。[94]又如,《个人信息保护法》专章规定个人信息跨境提供规则,引入具有欧盟特色的"标准合同"规则(第38条第1款第3项),要求"境外接收方处理个人信息的活动达到中国的个人信息保护标准"(第38条第3款),确立了特定数据跨境传输的安全评估制度(第40条)。《个人信息保护法》第55条和相应的国家标准(例如《信息安全技术 个人信息安全影响评估指南》GB/T 39335—2020;《信息安全技术 个人信息安全规范》GB/T 35273—2020)不同程度地借鉴了GDPR的风险规制模式,个人信息保护影响评估受到GDPR模式的风险规制影响。但若将个人信息保护标准作为衡量出境数据的核心基准,或将落入欧盟法院实质审查我国数据保护水平的"长臂管辖",开启欧盟司法审查基本权利保护的"潘多拉魔盒"。

更深层的问题在于,GDPR所代表的欧盟数据立法模式,是将基本权利保护视为个人数据流动的价值根基,欧盟法院的司法审查,也更趋近于基本权利保护的"宪法审查"机制。欧盟在充分性认定和标准合同条款中嵌入欧盟法院"宪法审查"机制,这对于无宪法审查传统或者违宪审查制度不发达的国家而言,若与欧盟达成充分性认定或适用其标准合同条款,就可能存在法律趋同的制度障碍。我国的法律传统、法律体系和司法结构与欧盟不同,我国的数据立法,仍处于部门法、单行法逐步完善的建构阶段。无论是《数据安全法》《网络安全法》和《个人信息保护法》,

---

〔94〕相关学理反思,参见高富平:《个人信息处理:我国个人信息保护法的规范对象》,载《法商研究》2021年第2期,第73页;高富平:《论个人信息保护的目的——以个人信息保护法益区分为核心》,载《法商研究》2019年第1期,第93页;许可:《数字经济视野中的欧盟〈一般数据保护条例〉》,载《财经法学》2018年第6期,第71页。

还是已经出台的《个人信息出境标准合同办法》及其附件《个人信息出境标准合同》，我国的数据立法都存在借鉴欧盟制度规则的可能性，但若依循法律移植欧陆成文法的历史惯性，有意识或不自觉地盲目继受、移植欧洲规则，就可能存在风险。类似欧盟法院式的司法审查并不契合我国法律体系和法律传统。

数据传输是数据流通的基本单元。我国的数据跨境流动立法，如何在确保数据流动安全的前提下，以数据流动促进经济发展，实现数据流动制度的"重商主义"功能，这是当前数据跨境流动立法的核心命题。建构数据传输本土规则，逐步形成、适时调整数据出境的中国模式，积极参与数据流动的国际合作，是当前我国数据立法的题中之义。但我国立法者必须审慎评估、研判欧盟数据保护立法模式的潜在风险。设计数据跨境传输工具时，立法者必须谨慎对待诸如充分性认定、标准合同条款、个人数据保护标准等富有欧盟特色的复杂法律工具。GDPR所代表的欧洲数据保护模式，也并非我国数据立法的最佳借鉴模板，具有域外扩张和基本权利评价功能的欧盟个人数据保护标准，也并非我国数据流动的最优基准。我国数据流动立法，应首先关注本土数据的流出控制，既要全盘统筹，在聚焦个人信息保护的同时关注非个人数据的流动方案，又要避免陷入个人数据保护的标准竞争，防止出现个人数据保护标准的竞次现象，还应积极探索并建构价值中立、适宜法律趋同的法律工具。

本章参考文献

◎中文文献

1.高富平:《论个人信息保护的目的——以个人信息保护法益区分为核心》,载《法商研究》2019年第1期。

2.高富平:《制定一部促进个人信息流通利用的〈个人信息保护法〉》,载《探索与争鸣》2020年第11期。

3.高富平:《个人信息处理:我国个人信息保护法的规范对象》,载《法商研究》2021年第2期。

4.洪延青:《推进"一带一路"数据跨境流动的中国方案——以美欧范式为背景的展开》,载《中国法律评论》2021年第2期。

5.蒋小红:《欧盟法的域外适用:价值目标、生成路径和自我限制》,载《国际法研究》2022年第6期。

6.李墨丝:《中美欧博弈背景下的中欧跨境数据流动合作》,载《欧洲研究》2021年第6期。

7.李艳华:《隐私盾案后欧美数据的跨境流动监管及中国对策——软数据本地化机制的走向与标准合同条款路径的革新》,载《欧洲研究》2021年第6期。

8.刘文杰:《美欧数据跨境流动的规则博弈及走向》,载《国际问题研究》2022年第6期。

9.王融:《数据跨境流动政策认知与建议——从美欧政策比较及反思视角》,载《信息安全与通信保密》2018年第3期。

10.王天凡:《数字平台的"阶梯式"监管模式:以欧盟〈数字服务法〉为鉴》,载《欧洲研究》2023年第2期。

11.王燕:《数据法域外适用及其冲突与应对——以欧盟〈通用数

据保护条例〉与美国〈澄清域外合法使用数据法〉为例》,载《比较法研究》2023年第1期。

12.许可:《数字经济视野中的欧盟〈一般数据保护条例〉》,载《财经法学》2018年第6期。

13.许可:《自由与安全:数据跨境流动的中国方案》,载《环球法律评论》2021年第1期。

14.周汉华:《探索激励相容的个人数据治理之道——中国个人信息保护法的立法方向》,载《法学研究》2018年第2期。

15.周汉华:《〈个人信息保护法(草案)〉:立足国情与借鉴国际经验的有益探索》,载《探索与争鸣》2020年第11期。

16.朱明哲:《中国近代法制变革与欧洲中心主义法律观——以宝道为切入点》,载《比较法研究》2018年第1期。

◎外文文献

1. Abraham Newman, "European Data Privacy Regulation on a Global Stage: Export or Experimentalism?", in: Jonathan Zeitlin (ed.), *Extending Experimentalist Governance? The European Union and Transnational Regulation*, Oxford University Press, 2015.

2. Alexander Golland, "Datenschutzrechtliche Anforderungen an internationale Datentransfers", *NJW*, 2020, Heft 36.

3. Boris P. Paal/Daniel A. Pauly (Hrsg.), *Datenschutz-Grundordnung*, C.H.Beck, 2021.

4. EuGH, "Ungültigkeit der Safe-Harbor-Entscheidung der EU betreffend die USA", *NJW*, 2015, Heft 43.

5. EuGH, "Übermittlung personenbezogener Daten von Facebook Ire-

land in die USA-Schrems II", *NJW*, 2020, Heft 36.

6. EuGH, "EU-US-Datenschutzschild ungültig-Schrems II", *MMR*, 2020, Heft 9.

7. EuGH, "Datenschutzrecht: Übermittlung personenbezogener Daten von Facebook Ireland in die USA-Privacy Shield", *EuZW*, 2020, Heft 21.

8. Jan Albrecht Philipp, "Die EU-Datenschutzgrundverordnung rettet die informationelle Selbstbestimmung!-Ein Zwischenruf für einen einheitlichen Datenschutz durch die EU", *ZD*, 2013, Heft 12.

9. Kristina Schreiber, "EU-U.S.-Privacy Shield ungültig, Standardvertragsklauseln zu prüfen", *GRUR-Prax*, 2020, Heft 16-17.

10. Markus Lang, in: Flemming Moos (ed.), *Datenschutz und Datennutzung*, ottoschmidt, 2021.

11. Stefan Hessel, "Der neue Angemessenheitsbeschluss für Datenübermittlungen in die USA", *NJW*, 2023, Heft 41.

12. Thomas Zerdick, in: Eugen Ehmann/Martin Selmayer (Hrsg.), *Datenschutz-Grundordnung Kommentar*, C.H.Beck, 2018.

第六章
标准合同条款

引言：数据流动的监管新工具

《个人信息保护法》第38条第1款第3项引入了"标准合同"规则，规定个人信息处理者因业务等需要，确需向境外提供个人信息的，应当"按照国家网信部门制定的标准合同与境外接收方订立合同，约定双方的权利和义务"。2023年2月22日，国家互联网信息办公室以《个人信息保护法》第38条第1款第3项为授权基础，公布《个人信息出境标准合同办法》及其附件《个人信息出境标准合同》，我国个人信息出境标准合同的具体内容初露端倪。标准合同构成与安全评估、个人信息保护认证相并列的第三种个人信息出境监管机制。

随着2023年6月29日国家互联网信息办公室与香港特区政

府创新科技及工业局签署《关于促进粤港澳大湾区数据跨境流动的合作备忘录》,粤港澳大湾区的标准合同条款也在立法筹备之中,我国数据跨境传输的标准合同体系逐步建构。

标准合同并非我国原创,亦非欧盟首创,而系全球商事实践之产物。数据跨境传输中,合同机制由来已久。20世纪80年代末,合同已广泛应用于法国的数据传输,至20世纪90年代初渐成欧洲跨境传输主流形式。及至1998年德铁与花旗银行的"铁路卡(BahnCard)"案[1],数据传输中合同工具的影响力愈盛,从商业协会和国际组织的软法,逐步"升格"为法定形式。早在1992年,欧洲理事会、欧委会和国际商会就联合研究企业能在多大程度上通过合同将个人数据传输到数据保护水平较低的第三国,并制定了《欧洲理事会示范合同》(Council of Europe Model Contract)。[2]《欧洲理事会示范合同》对我国香港特区《个人资料传输至香港之外:常见问题和示范合同》[3]、国际商会《涉及跨境数据流动的合同使用的示范条款》[4]和加拿大商会《将个人信息传输至数据处理者的示范合同条款》[5]产生了深远影响。

---

〔1〕AG Kassel, 03.11.1998-424 C 1260/98.

〔2〕Model Contract to Ensure Equivalent Data Protection in the Context of Transborder Data Flows with Explanatory Memorandum, Study made jointly by the Council of Europe, the Commission of the European Communities and the International Chamber of Commerce, Strasbourg, 02.11.1992.

〔3〕PCPD, Transfer of Personal Data Outside Hong Kong: Some Common Questions, Model Contract, 1997.

〔4〕ICC, Model Clause for Use in Contracts Involving Transborder Data Flows, 1998.

〔5〕The Canadian Chamber of Commerce, Model Contractual Clauses for Transfer of Personal Information to a Data Processor, 2002.

1995年,欧盟《数据保护指令》第26条首次将标准合同条款确定为法定传输形式,至《一般数据保护条例》(GDPR)时代,标准合同条款渐成全球通行形式。[6]标准合同条款的典型范本,当属欧盟标准合同条款(SCCs)[7]、《东盟跨境数据流动示范合同条款》(MCCs)[8]和英国国际数据跨境传输协议(IDTA)。[9]

我国个人信息出境标准合同的立法模式和法条用语,尚有不明之处。立法模式上,《个人信息保护法(草案)》和一审稿均为"合同模式",二审稿转采"标准合同模式"并贯彻至最终稿。《数据出境安全评估办法》第9条和《网络安全标准实践指南——个人信息跨境处理活动认证规范》第5.2条分别规定了"数据安全保护责任义务"与"个人信息处理者和境外接收方的责任义务"。《数据出境安全评估办法》第9条明确规定"数据处理者应当在与境外接收方订立的法律文件中明确约定数据安全保护责任义务",并列举了数据安全保护责任义务应当包括的六项必备内容。但立法者为何在数据出境机制上用"标准合同模式"替代"合同模式","合同模式"与"标准合同模式"有何不同,"责任义务"

---

〔6〕European Commission, Working Party on the Protection of Individuals with regard to the Processing of Personal Data, Working Documents: Preliminary views on the use of contractual provisions in the context of transfers of personal data to third countries, DG XV D/5005/98, WP 9, 22.04.1998, p. 2.

〔7〕Commission Implementing Decision (EU) 2021/914 of 4 June 2021 on standard contractual clauses for the transfer of personal data to third countries pursuant to Regulation (EU) 2016/679 of the European Parliament and of the Council, OJ L 199, 07.06.2021, pp. 31-61.

〔8〕ADGMIN, ASEAN Model Contractual Clauses for Cross Border Data Flows, 22.01.2021.

〔9〕ICO, International Data Transfer Agreement, Version A1.0, 21.03.2022.

与标准合同有何内容关联，立法理由无从查知。

法条用语上，《个人信息保护法》第38条的三处概念亦值商榷。

其一，所谓标准合同，宜限缩理解为标准合同条款。《个人信息出境标准合同办法》第2条以及此前的《个人信息出境标准合同规定(征求意见稿)》第2条第1款似乎均将标准合同视为独立合同。然而，标准合同与个人信息出境的商事合同以同一出境活动为规制对象，若将标准合同独立于商事合同，无异于强行造成合同联立，反易引发条款解释和合同效力的争议。国家网信部门在《个人信息出境标准合同办法》中，调整了《个人信息出境标准合同规定(征求意见稿)》第2条第2款中"个人信息处理者与境外接收方签订与个人信息出境活动相关的其他合同，不得与标准合同相冲突"之表述，改为在《个人信息出境标准合同办法》第6条第2款规定"个人信息处理者与境外接收方约定其他条款，不得与标准合同相冲突"，并在附件《个人信息出境标准合同》的起始部分明确"在不与本合同正文内容相冲突的前提下，双方如有其他约定可在附录二中详述，附录构成本合同的组成部分"。此举看似将立法思路从"标准合同条款优先适用"改为"不得与标准合同相冲突"，但事实上并未改变"标准合同条款优先适用"之本质，可佐证的是，《个人信息出境标准合同》第9条第1项明确规定，"如本合同与双方订立的任何其他法律文件发生冲突，本合同的条款优先适用"。换言之，"标准合同条款优先适用"的立法思路，从表面上似乎解决了标准合同与个别约定的冲突问题，但实质上仍未明确此类合同条款的强制性本质属性。问题在于，第一，实践中，个别协议与标准合同条款的不一致，并非全为条款冲突,"与标准合同相冲突"存在解释空间;第二,强制性意味着法定适用与不可替代,这与优先适用有本质差别。《个人信息出境标准合同办法》及其附件《个人信息出境标准合同》未明确条款强制性或不可更改(禁止变更)的属性,是为不足。在未来粤港澳的标准合同中,可予以改进,例如可新增规则:"标准合同条款禁止变更……当事人在签订条款之时或之后所订立之合同,不得与标准合同条款不一致或冲突,如若有之,以标准合同条款为准。"本质而言,国家网信部门制定的标准化合同条款,仅构成个人信息跨境传输合同的一部分。定位为合同条款,更便于当事人自由组合独立的标准化条款。[10]

其二,跨境"提供",宜转换表达为"传输"。《个人信息保护法》第38条使用"提供"概念,似是延续《民法典》区分个人信息和数据的立法思路,强调内容意义上的个人信息出境。但《个人信息保护法》第4条第2款已将"传输"和"提供"并列为"处理"的下位概念,两者并无包含关系,第38条为何使用"提供"而非"传输",理由不明。[11]《个人信息出境标准合同办法》及其附件《个人信息出境标准合同》未遵循《个人信息保护法》第4条第2款的概念体系,未使用"提供"或"传输"概念,并在未定义"出境"的语境下,径以"个人信息出境"的活动描述作为法律概念来界定

---

〔10〕我国香港个人资料私隐专员公署2022年公布的《跨境资料转移指引:建议合约条文范本》就采取标准化条款的立法思路,其"引言"明确,"建议条文范本是可自由组合的独立性条文,也可被纳入资料转移者与资料接收者之间的一般性商业协议中"。See PCPD, Guidance on Recommended Model Contractual Clauses for Cross-border Transfer of Personal Data, 2022.

〔11〕国家标准也混用"传输"和"提供"概念,例如《信息安全技术 个人信息安全规范(GB/T35273-2020)》第9.8条。

合同名称。"出境"概念不仅指代不明,更未遵循上位法的用语,非但未能澄清"提供"与"传输"的关系,反致用语更为混乱。回到《个人信息保护法》第4条第2款所确立的概念关系,将"提供"与"传输"概念两相对比,后者技术中立,指向更明确,更符合国际通行表达。

其三,个人信息处理者和境外接收方,宜简化为出口方和进口方。《个人信息保护法》第38条第1款及《个人信息出境标准合同》对前述主体的概念区分,标准不统一,代之以"出口方"和"进口方"概念,亦简明直观。据此,本文基准概念为:标准合同条款、个人信息跨境传输、出口方和进口方。

除立法模式和法条用语之外,我国的标准合同条款还面临立法、学理和方法的三重挑战:

其一,在公法的立场上,国家网信部门基于《个人信息保护法》第38条第1款第3项创制标准合同,系由国家预先决定内容并强制纳入,此时规范制定依循何种逻辑,与上位法如何联动,有待明晰。

其二,从传统私法的学理角度审视,个人信息跨境传输合同可谓数据交易新型合同之一种,但《民法典》之典型合同规则中,并无可直接援引的任意性规范。该类合同的特征性给付为何,交易结构有何特殊,殊值探讨。[12]

其三,标准合同条款涉及不同的价值导向,交织着意思自治、

---

〔12〕数据传输合同的初始研究,例如,赵精武:《数据跨境传输中标准化合同的构建基础与监管转型》,载《法律科学》2022年第2期,第148页以下;金晶:《个人数据跨境传输的欧盟标准——规则建构、司法推动与范式扩张》,载《欧洲研究》2021年第4期,第95—98页。

个人信息保护、国家安全等多元的价值判断。作为个人信息跨境传输的监管工具,标准合同条款应如何体现私法自治与国家强制之间的辩证关系,标准合同条款之具体制定,应基于何种方法论立场,以便尽可能地实现公私法的规范与价值融通,值得追问。

基于《个人信息保护法》第38条的授权规范属性,本章将国家网信部门制定标准合同条款的行为,理解为兼具法的创制(Rechtsetzung)和法的适用(Rechtsanwendung)的双重属性。[13]国家网信部门制定本层级规范(标准合同条款),同时构成对上位法规范(个人信息保护法)的具体化适用,因此必须在上位法的基础上进行,且其制定的标准合同条款亦必须纳入上位法所构造的框架内加以理解。此外,若将标准合同条款整体视为一种国家规制工具,则国家对"个人信息出境"的监管将体现于国家对相关合同主体所附加的两方面义务。一是依据《个人信息保护法》,进出口方负有使用条款的法定义务,即《个人信息保护法》的立法者如何通过条款的强制适用机制,将进出口方纳入监管范围。二是基于标准合同条款,进出口方负有保护个人信息的合同义务。于此,创制标准合同条款的国家网信部门,应如何通过合同的内容强制,将法定义务转化为合同义务,以便实现切实有效又合乎比例的监管,将成为本章审视的核心问题。

---

〔13〕法秩序阶层构造论(Stufenbaulehre der Rechtsordnung)在相对意义上区分法的创制和法的适用,认为中间层级的规则同时呈现出法律创设和法律适用的面向。参见雷磊:《适于法治的法律体系模式》,载《法学研究》2015年第5期,第10页;雷磊:《立法的特性——从阶层构造论到原则权衡理论》,载《学术月刊》2020年第1期,第99页。

一、标准合同条款的国家监管功能

标准合同条款的特殊之处在于，其形式上是合同条款，但内容上由国家预先决定并强制纳入，兼具个别规范和国家法规范的双重属性。依据《个人信息保护法》第38条第1款，个人信息出境的法定形式分为四类：(1)安全评估；(2)个人信息保护认证；(3)按照标准合同订立合同；(4)其他。其中，安全评估、认证均须审批，仅合同机制原则上无需审批，但前提是进出口方订立合同时必须使用国家网信部门制定的标准合同条款。简言之，标准合同条款被强制纳入个人信息跨境传输合同，是标准合同条款发挥监管功能之前提。

（一）规范目的

个人信息跨境传输的特殊风险与特别法益，是《个人信息保护法》引入标准合同条款的原因所在。

所谓特殊风险，是个人信息安全事件一旦发生，则损害不可逆，危及国家安全、公共利益。境内传输虽亦有此风险，但监管机构尚能在主权范围内控制处置，个人信息一旦出境，风险更难防控。虽然《个人信息保护法》第42条授权国家网信部门将境外组织、个人列入限制或禁止个人信息提供清单，但限制或禁止交易不足以救济已发生之损害，更难预防未发生之风险。

所谓特别法益，是跨境传输涉及出口方、进口方和个人信息主体三方权益，其中以个人信息主体最为特殊。个人信息主体虽非合同当事人，却最易受侵害。若进口方存在违法处理行为，或在境外发生个人信息安全事件,个人信息主体寻求救济或借助行政命令、司法裁判介入,均有难度。但进出口方并无动力在合同中主动约定第三人保护事项,需由国家介入施以预防性保护。[14]

问题在于,《个人信息出境标准合同》开篇明言"为了确保境外接收方处理个人信息的活动达到中华人民共和国相关法律法规规定的个人信息保护标准……",这一目标定位有失偏颇。标准合同条款规制之对象,并不限于进口方,而应当涵盖出口方,规制之行为亦不限于进口方的处理活动,而是涵盖包括整个传输过程在内的个人信息跨境流动"全生命周期"。标准合同条款的规范目标,一是防止进出口方利用合同机制规避、减损个人信息出境的法定要求和标准,二是防止进口方后续滥用个人信息。

各国或地域关于标准合同条款的立法设计,既有功能共识,也有制度分歧。以中国和欧盟为例,标准合同条款均为信息/数据的法定出境形式,分歧在于,我国的标准合同旨在确保跨境传输符合本国法律和标准,欧盟标准合同条款(SCCs)旨在补强域外数据保护水平之不足。[15]申言之,在欧盟,充分性认定是数据出境的首要机制,欧盟标准合同条款为替代性机制。当进口方所在国未获得充分性认定时,经由欧盟标准合同条款,在合同条款中纳入所欠缺的数据保护基本要素,从而弥补进口国数据保护水平之不足。此与进口国的数据保护水平或法治状况无涉。但我国并无充分性认定或类似的一揽子认定制度,毋宁采取个案判断

---

〔14〕关于个人信息之国家保护,参见王锡锌:《个人信息国家保护义务及展开》,载《中国法学》2021年第1期,第145页以下。

〔15〕参见金晶:《个人数据跨境传输的欧盟标准——规则建构、司法推动与范式扩张》,载《欧洲研究》2021年第4期,第97页。

模式。《个人信息保护法》第38条第3款要求出口方采取必要措施,保障进口方的处理活动达到我国的个人信息保护标准,表明我国的跨境传输监管不直接认可第三国的保护标准,而是仅要求各类出境形式满足"同等保护水平"。[16]笔者认为,为确保标准合同条款具有"同等保护水平",可借鉴欧盟在Schrems II案中的"实质等同"解释思路,[17]将个人信息保护标准作为合同条款的解释规则。但《个人信息出境标准合同》第9条第5项的合同解释条款,仅涉及解释方式,即不得以与法定权利、义务相抵触的方式解释合同,未设置解释标准,未预留与我国个人信息保护标准相一致的"实质等同"解释接口。未来可考虑在合同解释条款或其他条款中,规定"基于标准合同条款传输到境外的个人信息,应确保实质上符合我国法的保护标准",[18]为合同解释预留空间。

(二)适用范围

标准合同条款的适用范围,是监管"射程"的规范表达。对人,标准合同条款既拘束境内出口方,也拘束境外进口方。[19]对

---

〔16〕亦有观点认为,《个人信息保护法》第38条第3款间接实现了该法的域外效力。参见周汉华主编:《〈个人信息保护法〉条文精解与适用指引》,法律出版社2022年版,第257页。

〔17〕C-311/18 Data Protection Commissioner v. Facebook Ireland Limited and Maximillian Schrems, CJEU Judgment of 16.07.2020, paras. 94, 105.

〔18〕《个人信息保护法》第38条第3款仅为个人信息处理者(出口方)设定义务,通过本条解释规则,则可以将境外接收方(进口方)纳入规制范围。

〔19〕唯应注意,标准合同条款拘束进口方,不等于《个人信息保护法》直接适用于进口方。仅当进口方对境内个人信息的处理构成《个人信息保护法》第3条第2款的三类情形时,《个人信息保护法》才适用于境外的进口方。

事,标准合同条款仅适用于个人信息跨境传输行为,以同类重复和关联性传输为典型场景,以传输模块为结构特色。

1.跨境传输行为

在我国,标准合同条款仅适用于个人信息跨境传输,境内传输能否适用,法无明文。理论上,境内传输与跨境传输均可使用标准合同条款,域外实践不乏其例,例如,欧盟区分适用于在欧盟成员国和欧洲经济区的数据内部流动的《数据控制者和处理者位于欧盟/欧洲经济区的标准合同条款的委员会执行决定》[20]和欧盟与第三国/组织进行数据跨境流动的《向第三国传输个人数据的标准合同条款的委员会执行决定》。[21]

境内传输与跨境传输均以处理为传输目的,均涉及个人信息的实际控制方和处理方,但境内传输合同侧重分配处理者(尤其是实际控制方)和分包处理者之风险,跨境传输合同之重心,在于特殊风险和特别法益之规制。

就个人信息跨境传输而言,鉴于《数据出境安全评估办法》第4条明列数据出境安全评估的四类情形,结合《个人信息出境标准合同办法》第4条之规定,标准合同条款并非普适性的出境

---

〔20〕Commission Implementing Decision (EU) 2021/915 of 4 June 2021 on standard contractual clauses between controllers and processors under Article 28(7) of Regulation (EU) 2016/679 of the European Parliament and of the Council and Article 29(7) of Regulation (EU) 2018/1725 of the European Parliament and of the Council, OJ L 199, 07.06.2021.

〔21〕Commission Implementing Decision (EU) 2021/914 of 4 June 2021 on standard contractual clauses for the transfer of personal data to third countries pursuant to Regulation (EU) 2016/679 of the European Parliament and of the Council, OJ L 199, 07.06.2021.

工具,而仅限于非重要、小规模的传输场景,出口方应同时满足四项前提:(1)非关键信息基础设施运营者;(2)处理个人信息不满100万人;(3)自上年1月1日起累计向境外提供未达到10万人个人信息;(4)自上年1月1日起累计向境外提供未达到1万人敏感个人信息。由此,标准合同条款与数据出境安全评估"整体联动",非属于需要安全评估的跨境传输场景,方有经由标准合同条款实现个人信息出境之空间。但仅就前述数量阈值而言,标准合同条款更适宜于中小型企业或临时性跨境传输,适用空间有限,若欲发挥此种基础制度之功能,日后尚有动态调整数量阈值之必要。

合同是数据传输的最小交易单元。在重要数据和关键数据外,实践中存在大量一般性商业数据出境的现实需求,倘若数据出境动辄履行安全评估、个人信息保护认证等均需主管机关参与、复杂耗时的审批程序,不仅影响数据流动效率,也会占用大量行政资源,监管部门逐一审查批准万千各异的个别合同交易,既不现实也不可能。标准合同条款兼具效率性和确定性,由国家监管机关预先拟定,条款使用无需另行审批,企业使用标准合同条款不仅精简时间,亦无官方审批的不确定性,实践价值不言自明。就相对可控的数据跨境传输而言,监管者预先将监管要求内化为标准化的合同义务,使标准化条款发挥在数据传输交易中的"毛细血管"作用,以实现对此类数据传输交易的渗透式监管。

2.典型场景:同类重复传输与关联性传输

标准合同条款不天然契合所有传输场景,而常见于同类重复传输和关联性传输。识别典型场景之目的,在于确定典型风险,进而公平分配权利义务。

其一,同类重复传输,多见于人力资源、金融信息、客户信息等跨国运营的大型商业组织,该领域有大量性质类似的重复传输需求,所涉行业中的大型运营商数量相对较少且广受公众监督。[22]此类场景中,标准合同条款是进出口方、监管机构的双赢方案:进出口方能反复使用条款,可以降成本提效率,监管机构受管辖权、企业垄断、关联公司等掣肘,行政监管存在难度,合同监管更为简便高效。

其二,关联性传输,则多见于跨国公司,以关联或隶属关系为特征。进出口方是跨国公司、关联公司或者隶属于同一经济实体时,双方联系较为紧密,应重点构造进出口方的责任承担条款。

识别标准合同条款的典型场景,意义有二。在条款使用上,正因标准合同条款契合于特定传输场景,立法者就应在跨国金融支付、全球航空、全球呼叫中心、跨境物流、大型跨国集团等目标场景"有的放矢",推进条款使用。例如,引入适用于特定国家、区域和行业的标准合同条款,设计与现行国际通用的标准合同条款相兼容的补充条款,借助区域性、行业性多双边公约来统一标准合同条款。在条款构造上,数据进出口方义务和违约救济之条款设计,应契合重复传输现实,重点斟酌关联性传输情形的责任承担(连带责任或按份责任),提高救济效率。

---

〔22〕European Commission, Working Party on the Protection of Individuals with regard to the Processing of Personal Data, Transfers of personal data to third countries: Applying Articles 25 and 26 of the EU data protection directive, DG XV D/5025/98, WP 12, 24.07.1998, pp. 22-23.

3.结构特色:传输模块

传输模块是配置进出口方义务的基本单元。进出口方可依据处理角色,选择不同模块,以调整合同义务。传输模块之设计,受到进出口方之间关系与性质、传输角色、预期处理性质、传输目的等因素影响。

在域外,传输模块的区分标准和细分程度各异。SCCs细分"控制者—控制者""控制者—处理者""处理者—处理者""处理者—控制者"四大模块,MCCs区分"控制者—处理者"和"控制者—控制者"两类模块。

在我国,立法难点在于细分传输主体。我国仅规定个人信息处理者,《个人信息保护法》第73条第1款的个人信息处理者概念,实质上吸收了域外的控制者概念,涵盖SCCs和MCCs的控制者和处理者。[23]《个人信息保护法》第38条仅区分个人信息处理者和境外接收方,进出口方既可以是实际控制信息的处理者,也可以是仅处理、但不实际控制信息的处理者,此种概念错位导致我国无法直接套用域外通行传输模块。这或许是《个人信息出境标准合同》在结构上未区分传输模块的原因所在,但这并不代表没有区分模块之必要,因为实践中区分进出口方实际角色的现实需求仍客观存在。笔者以为,单独制定委托处理的标准合同条款,在回避概念错位的前提下,回应区分进出口方角色(实际控制方和处理方)的现实需求,或为应对之策。

据上所述,标准合同条款是一种大规模、预防性的监管工具。

---

〔23〕参见姚佳:《论个人信息处理者的民事责任》,载《清华法学》2021年第3期,第41页以下。

借助合同的"毛细血管"作用,国家网信部门将法定监管要求转化为具体的合同条款,渗透到合同这一交易最小单元。只要以合同机制实现个人信息出境,进出口方就负有使用标准合同条款的法定义务。唯标准合同条款监管功能之实现,端赖于进出口方义务、个人信息主体权利等具体内容之展开。

二、进出口方的个人信息保护义务:基本监管路径

对进出口方课以合同义务,是标准合同条款的基本监管路径。进出口方的个人信息保护义务,既是标准合同条款最重要的义务内容,也是个人信息跨境传输合同最典型的义务群。这一义务的特殊之处在于,效果上,个人信息保护义务拘束合同双方,进出口方相对于彼此且相对于合同外第三人(个人信息主体)负有义务;来源上,进出口方的义务,是将《个人信息保护法》上的义务转化为标准化的合同义务,是法定义务的意定化。

在义务名称上,本文称为个人信息保护义务,而非数据安全保护责任义务、数据安全保护义务、数据保护义务,理由有三:其一,数据安全保护责任义务,出自《数据出境安全评估办法》第9条,"数据安全保护责任义务"必须包含第5项"违反数据安全保护义务的违约责任"。如此一来,"数据安全保护责任义务"一语双关,涵盖违约责任与安全保护义务。但逻辑上,数据安全保护责任应是违反数据安全保护义务所生之责任,不属于义务范畴。其二,数据安全保护义务,出自《数据安全法》第14条,与该法"保障数据安全"的立法目标相符。但《个人信息保护法》的首要目

标是保护个人信息权益，于此，"安全"二字在概念上有超越立法目标之嫌。其三，数据保护义务对应个人数据，为域外通行概念。我国则仅设个人信息概念，而无个人数据概念。

（一）个人信息保护义务的性质：主给付义务

个人信息保护义务之性质，迄今未见讨论，其能否构成个人信息传输合同的主给付义务，有待解释。

第一，个人信息保护义务是否属于瑕疵担保，进而构成主给付义务？在域外，数据保护义务亦称数据保护的保证或担保，SCCs和MCCs即称为"数据保护担保"（Datenschutzgarantien）或"数据保护保证"（data protection warranties）。[24]但这是英美法的"保证"概念，保证（warranty）与条件（condition）均指合同承诺，保证指能主张损害赔偿的合同承诺，与能径行主张解除的条件相区别。[25]这一"保证"概念与大陆法的瑕疵担保或狭义保证，并不对应。[26]大陆法上，瑕疵担保指债务人交付无瑕疵标的物的

〔24〕例如MCCs模块一和模块二第2-3条，模块一和模块二"个人救济的附加条款"（Additional Terms for Individual Remedies）第1.1条。

〔25〕英国判例常以保证和条件两个概念来区分合同义务何时是重要的，任何合同承诺都是一种保证，仅在未被遵守的承诺同时构成条件时，守约方才能解除合同。Hein Kötz, *Europäisches Vertragsrecht*, 2. Aufl., Mohr Siebeck, 2015, S. 324, 369; Edwin Peel/Treitel, *The Law of Contract*, 14th ed., Sweet & Maxwell, 2015, p. 979.

〔26〕《个人信息出境标准合同规定（征求意见稿）》中的《个人信息出境标准合同》在第2条和第3条将个人信息处理者和境外接收方的义务，表述为"个人信息处理者/境外接收方在此陈述、保证、承诺如下：……"。此种用语，恐为立法者直接迻译SCCs或MCCs而来，而未顾及承诺、保证在《民法典》上的特定含义，"陈述、保证、承诺"更是外延内涵不明。此处在最终正式公布的《个人信息出境标准合同》中得到了纠正。

主给付义务。个人信息保护义务看似接近瑕疵担保,可理解为出口方对个人信息质量和安全的保证,例如出口方保证信息的准确性。但与瑕疵担保义务不同,个人信息保护义务还包括通知、目的限制等义务,义务主体还包括进口方,难以将之解释为瑕疵担保,难以构成主给付义务。

第二,个人信息保护义务,能否构成从给付义务或附随义务?从给付与附随义务之区分,以能否独立诉请履行、是否改变财产状态为标准,从给付义务仍为给付义务,多引发财产状态改变,附随义务则多维持财产现状。[27]个人信息保护义务旨在维持跨境传输个人信息的安全状态,而非积极改变状态,其所维持的也非进出口方现状,而是个人信息现状。此种义务由国家强制纳入,这与从给付义务不决定合同基本类型甚至可约定排除之特征,存在差异。附随义务虽有维护对方人身财产利益的保护功能,但个人信息保护义务保护的是第三人(个人信息主体)的权益,将之解释为具有保护功能的附随义务,亦有障碍。

第三,将个人信息保护义务解释为主给付义务,理由有三。

一是义务产生方式。个人信息保护义务是法定义务的合同化,进出口方使用标准合同条款的前提,是合意以合同机制实现信息出境。据此,个人信息保护义务既可理解为基于个人信息保护法产生的从给付义务,也可理解为经约定"提升"为给付义务。

二是类比货运合同。货运合同以运输行为为标的,以保障货物安全为主给付义务。个人信息传输合同以传输无形的个人信息为标的,保护个人信息权益与保障货物安全"异曲同工"。此外,

---

〔27〕Dirk Looschelders/Dirk Olzen/Schiemann Gottfried, *Staudingers Kommentar BGB §§241-243*, De Gruyter, 2019, §241, Rn. 144-145, 156, 161.

若标准合同条款设置受益第三人条款,若进口方负有针对第三人的个人信息保护义务,该义务无疑是主给付义务。

三是反思合同类型的界定标准。主给付义务旨在确定合同性质,若将个人信息传输合同的特征性给付理解为进出口方以约定价格传输信息,个人信息保护义务显然不属于特征性给付,因为单凭个人信息保护义务,无法决定个人信息传输合同之性质,个人信息的委托处理或保管合同中亦有此义务。但单以某种义务来界定合同类型,这一判断标准本就值得怀疑。买卖合同中,单以买受人的付款义务并不能界定合同类型,租赁等有偿合同亦有付款义务,但付款显然是买受人的主给付义务。换言之,终局性移转所有权与支付价款相结合,方能界定买卖的类型特征,个人信息跨境传输合同亦然。个人信息跨境传输与个人信息保护义务相结合,方为合同类型特征。

在将个人信息保护义务界定为主给付义务的基础上,应注意的是,国家网信部门如何依据上位法提取义务、建构内容。

(二)个人信息保护义务的上位法依据

作为中间层级规范,标准合同条款中个人信息保护义务之制定,是国家网信部门对个人信息保护法的具体化适用,应在上位法给定的框架内进行。合同条款的内容来源,区分为多元模式和单一模式,二者区分之实益,在于条款的强制性程度。国际商会《涉及跨境数据流动的合同使用的示范条款》是推荐性条款,故采多元模式,内容源于经合组织隐私指南原则、行为守则、行业标准和国家标准。[28]SCCs是欧盟数据跨境的法定形式,是强制性条款,采单一模式,内容源于GDPR。在我国,标准合同条款是个人信息出境的法定形式,个人信息保护义务以上位法之法定义务作为合同义务的内容来源,亦为单一模式。

个人信息保护义务遵循"个人信息保护原则—个人信息处理者义务/个人信息主体权利—标准合同义务"的具体化过程。《个人信息保护法》的基本原则,是义务内容的一般来源,处理者的法定义务和个人的法定权利,则为义务内容的直接来源。其一,依据《个人信息保护法》第4条第2款,传输构成个人信息的处理,跨境传输个人信息,应遵守个人信息处理的基本原则(《个人信息保护法》第5条至第9条)。但基本原则内容抽象,难以满足合同义务的明确特定要求,故为合同义务的一般来源。其二,个人信息主体的权利和个人信息处理者的义务(《个人信息保护法》第44条至第59条)是基本原则的具体化。例如,准确度义务(《个人信息保护法》第46条)是质量原则的具体化,进出口方应在传输中确保个人信息质量,出口方义务侧重对传输信息的源头控制,进口方义务侧重对接收信息的过程控制。

(三)个人信息保护义务的具体类型

连结上下位规范之关键,在于上位规范对下位规范的授权,下位规范的权限是对上位规范的具体化,个人信息保护义务的具体化亦然。进出口方的传输角色、利益格局、风险能力不尽相同,

---

〔28〕OECD, *Transborder Data Flow Contracts in the Wider Framework of Mechanisms for Privacy Protection on Global Networks*, OECD Digital Economy Papers No. 66, 21.09.2000, OECD Publishing, Paris, pp. 9-10.

其应承担的个人信息保护义务既有交叉,又不相同,既有双方义务,也有单方义务。个人信息保护义务的具体类型,以个人信息安全义务,个人信息安全事件的通知、补救、减损义务,告知义务,目的限制义务和合规审计义务为典型。

1.个人信息安全义务

个人信息安全义务,原则上是进出口方均应负担的主给付义务。基于个人信息处理者的安全义务和信息安全原则,进出口方应确保个人信息安全,根据处理的性质、目的、范围、方式、技术水平等因素,采取适当的技术、运营措施,确保处理的安全性,防止泄露、篡改、丢失等安全风险。

进出口方所负的个人信息安全义务,侧重不同。出口方应确保个人信息在传输至进口方的传输过程中的安全性。[29]进口方应就收到的个人信息承担额外的安全义务,例如应定期检查,确保传输的技术和组织措施持续具备安全水准,确保授权人员对处理行为予以保密。[30]进口方在《个人信息保护法》第3条第2款的范围内处理个人信息时,亦为个人信息处理者,依据《个人信息保护法》第51条第4项,进口方应制定内部管理制度和操作流程,持续保障个人信息安全,确保信息处理操作权限的安全性,

---

〔29〕在传输期间,个人数据的安全义务既可以是进出口方的共同义务,也可作为出口方义务。例如,SCCs模块一第8.5条第a项,SCCs模块二和模块三第8.6条第a项和SCCs模块四第8.2条第a项,都设置为进出口方的共同义务,构造为"处理安全性义务"的一项子义务。MCCs模块一第2.3条规定为出口方义务,MCCs模块二第4.1条规定为进出口方的双方义务。

〔30〕进口方的数据安全义务,例如SCCs模块一第8.5条第b项和第c项,SCCs模块二和模块三第8.6条第b项,MCCs模块二第3.2条。

进口方应仅限于执行、管理和监督合同履行所需的必要范围内，授权相关人员访问个人信息，确保被授权人员履行保密义务。

就个人信息安全义务，《个人信息出境标准合同》在出口方义务上存在疏漏。《个人信息出境标准合同》第3条第6项实质是将《个人信息保护法》第51条第4项的法定要求，纳入进口方的个人信息安全义务，要求境外接收方"保障个人信息处理安全，包括采取技术和管理措施……确保授权处理个人信息的人员履行保密义务，并建立最小授权的访问控制权限"。但就出口方的个人信息安全义务，《个人信息出境标准合同》第2条第5项仅要求出口方承担确保进口方合规的"安全义务"，要求个人信息处理者"已尽合理地努力确保境外接收方采取如下技术和管理措施"，出口方的此种义务内容，实操性存疑。关键在于，跨境传输既可能是短时间、一次性的，更可能是持续性、多频次的，以继续性合同为典型。如何确保个人信息在传输至进口方的整个传输期间的安全性，恰应是出口方个人信息安全义务的核心内容。《个人信息出境标准合同》第2条对出口方应负安全义务的关键内容即整个传输行为过程的义务，并无规定，是为漏洞。于此，可考虑未来在《个人信息出境标准合同》更新版中，在第2条第4项增设规则，要求个人信息处理者"实施适当的技术和管理措施，确保个人信息跨境传输期间的安全性"。

2.个人信息安全事件的通知义务

个人信息安全事件的通知义务是典型的进口方义务，是个人信息安全义务之延伸，为真正义务。基于《个人信息保护法》第57条，在发生或可能发生第51条和第57条的个人信息安全事件时,处理者应通知履行个人信息保护职责的部门和个人。《数据安全法》第29条后段亦规定了数据安全事件的通知义务。

在域外,数据安全事件的通知义务原则上由进口方承担,知悉数据泄露事件后,进口方应立即通知出口方。SCCs将之构造为"处理安全性义务"的一项子义务,IDTA第15条单独规定了个人数据泄露时的进口方义务,其中包括通知义务。[31]

文义上,《个人信息保护法》和《数据安全法》仅规定处理者的一般通知义务,通知主体不限于任何一方。但跨境传输中,进口方更能实际了解发生个人信息安全事件的可能风险和现实危险,故在出口方的通知义务之外,应重点构造进口方的通知义务。

性质上,通知义务是真正义务,理由在于,《个人信息保护法》第57条未规定违反通知义务之法律效果,第66条将"未履行个人信息保护义务"概括列为法律责任构成要件,违反通知义务是否免于损害赔偿,第69条亦无例外规定。

就通知事由,《个人信息保护法》第57条仅列举个人信息泄露、篡改、丢失三类情形。《数据出境安全评估办法》第9条第6项亦以"出境数据遭到篡改、破坏、泄露、丢失等风险"模糊列举带过。《个人信息保护法》第51条第5项和第64条第1款的个人信息安全事件,缺乏界定,第51条的个人信息安全事件除信息泄露、篡改、丢失之外,还包括未经授权的访问。实践中,风险源随技术发展而变化,个人信息安全风险并不限于泄露、篡改或丢失。笔者主张对《个人信息保护法》第57条进行目的性扩张,通知事

---

〔31〕参见SCCs模块一第8.5条第e项,SCCs模块二和模块三第8.6条第c项,SCCs模块四第8.2条第b项,MCCs模块一第3.10条,MCCs模块二第3.4条,IDAT第15.2.1条。

由应涵盖所有可能危及个人信息安全的风险,包括但不限于泄露、篡改、丢失。个人安全事件通知义务的构造方案为:"在知悉发生个人信息安全事件的可能风险或现实危险时,进口方和出口方应立即通知履行个人信息保护职责的部门和个人信息主体,通知内容包括对个人信息安全事件的性质描述、可能危害、已采取的补救措施、可采取的减轻危害措施等。"

3.个人信息安全事件的补救、减损义务

个人信息安全事件的补救、减损义务,是典型的进口方义务,构成个人信息安全义务之延伸,为真正义务。一般而言,进口方对数据安全事件的补救、减损义务,主要针对进口方处理的个人数据发生泄露的情形。[32]基于《个人信息保护法》第57条第1款第2项和第2款,在发生或可能发生个人信息安全事件时,处理者应履行补救、减损义务。《数据安全法》第29条前段亦规定了发生数据安全缺陷、漏洞等风险时处理者的补救义务。实践中,进口方更能有效实施补救、减损行为。进口方的补救、减损义务可构造为:"(1)发生或可能发生泄露、篡改等个人信息安全事件时,进口方应立即采取补救措施,包括采取措施以减轻可能的危害。(2)合同履行中,进口方有理由认为己方因无法遵守合同而可能造成安全风险时,应通知出口方,出口方收到通知或以其他方式意识到进口方无法遵守合同时,应采取适当措施予以补救并通知有关部门。(3)补救措施应包括出口方和/或进口方采取补充性保护措施,例如确保安全和保密的技术或组织措施。"

---

〔32〕参见SCCs模块一第8.5条第d项,模块二第8.6条第c项,SCCs模块三第8.6条第c项,IDTA第15.1.1条。

疑点在于,出口方是否负有暂停传输义务?《个人信息保护法》第57条和《数据安全法》第29条并未规定暂停传输规则。暂停传输,旨在对个人信息安全事件进行补救、减损,属于《个人信息保护法》第57条第1款第2项"补救措施"和"减轻危害的措施"的范畴,也属于《数据安全法》第29条前段"补救措施"的概念射程。因此,广义的补救、减损义务可涵盖暂停传输,暂停传输可以构成补救措施的具体类型。问题在于,暂停传输究竟是义务抑或抗辩权?若是义务,是否单独规定为出口方义务?[33]《网络安全标准实践指南——个人信息跨境处理活动认证规范》第5.2条第d项将"中止跨境处理个人信息"界定为"个人信息处理者和境外接收方的责任义务",但暂停传输的义务内容,实质上更接近不安抗辩权。面对进口方的传输要求,出口方提出暂停时,实际是行使不安抗辩权。若出口方享有不安抗辩权而不行使,仍决定对外传输,个人信息主体有权依据受益第三人条款直接提出请求。换言之,相对于进口方,暂停传输是出口方的抗辩权,相对于第三人,暂停传输是出口方的义务。

因此,进口方和出口方均得为暂停传输的义务主体。暂停传输义务,可构造为:"(1)进口方违反合同义务或法定义务的,出口方应暂停传输,直至违约行为得到补正或合同终止,进口方应依出口方之选择,返还或销毁个人信息。(2)出口方认为己方无

---

〔33〕出口方的暂停传输义务,在域外较为常见。例如,SCCs鉴于条款第17项规定,进出方应能证明其遵守了标准合同条款。如果进口方违反或无法遵守条款时,出口方应暂停传输,特别严重情况下,出口方有权终止合同。在合同终止前已经传输的个人数据及其任何副本,应由出口方选择返还至出口方或全部销毁。MCCs模块一"商用部分"第5.1条亦规定,当进口方违反约定或法定义务时,出口方可以暂停传输,直至违约得到补正或合同项下的处理终止。

法确保采取个人信息保护措施或受到履行个人信息保护职责的部门指示时,其应暂停传输。"

4.告知义务

告知义务是典型的出口方义务,又称透明度要求。基于《个人信息保护法》的公开透明原则和告知规则,个人信息处理者负有主动告知和经问询告知的双重义务。前者为一般的信息公开义务(主动告知义务),处理者应主动向个人信息主体告知处理事项、传输主体经营变动事项(《个人信息保护法》第17条、第18条、第22条、第23条、第39条)。后者为经问询的告知义务,处理者须就个人提出的查阅、复制个人信息等问询予以回应(《个人信息保护法》第45条、第48条)。告知通常可明示为之,例如提供条款副本,或在涉及商业秘密等保密事项时,共享特定范围内的部分副本,或在个人信息主体无法理解副本内容时,提供可理解的摘要。但是,告知义务绝非单纯的出口方义务,特定情形下,进口方亦负有告知义务。

告知义务之分配,在于实际处理信息的主体是否承担告知义务,判断标准包括传输模块的交易特征、进出口方的告知能力,而告知能力又取决于进出口方对个人信息的控制、访问、获取的能力和可能性。

在域外,告知主体因传输模块而异:其一,在"控制者—控制者"模块,进出口方共同承担一般告知义务,进口方为实际告知主体,出口方辅助进口方履行告知义务。[34]其二,在"控制者—处理者""处理者—处理者"模块,出口方是主要的告知主体,进口方辅助出口方履行告知义务。[35]

在我国,若在个人信息处理者概念下细分实际处理方(处理方)和实际控制方(控制方),则处理方通常不直接与控制方或个人信息主体互动,传输合同也可能禁止处理方(代表控制方)查看存储在控制方服务器上或通过其服务器处理的个人信息。由是观之,相较于代表控制方为处理行为的处理方,控制方更有能力向个人信息主体提供相关政策和实践讯息,更宜承担告知义务。不同传输模块中,进出口方都可能是实际控制方。当进出口方均为控制方时,其均有能力向个人信息主体提供条款副本或回复问询,均可成为告知主体。当进口方是实际处理方时,出口方才是真正控制个人信息的一方,由出口方承担告知义务,更为合理。

基于《个人信息保护法》第53条和第39条,应由出口方承担一般告知义务,进口方为辅助方,相应地,告知义务条款可构造为:"进口方应通过出口方通知个人信息主体,或由进口方向出口方和个人信息主体提供联系人信息,授权其代表进口方回复问询。"《个人信息出境标准合同》在第2条和第3条分别规定了个人信息处理者和境外接收方的告知义务,其中,第2条合理区分了前文所述的两种类型,第2项与第4项为主动告知的义务内容,第7项是经问询时的告知义务。就境外接收方的告知义务,第3

---

〔34〕进出口方的告知义务,多规定为双方均有义务应个人之要求,向其提供条款副本,或就各自管辖范围内的个人问询予以回复。参见SCCs模块一第8.2条第c项,MCCs模块二第4.3条,IDTA第18条。

〔35〕例如,SCCs模块二和模块三第8.3条规定,出口方须应数据主体之要求,向其提供条款副本。

条第3项仅设置了经问询时的告知义务。

5.目的限制义务

目的限制义务是典型的进口方义务。依据《个人信息保护法》第6条第1款,目的限制是个人信息处理的最基本原则,在收集阶段,处理者应有明确目的,使用信息不得违背约定目的,在处理阶段,应限于特定目的处理。[36]跨境传输显然属于后者,进出口方应限于特定目的处理个人信息。原则上,进出口方均为处理者,均负有目的限制义务。实践中,出口方将个人信息传输至进口方后,主要由进口方实施处理,进口方承担目的限制义务更为合理。[37]

目的限制义务之构造,可区分为一般规则和豁免规则。

其一,一般规则。进口方应限于约定目的处理个人信息。委托传输中,进口方(受托人)应仅限于约定目的并根据委托人的指示来处理个人信息(《个人信息保护法》第21条第1、2款)。

其二,豁免规则。首先,个人信息主体的同意是处理之前提(《个人信息保护法》第13条第1款第1项、第14条第2款、第23条),超出特定目的之处理须事先同意。据此可确立相对豁免规则,即在超出目的处理时,若嗣后补足同意要件,则不违反目的限制义务。其次,就为履行法定义务或法定职责所必需等无需同意即可处理的绝对豁免情形(《个人信息保护法》第13条第1款第2项至

---

[36]参见程啸:《个人信息保护法理解与适用》,中国法制出版社2021年版,第85页。

[37]在域外,目的限制多体现为进口方义务,进口方应仅限于传输的特定目的处理个人数据。参见SCCs模块一第8.1条,SCCs模块二和模块三第8.2条,MCCs模块一和模块二第3.1条,IDTA第12.1.1条。

第7项和第2款),可设置绝对豁免规则,即属于前述情形的超出特定目的处理,不违反目的限制义务。

6.合规审计义务

合规审计义务是典型的出口方义务,指出口方应对进口方是否遵守个人信息保护法和标准合同条款展开审计,其名为义务,实为审计权限。

就文义解释而言,依据《个人信息保护法》第54条,处理者应定期对其处理行为是否遵守法律、行政法规进行审计,此为自律性对己义务,不涉及对传输合同的合规审计。但该条未界定具体审计对象和审计主体,《信息安全技术 个人信息安全规范》第11.7条仅规定,由个人信息控制者进行安全审计,审计对象为个人信息保护政策、相关规程和安全措施的有效性。在目的解释上,若进出口方欠缺安全适当的处理场所、设施或组织措施,无法依约履行,《个人信息保护法》第54条的个人信息保护目标就无从实现。相较之下,域外的合规审计主要是合同合规审计,而非法律合规审计,由出口方对进口方是否遵守合同条款予以审计。[38] 笔者认为,若对《个人信息保护法》第54条作目的性扩张,除法律合规外,合规审计义务的具体内容还应包括是否遵守标准合同条款的合同合规审计。合规审计条款之设计,应重点构造出口方对进口方是否遵守标准合同条款的合同合规审计事项。

---

〔38〕例如,SCCs的"文件和合规条款"(Documentation and Compliance)规定,各方应证明其遵守了合同义务。参见SCCs模块一、模块二、模块三第8.9条,模块四第8.3条。MCCs模块一第3.6条也规定,进口方应根据出口方的合理要求,提供对其数据处理设施、数据文件和资料的访问,以用于审计目的,核实是否符合合同义务。

就合规审计义务的规则设计,《个人信息出境标准合同》第3条第11项仅涉及合同合规审计,仅要求境外接收方"承诺已遵守本合同义务所必须的必要信息,允许个人信息处理者……对本合同涵盖的处理活动进行合规审计",并未纳入法律合规审计义务。但事实上,法律合规与合同合规各有侧重,缺一不可,未来或可考虑将前述条款改为"用以证明遵守个人信息保护法等法律、行政法规以及本合同约定的义务……"

真正的难点在于,应否赋予出口方审计权限,由出口方直接审计进口方?尽管SCCs和MCCs均规定,出口方有权访问数据处理设施,但向出口方开放访问权限,可能会破坏处理者(进口方)采取的隐私安全措施。实践中,出口方常同时代表多个控制者,随时可能以(多个控制者的)代理人身份处理个人信息。若因审计原因向出口方开放访问权限,可能存在信息泄露、未经授权访问等风险。更佳方案,应由进出口方议定专业第三方或独立审计方,由其向出口方提交报告,证明进口方遵守了合同义务。

三、标准合同条款的第三人保护功能:扩展监管通道

将合同关系的保护效力扩张适用于第三人,此系标准合同条款的扩展监管通道。合同模式由"二人关系"转化为"三人关系",标准合同条款的监管得以从进出口方延伸到个人信息主体。实践中,个人信息外包处理渐成常态,处理链冗长复杂,处理者商业关系更迭频繁,处理者与个人之间存在值得法律介入的特殊关系,有扩大合同对第三人保护效力之必要,将个人信息主体纳入

标准合同条款的保护范围。标准合同条款的典型涉他条款，当属受益第三人条款、委托处理条款和禁止再传输条款。

（一）受益第三人条款

受益第三人条款，是标准合同条款中最具特色的涉他条款。数据传输合同的特殊之处在于，数据主体并非合同当事人，却易因数据跨境传输遭受损害。数据主体的权利尤其会因境外处理而受影响，跨境传输中，一旦出现违约情事，数据传输过程中很难明确界定过错方，数据出口方可能以此为由来逃避责任或将责任推给数据进口方，而数据进口方身处境外，数据主体难以跨境主张救济，若严守合同相对性原则，数据主体更无介入合同履行之正当理由，为数据主体提供充分有效的合同救济缺乏法理依据。正因如此，数据传输合同中常见的典型构造是引入第三方受益人条款(Drittbegünstigtenklausel)，为第三人直接提供请求权，明确规定数据主体可得援引、执行的合同条款。例如，SCCs第3条规定，数据主体得以受益第三人身份，向进口方和/或出口方援引并执行合同条款。将数据传输合同构造为利益第三人合同，来弥补合同仅能在当事人之间发挥拘束力的结构性限制，以尽可能地为数据主体提供全面保护。

《个人信息出境标准合同》第5条明确引入"第三方受益人"概念，赋予个人信息主体以"第三方受益人"身份，意味着立法者对标准合同条款第三人保护功能之肯认，个人信息跨境传输合同也由此具有真正利益第三人合同之性质。受益第三人条款常规定为"个人信息主体作为受益第三人执行合同条款"，多赋予第三人两类直接请求权：

一是访问、查询、更正、删除等权利。例如,MCCs模块一"个人救济的附加条款"第1.2—1.3条规定,数据主体可以作为受益第三人,对进口方/出口方执行访问、更正权。SCCs第10条区分四类传输模块规定数据主体权利。IDTA第20.4—20.5条规定了数据主体的复制、更正、删除与反对权。

二是违约损害赔偿请求权。欧盟旧的三套条款皆设数据主体的违约赔偿请求权。其中2001年《标准合同条款的决定》第6条第2款采连带责任,2004年《替代性标准合同条款的决定》第3条第1款采过错责任,进出口方就各自义务违反向数据主体承担责任。2010年《针对第三国处理者的标准合同条款的决定》第6条采无过错的多级担保责任,数据主体应先向出口方、再向进口方、最后向分包处理者主张赔偿。现行SCCs采连带责任。典型的违约赔偿条款,例如SCCs第12条,MCCs模块一"个人救济的附加条款"第1.5条,MCCs模块二"个人救济的附加条款"第1.4条,IDTA第33条。

1.个人信息主体的查询、更正、删除等权利

个人信息主体向进出口方直接主张查询权、复制权、要求解释和说明权、可携带权、更正权、补充权和删除权,是《个人信息保护法》第44条至第50条法定权利的合同化,是个人信息权消极权能之体现。[39]例如,出口方对个人信息主体负有主要的告知义务,进口方为辅助方,但出现《个人信息保护法》第22条的合并、宣告破产等经营变动时,出口方恐无法履行告知义务,有必

---

〔39〕参见申卫星:《论个人信息权的构建及其体系化》,载《比较法研究》2021年第5期,第1页以下。

要赋权个人信息主体,规定"个人信息主体有权以受益第三人身份对进口方执行第 × 条合同条款",《个人信息出境标准合同》第5条即采此思路。

2.个人信息主体的违约赔偿请求权

个人信息主体的违约赔偿请求权,是受益第三人条款的意义所在。在我国合同法采违约责任无过错归责原则的前提下,进出口方之间采连带还是按份责任,乃违约赔偿之关键,衡量因素包括违约救济效率、风险分配的公平性和条款使用率。

连带责任的优点,是消除了损害赔偿的不确定性,但缺陷有二:一是进出口方恐因较重法律责任而不愿使用标准合同条款;二是连带责任并非风险公平分配的最佳方案,若由出口方就进口方造成的损害承担责任,由于出口方将信息传至域外,同时创造了新的风险源,出口方基于因果关系不存在的抗辩事由通常无法得到支持;若由进口方对出口方造成的损害担责,极端情况下,尚未传输的信息仍处于出口方控制之下,此时要求进口方对未收到信息的不当行为负责,有失公平。[40]

笔者认为,标准合同条款设置第三人违约赔偿请求权之初衷,是为个人提供简便有效的损害赔偿路径,于此,连带责任似为更佳选择。但连带责任对责任人负担较重,其发生应以法定或约定为前提,下位法中的连带责任若有上位法依据,则与上位法不抵触,若无上位法依据,则系违反法律规定创设的连带责

---

〔40〕Philipp C. Räther/Nicolai Seitz, "Ausnahmen bei Datentransfer in Drittstaaten-Die beiden Ausnahmen nach §4c Abs. 2 BDSG: Vertragslösung und Code of Conduct", *MMR*, 2002, Heft 8, S. 525.

任。[41]《个人信息保护法》第20条第2款和第69条仅规定个人信息共同处理者应承担连带责任,个人信息侵权赔偿适用过错推定责任。国家网信部门在标准合同条款中针对共同处理者设置连带责任,是对法定连带责任的具体解释,未逾越权限,但若将连带责任泛化到跨境传输的一般情形,由进出口方对个人信息主体承担连带赔偿责任,则超越了法定的连带责任范畴。

3. 受益第三人条款的规范要点

第一,限定受益人权利范围。受益第三人条款之核心,是确定个人信息主体(受益人)的权利范围。范围过窄,个人信息主体的权利恐难全面保护,有违条款设置初衷。范围过宽,将大量受益人权利纳入合同关系,进出口方的责任风险更高,由合同相对性原则和侵权规则所构成的责任限制恐被打破。若受益人对进出口任意一方可主张的权利过多,亦会增加该方当事人的责任风险。欧洲信息与通信技术产业协会(EICTA)和国际商会就曾提出,进口方担责的条款设置,既不实用也不公平。遭经济界批评后,现行SCCs有利于进口方,SCCs第3条第a款明列受益人权利的除外范围,限制了委托处理时受益人的权利范围,数据主体原则上只能向出口方主张合同权利,仅在出口方实际解散或不再合法存续时,才能向进口方主张赔偿。[42]

---

〔41〕参见李宇:《民法总则要义:规范释论与判解集注》,法律出版社2017年版,第851页以下。

〔42〕Axel Freiherr von dem Bussche, in: Flemming Moos (Hrsg.), *Datenschutz-und Datennutzung*, 3. Aufl., 2021, Rz. 28.46; Philipp C. Räther/Nicolai Seitz, "Ausnahmen bei Datentransfer in Drittstaaten-Die beiden Ausnahmen nach §4c Abs. 2 BDSG: Vertragslösung und Code of Conduct", *MMR*, 2002, Heft 8, S. 525.

笔者认为,限定受益人权利范围时,应特别关注境外处理对个人权利的可能影响。例如,出口方主要负责信息处理,其可向进口方作出指示以确保进口方依约处理,即便进口方经营变动,也无法完全豁免进口方责任,其仍负有一定程度的次要责任,因此,有必要限制个人信息主体向进口方主张权利的范围。《网络安全标准实践指南——个人信息跨境处理活动认证规范》第5.1条第a项"个人信息主体是个人信息处理者和境外接收方签订法律文件中涉及个人信息权益相关条款的受益人"仅简略提及受益人概念,"相关条款"的范围过于宽泛,缺乏实操价值,《个人信息出境标准合同》第5条第5项则明确限定了受益人的权利范围。

第二,识别违约赔偿范围。在侵权赔偿的法定责任外,经由受益第三人条款另设违约赔偿路径,价值或在于救济效果。个人信息安全事件中,除人格权益损害,还可能出现因第三人介入行为造成的个人信息侵权的"下游损害"导致的财产损失。[43]《个人信息保护法》第69条第2款规定了确定侵权损害赔偿额的三种方法(损失、违法收益和酌定),在损害范围上,侵权赔偿范围包括获益返还,较违约赔偿更具优势。但是,在程序法上,侵权责任存在内国法的域外效力问题,而仲裁和域外法院原则上承认合同效力,违约救济更为顺畅。

关于违约赔偿的范围,基于受益第三人条款,个人信息主体是权利人,进出口方是义务人,违反义务的赔偿为违约赔偿。此

---

〔43〕个人信息侵权的"下游损害",参见谢鸿飞:《个人信息泄露侵权责任构成中的"损害"——兼论风险社会中损害的观念化》,载《国家检察官学报》2021年第5期,第21页以下;谢鸿飞:《个人信息处理者对信息侵权下游损害的侵权责任》,载《法律适用》2022年第1期,第31页。

种赔偿与进出口方之间义务违反的违约赔偿不同。进出口方之间的履行利益是跨境传输之完成,可得利益是履约后进出口方可获得的利益,若有义务违反,违约损害赔偿以完全赔偿为原则,旨在填补损害,包括守约方的所受损失和所失利益,且实际损失限于履行利益,守约方可以且仅能在违约造成的全部损失范围内要求违约方承担赔偿责任。[44]受益第三人条款下,个人信息主体所受损害多为个人信息泄露等安全事件所引发的财产或精神损害,多表现为侵害个人信息主体的固有利益。应注意者,典型利他合同中,第三人通常基于合同享有针对主给付义务之债权,债务人向第三人承担的义务与向债权人承担的义务相同。标准合同条款中,第三人的查询、更正等权利和违约赔偿请求权,皆难解释为针对主给付义务之债权。受益第三人条款之构造更接近德国法上附保护第三人作用的合同,与典型利他合同并不相同。就违约赔偿范围的规范模式,个人本就享有较为概括的法定权利并对接侵权责任,受益第三人条款赋予个人更精细化的合同权利,究竟应以受益人同意为前提,采取合意模式,还是设置受益人的拒绝权,采取修正的单方行为模式,[45]有待论证。《个人信息出境标准合同》第2条第4项为个人信息主体设置拒绝权,似乎是采取"修正的单方行为模式",推定个人信息主体通常希望获得前述权利,至于其是否终局性取得权利,仍取决于其意思。

第三,明确准据法。我国法上,为第三人利益合同并无障碍,

---

〔44〕参见姚明斌:《〈合同法〉第113条第1款(违约损害的赔偿范围)评注》,载《法学家》2020年第3期,第177页。

〔45〕参见葛云松:《意思自治原则的理论限度——评〈论利他法律行为涉他效力的制度建构〉》,载《北大法律评论》2011年第12卷·第2辑,第620页以下。

《民法典》第522条亦有明文。但此类合同在两大法系的制度结构不同，若进口方所在国法律不承认为第三人利益合同或构造不同，可能给进口方带来合同效力和履行上的不确定性。故可考虑在标准合同条款中设置"个人信息主体作为受益第三人向进出口方提起诉讼或仲裁的，应以中国法为准据法"等类似规则，以弥合为第三人利益合同在不同法系/国家的制度壁垒。

（二）委托处理条款

委托处理条款应处理外包而生。《个人信息保护法》第21条是委托处理的法定规则，但该法意义上的委托，应作广义解释，除了《民法典》上的委托合同，还涵盖服务、承揽等类型。全球处理链下，处理日益外部化，支持或数据中心管理等人员密集型服务中，境内公司可能出于集中处理设施、分包廉价处理服务等不同原因而使用境外处理服务。

依指示处理，系委托处理条款之核心。例如，SCCs模块一第8.8条规定，在"控制者—控制者"传输模块，数据进口方须确保在其授权下处理数据的主体仅根据其指示处理数据。欧盟2010年《针对第三国处理者的标准合同条款的决定》曾专门针对将数据传输到第三国的离岸外包情形，规定了适用于外包公司（数据出口方）和离岸供应商（数据进口方）的标准合同条款，若委托方位于欧盟境内，而受托方（分包商）位于第三国，在第三国进行的委托处理适用第三套条款。在欧盟，委托处理关系分为两层，首先是数据处理者与出口数据的委托方形成委托关系，其次是数据处理者与次级处理者形成委托关系，这种委托方身份不构成数据保护法意义上的控制者。[46]《个人信息保护法》第21条规定了个人信息的委托处理规则,《信息安全技术个人信息安全规范》第9.1条亦细化了委托处理的国家标准,加之业界隐私权政策普遍在共享条款外单独构造委托处理条款,立法者在标准合同条款中引入委托处理条款,法律与实践基础兼备。

在委托处理关系中,委托方指示受托方处理个人数据,受托方为处理者,在一定程度上是委托方的"延伸",须受委托方指示约束,但对数据使用,受托方并无独立决策权限,即便由受托方实际处理数据,委托方仍须对委托处理的数据负责,尤其要对外包的数据处理过程的合法性负责,委托方不能通过选任受托方来规避其应负的数据保护义务。[47]

委托人不免责,是民法上履行辅助人原理的体现,委托人不得通过选任受托人来规避个人信息保护义务。委托处理关系中,委托人指示受托人处理个人数据,受托人为处理者,在一定程度上是委托人的延伸,受委托人指示约束。受托人就个人信息之使用,并无独立决策权,即便受托人实际处理数据,委托人仍须对委托处理的信息负责,尤其是对外包信息处理过程的合法性负责。[48]问题在于,处理外包链的合同关系复杂,委托方和单个受托方之间的个别型委托处理条款已滞后于实践进展,委托处理的交易原型应以复杂处理链和合同链为准。

---

[46] Thomas H. Fischer/Roland Steidle, "Brauchen wir neue EG-Standardvertragsklauseln für das 'Global Outsourcing'?", *CR*, Vol. 25(10), 2009, S. 632.

[47] Axel Freiherr von dem Bussche, in: Flemming Moos(Hrsg.), *Datenschutz-und Datennutzung*, 3. Aufl., 2021, Rz. 28.13.

[48] 例如,SCCs模块一第8.8条为"进口方的授权处理条款",进口方应确保任何在其授权下行事的人员仅根据进口方的指示处理数据。

就委托处理和转委托,《个人信息出境标准合同》并未单列委托处理条款,仅在第3条第9项"境外接收方的义务"之下规定"受个人信息处理者委托处理个人信息,转委托第三方处理的,应当事先征得个人信息处理者同意,要求该第三方不得超出本合同附录一'个人信息出境说明'中约定的处理目的、处理方式等处理个人信息"。问题在于,委托处理条款之设计,本应聚焦于"受托人仅依委托人之指示处理个人信息",但前述条款对此全无规定,是为缺憾。此外,尽管我国《个人信息出境标准合同》已经引入委托处理条款,但仍需注意,数据处理外包虽能节约成本,但层层分包形成的外包链牵涉多方主体,合同关系复杂。加之实践中委托方和单个受托方之间的数据委托处理的简单条款构造日益式微,立法引入委托处理条款,需要对复杂实践有充分预计。[49]

(三)禁止再传输条款

禁止再传输条款颇具争议。再传输又称后续传输,是指向第三方披露个人信息,再传输在数据传输链中十分常见。禁止再传输之核心,是限制进口方自主处理信息的权限空间,即限制进口方处理个人信息的目的、方式和条件,同时让出口方对境外处理行为可能引发的损害负责。对进口方的合同限制越多,出口方越能保留对个人信息的决策控制权,合同限制越少,进口方对处理目的、方式和条件的选择自由越大。若进口方对数据享有一定的自主处理权,数据传输合同就无法成为个人信息主体行使权利的

---

[49]Thomas H. Fischer/Roland Steidle, "Brauchen wir neue EG-Standardvertrags-klauseln für das 'Global Outsourcing'?", *CR*, 2009, Vol. 25, Issue 10, S. 632.

充分法律依据,此时就需要一种机制,让境内的出口方仍能对在境外进行的数据处理可能引发的任何损害负责。首选方案是在合同中规定,进口方对传输来的数据或对数据后续处理不享有独立决策权,进口方有义务仅根据出口方的指示行事,尽管数据可能已经物理传输到欧盟境外,但对数据的决策控制权仍由境内负责传输的出口方负责。

禁止或限制再传输条款,比较法不乏其例,在MCCs、SCCs和IDTA中皆有规定。欧盟原则上禁止数据进口方向位于欧盟外的第三方披露个人数据,进口方只能依据出口方的书面指示,向第三方披露个人数据,且后续传输须以确保充分数据保护为前提。例如,SCCs模块一第8.7条、模块二第8.8条,模块三第8.8条规定,禁止进口方向欧盟外的第三方披露个人数据,仅在特定要件下允许再传输。MCCs模块一第3.2条亦规定,除非书面通知数据出口方且出口方有合理反对机会,否则禁止出口方向第三人、执法机构或法律实体披露或传输其从数据出口方处获得的个人数据。IDTA第16.1条限定了允许进口方再传输的几种情形。

禁止再传输条款的构造要点,是规定进口方仅依出口方指示行事,进口方对收到的个人信息及其再处理,无独立决策权,出口方对已传至境外的个人信息仍享有决策控制权。即便在允许再传输的例外情形,仍应确保个人信息主体和出口方能获得充分信息,对再传输有权提出反对或撤回同意,为个人信息主体提供保护。《个人信息保护法》并未设置再处理规则,由于再处理的利益相关方较多、条款构造复杂,现阶段的较佳选择是暂不设置再传输条款,或仅简单规定原则性条款,例如确立禁止再传输原则。不过,《个人信息出境标准合同》第3条第8项规定境外接收方在"同时符合"所规定的5项条件时,"方可向中华人民共和国境外的第三方提供个人信息",表明我国对于再传输采取严格限制的基本立场。

综上,个人信息跨境传输"天然"涉他,引入受益第三人条款,将第三人(个人信息主体)纳入合同保护,为个人信息主体提供了请求权基础。但标准合同条款第三人保护功能之关键,在于划定第三人的权利范围。仅象征性地引入受益人概念,既无实操价值,还易扩张合同范围,甚至动摇基于不同价值区分合同与侵权的制度根本。委托处理形态复杂,可简要规定"依指示处理个人信息"等原则性条款,为进出口方预留自治空间。禁止再传输,能够限制进出口方自主处理个人信息的权限空间,确保跨境传输的安全性。但是,信息唯有流动,方能实现价值,禁止性条款虽凸显安全价值,却人为限制交易机会,有违处理外包之实践。在禁止再传输的基本原则下,如何落实个人信息再传输的合同限制,平衡个人信息跨境流动的安全与效率价值,仍有待观察。

四、标准合同条款的合比例性审查

标准合同条款的合比例性,是比例原则拘束立法之体现,分为两层:一是标准合同条款这一监管工具本身是否合比例;二是条款具体内容是否合比例。前者是《个人信息保护法》的立法衡量,后者涉及国家网信部门的规范制定。

合比例性审查之前提,是确定目的和手段,若欲用公权力限制私权利,须审查行使公权力之目的与手段之间是否处于合比例的关系。[50]标准合同条款之目的，是在跨境传输中保护个人信息，兼而防范对国家安全、公共利益之风险，其规制手段包括条款的强制适用机制和内容强制，是公权力对进出口方合同自由乃至经营自由之限制，故应审查公权力对私权利之干预是否逾越必要限度。

（一）预备阶段、适当性检验与必要性检验

第一，预备阶段。标准合同条款是实现个人信息保护目的可供参考的手段之一，可通过预备阶段的目的正当性检验，进而应逐一审查，条款是否符合适当性、必要性和均衡性三项子原则。

第二，适当性检验。标准合同条款之内容，涉及进出口方义务和个人信息主体权利，以在跨境传输的全周期，设定行为要求，保障个人信息安全。作为手段，条款既为保障个人信息安全，亦能为个人主张权利提供合同依据，有助于目的实现，能够通过合目的性检验。

第三，必要性检验。标准合同条款是否为最温和的干预手段，应首先追问，是否存在能够实现同一保护目的的其他手段？《个人信息保护法》第38条规定了四类出境形式，但立法过程中是否考虑了其他形式，无从查知。基于合同的手段特征，笔者仅检验三种假想的替代手段。

替代手段之一，是进出口方自由选择使用标准合同条款，其亦有不使用条款之自由。但单凭意思自治，难以保障个人信息安全，难谓"对目的实现相同有效"之手段，手段不适格。

---

〔50〕参见王蒙:《经适房违规出租的合同效力与法律效果——兼论比例原则在合同效力认定中的运用》，载《华东政法大学学报》2019年第6期，第181页以下。

替代手段之二，是效仿欧盟的有拘束力公司规则，监管机构认可跨国公司的个人信息保护政策，形成公司内部"安全港"。但此手段不适用于非跨国公司，单为跨国公司增加出境渠道，有违平等原则。

替代手段之三，是逐一监管，即赋予进出口方合同自由，相关部门对合同作个案审查，若符合法定要求，则核准出境，反之则否。作为个案审查，逐一监管在本质上与安全评估和认证并无二致。问题在于，逐一监管不代表降低监管标准，但其至多是在输出之际阻止个人信息输出，一旦核准，监管部门再难对进口方施加影响，保护目的恐难达成。再者，逐一核准既不现实、也不可能，占用行政资源，亦影响交易效率，徒增不确定性。综上，标准合同条款可以通过必要性检验。

（二）均衡性检验

标准合同条款由国家预先制定并强制纳入合同，限制了进出口方的内容形成自由。对内容自由之限制，是对合同自由原则的最重要限制。标准合同条款对合同自由之干预，端赖于条款的强制使用与内容强制，故须审查此种干预与目的实现之间是否合理、适度。

1.使用强制之衡量

标准合同条款的使用机制，可分为不强制、完全强制和部分强制三类模式。不强制无法通过必要性检验，已如上述。均衡性检验仅涉及完全强制和部分强制模式。

第一，完全强制，指标准合同条款以全有全无方式适用，进出口方仅能概括接受条款,无法通过约定减损、偏离条款。例如,欧盟采此模式,SCCs第2条规定禁止更改条款,仅允许进出口方增加与之不抵触的其他条款或额外保护措施。该模式能否通过均衡性检验,应视条款内容而定。例如,若设置争议解决条款,恐不合理限制诉讼、仲裁的自治空间,此类条款在干预手段和追求的目的之间,效果上超越限度。完全强制模式能否通过均衡性检验,取决于条款内容。

第二,部分强制,指标准合同条款区分必备条款(强制使用)和选用条款(选择使用)。MCCs采此模式,在数据保护义务条款中区分基准条款和选用条款,前者是数据保护义务的最低要求,后者供当事人自由选择使用,模块一还设置不专门针对数据保护义务的商用部分条款。《个人信息出境标准合同》并未采此模式,在未来,我国若采此模式,就应考虑在标准合同条款中区分必备条款和选用条款。必备条款之内容,应仅限于个人信息保护目标,例如个人信息安全义务、目的限制义务、个人信息安全事件的通知义务;选用条款则应为一般商事条款,仅为补充必备条款或仅限于提供个人信息保护的额外保障,例如合同解除条款、违约金条款、技术保障条款。部分强制模式能否通过均衡性检验,仍取决于强制使用的必备条款之内容。

2.内容强制之衡量

超过必要限度的内容强制,往往体现为保护过度,典型者如义务类型过多、强度过高,第三人权利范围过大,增设无关条款等。若前述条款为选用条款,并无疑义,但若是强制使用的必备条款,不仅与均衡性原则相悖,亦可能超出《个人信息保护法》

第38条的授权范围。内容强制违反均衡性的具体形态,不一而足。标准合同条款中,违反均衡性要求的"负面条款",包括但不限于如下五类:

第一,义务类型过多,即超出授权范围擅自增加义务类型。例如,增设域外法查明义务或域外个人信息保护水平报告义务,要求进口方提供所在国个人信息保护政策法规及网络安全环境对出境信息安全的影响,要求进口方提供进口方所在国个人信息保护水平是否达到我国法律、行政法规规定和国家强制性标准要求的评估报告。《个人信息出境标准合同》第4条"境外接收方所在国家或者地区的个人信息保护政策和法规(包括任何提供个人信息的要求或者授权公共机关访问个人信息的规定)影响境外接收方履行本合同约定的义务"即是一例。又如,将《网络安全法》或《数据安全法》中与个人信息保护无关的法定义务设置为进出口方的义务等。

第二,义务强度过高,超出合理限度。例如,设置不合理的义务履行期限,要求进口方在极短期限内予以更正,要求进出口方在发生个人信息安全事件的极短时限内予以告知等。

第三,不合理地施加单方义务、创设单方权利或加重责任。例如,为扩大《个人信息保护法》的域外适用范围,对进口方施加过多义务。又如,《个人信息出境标准合同》第7条第2项的个人信息处理者和境外接收方的单方解除权,将合同解除这项最核心的合同权利固定为标准化条款,构成对当事人利益之重大干预。

第四,第三人权利范围过大。例如,个人信息主体有权随时查阅包括商业秘密在内的个人信息存储的技术条件,或有权向进出口方主张赔偿因个人信息泄露所引发的全部下游损害。

第五,增设无关个人信息保护的商业条款,如付款条件。

结语:标准合同条款中的国家和市场

自治与管制,构成原则与例外的关系,国家设定管制,乃创设例外。[51] 标准合同范本本应由行业协会或国际组织主导拟定,是创设法律未规定的无名、非典型的新型合同,系"经济生活自我创造之法律"。[52] 国家网信部门创制标准合同条款,形为合同,实为强制。这既可理解为自由市场机制在个人信息保护领域存在失灵之处,须由国家以"守夜人"身份事前管制合同内容,也可理解为公权力压缩自治空间,将合同变成公共政策的工具。不同于传统的管制手段,标准合同条款并非消极介入,而是积极控制,不体现为法律行为的效力评价,而直接为第三人提供救济通道,保护个人信息主体,是为私主体利益而进行的管制。任何对合同自由之限制,皆为对自由市场之管制,应以必要为限。标准合同条款旨在保护个人信息,防范跨境传输对国家安全、公共利益的特殊风险,目的正当,其以强制使用和内容强制为手段,实质是法定义务和法定责任的合同化。国家创制标准合同条款,应限于授权范围,合理确定条款的强制使用机制和内容强制程度,以适当平衡自治与管制。

---

〔51〕参见苏永钦:《私法自治中的国家强制》,中国法制出版社2005年版,第1页以下;许德风:《合同自由与分配正义》,载《中外法学》2020年第4期,第990页。

〔52〕Manfred Wolf/Walter F. Lindacher/Thomas Pfeiffer, *AGB-Recht Kommentar*, 7. Auflage, C. H. Beck München, 2020, Rd. 2.

本章参考文献

◎中文文献

1.程啸:《个人信息保护法理解与适用》,中国法制出版社2021年版。

2.葛云松:《意思自治原则的理论限度——评〈论利他法律行为涉他效力的制度建构〉》,载《北大法律评论》2011年第12卷·第2辑。

3.金晶:《个人数据跨境传输的欧盟标准——规则建构、司法推动与范式扩张》,载《欧洲研究》2021年第4期。

4.雷磊:《适于法治的法律体系模式》,载《法学研究》2015年第5期。

5.雷磊:《立法的特性——从阶层构造论到原则权衡理论》,载《学术月刊》2020年第1期。

6.李宇:《民法总则要义:规范释论与判解集注》,法律出版社2017年版。

7.申卫星:《论个人信息权的构建及其体系化》,载《比较法研究》2021年第5期。

8.苏永钦:《私法自治中的国家强制》,中国法制出版社2005年版。

9.王洪亮:《债法总论》,北京大学出版社2016年版。

10.王蒙:《经适房违规出租的合同效力与法律效果——兼论比例原则在合同效力认定中的运用》,载《华东政法大学学报》2019年第6期。

11.王锡锌:《个人信息国家保护义务及展开》,载《中国法学》2021年第1期。

12.谢鸿飞:《个人信息泄露侵权责任构成中的"损害"——兼论

风险社会中损害的观念化》，载《国家检察官学报》2021年第5期。

13.谢鸿飞：《个人信息处理者对信息侵权下游损害的侵权责任》，载《法律适用》2022年第1期。

14.许德风：《合同自由与分配正义》，载《中外法学》2020年第4期。

15.姚佳：《论个人信息处理者的民事责任》，载《清华法学》2021年第3期。

16.姚明斌：《〈合同法〉第113条第1款(违约损害的赔偿范围)评注》，载《法学家》2020年第3期。

17.赵精武：《数据跨境传输中标准化合同的构建基础与监管转型》，载《法律科学》2022年第2期。

18.周汉华主编：《〈个人信息保护法〉条文精解与适用指引》，法律出版社2022年版。

◎外文文献

1. Axel Freiherr von dem Bussche, in: Flemming Moos (Hrsg.), *Datenschutz-und Datennutzung*, 3. Aufl., ottoschmidt, 2021.

2. Dirk Looschelders, *Schuldrecht Allgemeiner Teil*, 11. Aufl., Verlag Franz Vahlen München, 2013.

3. Dirk Looschelders/Dirk Olzen/Schiemann Gottfried, *Staudingers Kommentar BGB §§241-243, §241*, De Gruyter, 2019.

4. Edwin Peel/Treitel, *The Law of Contract*, 14th ed., Sweet & Maxwell, 2015.

5. Hein Kötz, *Europäisches Vertragsrecht*, 2. Aufl., Mohr Siebeck, 2015.

6. Manfred Wolf/Walter F. Lindacher/Thomas Pfeiffer, *AGB-Recht Kommentar*, 7. Auflage, C.H. Beck München, 2020.

7. OECD, *Transborder Data Flow Contracts in the Wider Framework of Mechanisms for Privacy Protection on Global Networks*, OECD Digital Economy Papers No. 66, 21.09.2000, OECD Publishing, Paris.

8. Philipp C. Räther/Nicolai Seitz, "Ausnahmen bei Datentransfer in Drittstaaten-Die beiden Ausnahmen nach §4c Abs. 2 BDSG: Vertragslösung und Code of Conduct", *MMR*, 2002, Heft 8.

9. Thomas H. Fischer/Roland Steidle, "Brauchen wir neue EG-Standardvertragsklauseln für das 'Global Outsourcing'?", *CR*, 2009, Vol. 25, Issue 10.

结论
建构数据法的理性主义

数字经济的生活事实，呼唤数据法的理性主义。

数据交易的规则配置，应首先考虑与旧规则、旧体系的衔接，尤其是与《民法典》的体系协调。数据交易的规则设计，还应立足立法本身的功能取向。立法者应尽可能地设置一般性、基础性的交易规则，而非盲目借鉴欧盟，大幅引入例外性、保护性的特别规则。数据交易立法以"微创"为最佳选择，立法者应恪守两项基本原则：若现行法足够灵活、足以涵盖新兴数据交易，则无必要专门制定一般性规则；若必须引入数据交易新规则，就必须立足数据、数字产品、数字服务之特性，而非仓促确立数据交易的新型有名合同。

本书提出四项结论：

首先，宏观层面，全球数据监管呈现"逐顶竞争"态势，这是数据交易立法的政策前提。

其次，中观层面，对于新兴数据交易，经典法律理论的适用性不容置疑，合同法仍有理论力量。但经典合同法理论的边界为何，是数据交易立法亟需研究的基础性问题。

再次，微观层面，数据交易立法应着力设计价值中立的基础性交易规则，并兼顾与现行私法(尤其是《民法典》)的体系协调。数据交易立法引入保护性规则，必须具备正当性前提。

最后，工具层面，数据要素的市场化流通，亟需理性配置法律工具箱。立法者应当首先确定数据交易立法的基本原则，合理平衡国家与市场的关系，提供多元的法律工具。

一、全球数据监管的"逐顶竞争"

数据监管是国际竞争的新赛道，技术监管是数据监管的新发展。数据监管并无放之四海而皆准的"黄金标准"，而是因国家、地区的政治、经济、文化、社会、价值观和优先发展事项而异。谁制定了标准，谁就掌控了市场。数据监管竞争的实质是数字市场的全球竞争，是各国寻求全球数字经济中的领导地位，抢夺全球数据规则标准的话语权。

欧盟模式在全球数据监管竞争中"先下一城"，构成全球数据立法的主流范式。但是，欧盟的数据政策，对内始终服务于以公平贸易与基本权利为代表的欧盟共同价值观，对外则具有明确的法律输出动机，意在成为全球数据规则和标准的制定者。以数据跨境流动制度为例，欧盟采取了两类法律输出途径，一是数据规则的显性输出，以充分性认定和标准合同条款为典型，二是数据标准的隐性输出，以欧盟法院的穿透式审查为代表。欧盟模式的全球输出是数据监管全球趋同的范例,传统法律移植、私人法律移植、规范性力量和布鲁塞尔效应,皆可从不同维度提供理论解释。欧盟模式的全球化表明,数据规则和标准越严格,法律趋同越容易实现。现阶段数据跨境流动的全球监管,呈现出"逐顶竞争"趋势。但在全球价值链下,特定数据监管模式的全球扩张,暗含着价值提取逻辑,欠发达国家恐面临"数据殖民"风险,强监管的局限性和破坏性尚未被充分识别。

欧盟《一般数据保护条例》是一部典型的数据保护法,也是个人信息保护的立法范式。《一般数据保护条例》具有明显的功能主义立法特征,体现了数据问题的复杂本质——保护法益的多样性。《一般数据保护条例》一体规制国家、企业和个人,其价值目标和具体制度难以清晰归入传统的法教义体系,而是呈现出多层次、多维度、多类型的复杂面貌。《一般数据保护条例》所提供的个人信息保护立法范式,价值困境和技术困境并存。这是全球数字经济竞争格局下,立法者在如何平衡法律价值序列问题上面临的最大挑战。数据立法区域竞争的实质,是数字经济的全球竞争,而法律价值序列处于变动、平衡、重组之中,体现了立法者对市场竞争优势、经济长期发展和社会目标实现的不同选择和不同追求。数字技术引发的问题绝不限于是否立法,更在于采取何种价值序列、以何种方式立法,及如何与既有法律监管体系相协调。无论采取何种数据立法模式,技术路径绝非可取之策,采取单一价值取向的个人信息保护法的立法模式,并非数字时代的最佳选择。

在数据跨境流动领域,欧盟数据保护立法呈现出一定程度的范式扩张。欧盟个人数据保护的基本价值随充分性认定融入日本、韩国的数据法律改革,《一般数据保护条例》的立法模式一定程度地影响了我国《数据安全法》《网络安全法》《个人信息保护法》的制度和概念。但《一般数据保护条例》所代表的欧盟数据立法模式,将基本权利保护视为个人数据流动的价值根基,欧盟法院的司法审查更趋近于基本权利保护的"宪法审查"。欧盟在充分性认定和标准合同条款中,嵌入了欧盟法院的穿透式司法审查机制,这对于无"宪法审查"传统或者"违宪审查"制度不发达的国家而言,若与欧盟达成充分性认定或适用其标准合同条款,就可能存在法律趋同的制度障碍。我国的法律传统、法律体系和司法结构与欧盟不同,我国的数据立法,仍处于部门法、单行法逐步完善的建构阶段。我国数据立法虽然存在借鉴欧盟制度规则的可能性,但若依循法律移植欧陆成文法的历史惯性,有意识或不自觉地盲目继受、移植欧盟规则,就可能存在风险。类似欧盟法院式的司法审查,并不契合我国法律体系和法律传统。

二、经典合同法的理论力量仍在

数字时代,合同法(私法)面临的挑战无处不在,但这种挑战并无颠覆性危险,经典合同法理论仍游刃有余,并展现出前所未有的制度韧性和理论力量。

数字交易呈现出数据产品合同、提供数字内容合同、提供数字服务合同、数据许可、云计算合同、机器缔约(智能合约)等多种新兴交易形态。欧盟是全球最早试图体系化建构数字合同规则的区域。欧盟立法扬弃了数字产品概念,采用"抽象界定+不完全列举+例外情形"的方式,确立了"提供数字内容"概念。提供数字内容合同,打破了买卖、服务二分的经典合同分类,但这种新兴的合同形式并未突破传统合同类型理论,提供数字内容合同的定性问题是一项伪命题,合同类型理论依然存在强大的适用空间,可以依据数字内容的特征性给付,相应纳入买卖、服务、租赁、许可或承揽等有名合同类型之下,适用或准用有名合同规则。挑战在于,合同类型理论下,混合合同的规范配置、准用和适用规则的研究需求凸显,双务合同理论亦因"数据作为对待给付"而具有了更丰富的类型空间。机器缔约并未撼动合同订立理论。作为机器缔约的复杂形式,智能合约不构成法律意义上的合同,仅是协议的自动执行机制或程序,智能合约仅是技术层面的概念套用。

三、建构中立性、基础性交易规则

数据流通交易的立法探索,呈现全球同步节奏。世界主要国家和地区,都致力于确立数字市场、数据交易的法律规则,试图在法律竞争中抢占先机。面对数据新元素,传统民法体系是否需要更新?

2022年《德国民法典》之修正,看似提出了数字交易的解决方案,实则受到欧盟数字交易立法驱动。作为欧洲统一买卖法的"拼图"之一,2019年欧盟《数字内容指令》继承了《欧洲共同买卖法》的"法律遗产",对《消费品买卖指令》进行了数字化升级,确立了数字交易中的瑕疵担保法则,引入了"与合同相符""数字内容或数字服务之提供""违约救济权利"等规则,以回应数字交易的合同法挑战。

欧盟数字交易立法虽先行一步,却先天不足。受制于《欧洲联盟条约》第5条第2款的有限单一授权原则,欧盟在私法领域的立法权限仅限于消费者保护、公司法、反垄断法、劳动法等特定授权领域。正因为缺乏在数字经济领域的一般性立法权限,欧盟在数字市场的交易规则立法上"捉襟见肘",无权制定全面综合的基础性规则。欧盟以保护性立法为主,而作为基础规则的交易规则,却因为缺乏全面授权导致立法缺位。欧盟数字交易立法,旨在强化内部市场的消费者保护水平,仍是保护性规则,绝非纯粹中立的交易规则。

面对欧盟指令的转化压力,德国采取了"法典内转化"模式,在《德国民法典》确立数字产品合同新规则,新创"数字产品"与"产品瑕疵"概念,新设"经营者的更新义务"制度。具体而言,德国采取了"22+6"的转化方案。一方面,《德国民法典》"债法总则"增设特别规则,集中引入二十二条新规则。立法者在《德国民法典》第241条及以下条款中,新增"数字产品合同"规范群(第327条至第327u条),即新增"第二节之一:数字产品合同",其中包含两个分目,第一分目为"数字产品的消费者合同"(第327条至第327s条),第二分目为"数字产品商事合同的特别规定"(第327t至第327u条)。另一方面,《德国民法典》"债法分则"进行了多处体系性调整,分散规定六条新规则。立法者在《德国民法典》第八章"债法分则"下的买卖、赠与、租赁和承揽合同各处,做相应规则调整,所涉条文分别为第445c条(数字产品合同的追索),第475a条(数字产品的消费品买卖合同),第516a条(数字产品赠与的消费者合同),第548a条(数字产品租赁),第578b条(数字产品租赁合同)以及第650条(数字产品承揽的消费者合同)。

德国未借修法之机大肆更新《德国民法典》,而是保持立法节制姿态,仅1:1转化欧盟《数字内容指令》,新规则甚至原样采纳指令的规范方法、规则结构和术语表达。至于指令未涉足之规则领域,例如,数据交易的一般性规则,则保持缄默。即便德国刻意保持立法节制,在法典内作最小程度修正,但仍无法改变数字产品合同新规则对《德国民法典》进行"补丁式"更新之本色。数字产品合同的特殊瑕疵担保规则,给经典的潘德克顿体系带来了新的一击:德国仍陷于"瑕疵"的类型化起点,创造了"产品瑕疵"和"数字产品"概念,试图以更宽泛、复杂的法律定义和构成要件,来涵盖所有新的交易,但此举与类型化、抽象化的法典编纂思路,相去甚远。"产品瑕疵"和"数字产品合同"新概念,难谓"债法总则"的新的适格"公因式",实质是在"公分母"(一般规则)中嵌入"分子"(特殊规则)。德国在"债法总则"设置数字产品合同特殊规则,事实上是在"债法总则"的一般规则中,大幅植入了消费者保护的特殊规则,打破了"一般到特殊"的规则体系,冲击了传统民法的总分则体例,也冲击了经典债法的抽象逻辑体系,给以功能理性为基础逻辑的"总分则"法典体例带来结构冲突和价值冲突的双重风险。潘德克顿体系下《德国民法典》的数字化更新,可谓"积重难返"。

我国未采取体系化修正《民法典》之思路,而是根据单行法,制定具体规则,数据跨境传输中的标准合同条款即是一例。标准合同并非我国原创,亦非欧盟首创,而系全球商事实践的产物。标准合同条款涉及不同的价值导向,交织着意思自治、个人信息保护、国家安全等多元的价值判断。个人信息跨境传输的特殊风险与特别法益,是《个人信息保护法》引入标准合同条款的原因所在。标准合同条款的特殊之处在于,其形式上是合同条款,但内容上由国家预先决定并强制纳入,兼具个别规范和国家法规范的双重属性。作为个人信息跨境传输的监管工具,标准合同条款应如何体现私法自治与国家强制之间的辩证关系,标准合同条款之具体制定,应基于何种方法论立场,以便尽可能地实现公私法的规范与价值融通,值得追问。

标准合同条款的基本监管路径,是对进出口方课以合同义务。进出口方的个人信息保护义务,既是标准合同条款最重要的义务内容,也是个人信息跨境传输合同最典型的义务群。这一义务的特殊之处在于,效果上,个人信息保护义务拘束合同双方,进出口方相对于彼此且相对于合同外第三人(个人信息主体)负有义务;来源上,进出口方的义务,是将《个人信息保护法》上的义务转化为标准化的合同义务,是法定义务的意定化。进出口方的传输角色、利益格局、风险能力不尽相同,其应承担的个人信息保护义务既有交叉,又不相同,既有双方义务,也有单方义务。个人信息保护义务的具体类型,以个人信息安全义务,个人信息安全事件的通知、补救、减损义务,告知义务,合规审计义务和目的限制义务为典型。

个人信息跨境传输"天然"涉他,标准合同条款的扩展监管通道,是将合同关系的保护效力扩张适用于第三人,合同模式由"二人关系"转化为"三人关系",标准合同条款的监管得以从进出口方延伸到个人信息主体。标准合同条款的典型涉他条款,当属受益第三人条款、委托处理条款和禁止再传输条款。引入受益第三人条款,将第三人(个人信息主体)纳入合同保护,为个人信息主体提供了请求权基础。但标准合同条款第三人保护功能之关键,在于划定第三人的权利范围。仅象征性地引入受益人概念,既无实操价值,还易扩张合同范围,甚至动摇基于不同价值区分合同与侵权的制度根本。委托处理形态复杂,可简要规定"依指示处理个人信息"等原则性条款,为进出口方预留自治空间。禁止再传输,能够限制进出口方自主处理个人信息的权限空间,确保跨境传输的安全性。但信息唯有流动方能实现价值,禁止性条款虽凸显安全价值,却人为限制交易机会,有违处理外包之实践。在禁止再传输的基本原则下,如何落实个人信息再传输的合同限制,平衡个人信息跨境流动的安全与效率价值,仍有待观察。

四、数字市场的理性监管

数据要素的市场化流通,有赖于理性、多元、务实、高效的法律工具箱。立法者应以全局、战略前瞻之眼光,首先厘定数据市场立法的基本原则,确定欲解决的问题、要实现的目标、需考量的权衡,合理平衡国家与市场的关系。数据立法的科学决策,应当涵盖整个政策周期,从政策的规划筹备,到法律法规的通过实施,再到事后的评估和修订,数据立法都应立足于全面、可靠的证据基础,由此来准确描述待解决之问题,真正明晰其中的因果关系,合理推演干预逻辑。数据市场的利益相关方应有广泛参与立法调研之机会。数据立法应力求简洁、明确和一致,并最大限度地提高立法过程的透明度。

数字市场监管,既要深耕于能为消费者和企业带来福祉的领域,提高我国数字经济的竞争力和可持续性,又要避免过度监管,避免给公民、企业和主管机关带来不必要的行政负担。据此,立法者应当制定既能实现目标，又具有针对性，行之有效、易于遵守且尽可能减轻负担的法律规则，制定合理、有据可依、切实可行的法律规则。

全球数据监管竞争的底层逻辑在于数字市场本身，数据交易立法也应服务于数字市场的可持续发展。在全球数据立法"百舸争流"之当下，我国数据交易立法仍应奉合同自由为圭臬，建构理性的法律工具箱，确定国家和市场的"黄金平衡点"。

附录一
中文文献汇总

1.［波兰］马里厄斯·克里奇斯托弗克：《欧盟个人数据保护制度〈一般数据保护条例〉》，张韬略译，商务印书馆2023年版。

2. 蔡一博：《智能合约与私法体系契合问题研究》，载《东方法学》2019年第2期。

3. 陈吉栋：《智能合约的法律构造》，载《东方法学》2019年第3期。

4. 程啸：《论个人信息共同处理者的民事责任》，载《法学家》2021年第6期。

5. 程啸：《论个人信息处理中的个人同意》，载《环球法律评论》2021年第6期。

6. 程啸：《个人信息保护法理解与适用》，中国法制出版社2021年版。

7. 戴昕：《数据界权的关系进路》，载《中外法学》2021年第6期。

8.［德］Beate Gsell：《欧盟(EU)2019/770号指令针对数位内容及服务提供契约之特定契约法面向》，Matthias Veicht(方旭天)译，载《月旦民商法杂志》2020年总第68期。

9.［德］Reinhard Zimmermann：《欧洲合同法原则第三部分》，朱岩译，载《华东政法学院学报》2004年第6期。

10. 丁晓东:《论数据携带权的属性、影响与中国应用》,载《法商研究》2020年第1期。

11. 丁晓东:《个人信息权利的反思与重塑 论个人信息保护的适用前提与法益基础》,载《中外法学》2020年第2期。

12. 丁晓东:《〈个人信息保护法〉的比较法重思:中国道路与解释原理》,载《华东政法大学学报》2022年第2期。

13. 丁晓东:《隐私政策的多维解读:告知同意性质的反思与制度重构》,载《现代法学》2023年第1期。

14. 冯晓青:《知识产权视野下商业数据保护研究》,载《比较法研究》2022年第5期。

15. 冯晓青:《数字时代的知识产权法》,载《数字法治》2023年第3期。

16. 高富平、余超:《欧盟数据可携权评析》,载《大数据》2016年第4期。

17. 高富平:《数据流通理论 数据资源权利配置的基础》,载《中外法学》2019年第6期。

18. 高富平:《论个人信息保护的目的——以个人信息保护法益区分为核心》,载《法商研究》2019年第1期。

19. 高富平:《制定一部促进个人信息流通利用的〈个人信息保护法〉》,载《探索与争鸣》2020年第11期。

20. 高富平:《个人信息处理:我国个人信息保护法的规范对象》,载《法商研究》2021年第2期。

21. 高鸿钧:《美国法全球化:典型例证与法理反思》,载《中国法学》2011年第1期。

22. 高郦梅:《论数据交易合同规则的适用》,载《法商研究》

2023年第4期。

23. 高圣平译:《欧洲示范民法典草案:欧洲私法的原则、定义和示范规则》,中国人民大学出版社2012年版。

24. 高祥主编:《比较法学原理》,中国政法大学出版社2019年版。

25. 葛云松:《意思自治原则的理论限度——评〈论利他法律行为涉他效力的制度建构〉》,载《北大法律评论》2011年第12卷·第2辑。

26. 龚强、班铭媛、刘冲:《数据交易之悖论与突破:不完全契约视角》,载《经济研究》2022年第7期。

27. 国家互联网信息办公室:《数字中国发展报告(2021年)》。

28. 国家互联网信息办公室:《数字中国发展报告(2022年)》。

29. 韩旭至:《个人信息保护中告知同意的困境与出路——兼论〈个人信息保护法(草案)〉相关条款》,载《经贸法律评论》2021年第1期。

30. 洪延青:《推进"一带一路"数据跨境流动的中国方案——以美欧范式为背景的展开》,载《中国法律评论》2021年第2期。

31. 洪邮生:《"规范性力量欧洲"与欧盟对华外交》,载《世界经济与政治》2010年第1期。

32. 胡凌:《数字经济中的两种财产权 从要素到架构》,载《中外法学》2021年第6期。

33. 蒋小红:《欧盟法的域外适用:价值目标、生成路径和自我限制》,载《国际法研究》2022年第6期。

34. 金晶:《个人数据跨境传输的欧盟标准——规则建构、司法推动与范式扩张》，载《欧洲研究》2021年第4期。

35. 金晶：《作为个人信息跨境传输监管工具的标准合同条款》，载《法学研究》2022年第5期。

36. 金晶：《欧盟的规则，全球的标准？——数据跨境流动监管的"逐顶竞争"》，载《中外法学》2023年第1期。

37. 金玲：《规范性力量：欧盟战略自主的依托》，载《世界知识》2021年第9期。

38. 金耀：《数据可携权的法律构造与本土构建》，载《法律科学》2021年第4期。

39. 京东法律研究院：《欧盟数据宪章〈一般数据保护条例〉GDPR评述及实务指引》，法律出版社2018年版。

40. 孔庆江、于华溢：《数据立法域外适用现象及中国因应策略》，载《法学杂志》2020年第8期。

41. 孔祥俊：《商业数据权：数字时代的新型工业产权——工业产权的归入与权属界定三原则》，载《比较法研究》2022年第1期。

42. 雷磊：《适于法治的法律体系模式》，载《法学研究》2015年第5期。

43. 雷磊：《立法的特性——从阶层构造论到原则权衡理论》，载《学术月刊》2020年第1期。

44. 李墨丝：《中美欧博弈背景下的中欧跨境数据流动合作》，载《欧洲研究》2021年第6期。

45. 李晓珊：《数据产品的界定和法律保护》，载《法学论坛》2022年第3期。

46. 李艳华：《隐私盾案后欧美数据的跨境流动监管及中国

对策——软数据本地化机制的走向与标准合同条款路径的革新》，载《欧洲研究》2021年第6期。

47. 李宇：《民法总则要义：规范释论与判解集注》，法律出版社2017年版。

48. 林洹民：《个人信息保护中知情同意原则的困境与出路》，载《北京航空航天大学学报(社会科学版)》2018年第3期。

49. 林洹民：《个人数据交易的双重法律构造》，载《法学研究》2022年第5期。

50. 林洹民：《数字服务合同单方变更权之规制》，载《现代法学》2023年第2期。

51. 刘文杰：《美欧数据跨境流动的规则博弈及走向》，载《国际问题研究》2022年第6期。

52. 龙卫球：《数据新型财产权构建及其体系研究》，载《政法论坛》2017年第4期。

53. 龙卫球：《再论企业数据保护的财产权化路径》，载《东方法学》2018年第3期。

54. 陆青：《个人信息保护中"同意"规则的规范构造》，载《武汉大学学报(哲学社会科学版)》2019年第5期。

55. 吕越、谷玮、包群：《人工智能与中国企业参与全球价值链分工》，载《中国工业经济》2020年第5期。

56. ［美］迈克尔·波特：《国家竞争优势(下)》，李明轩、邱如美译，中信出版社2012年版。

57. ［美］梅尔文·A.艾森伯格(Melvin A. Eisenberg)：《合同法基础原理》，孙良国、王怡聪译，北京大学出版社2023年版。

58. 梅傲：《数据跨境传输规则的新发展与中国因应》，载《法商研究》2023年第4期。

59. 梅夏英:《数据交易的法律范畴界定与实现路径》,载《比较法研究》2022年第6期。

60.《欧盟消费者权利指令》,张学哲译,载张谷、张双根等主编:《中德私法研究》第9卷,北京大学出版社2013年版。

61.《欧洲合同法原则》,韩世远译,载《外国法译评》1999年第1期。

62.《欧洲合同法原则(续)》,韩世远译,载《外国法译评》1999年第2期。

63. 欧洲民法典研究组/欧盟现行私法研究组编著:《欧洲私法的原则、定义与示范规则: 欧洲示范民法典草案(全译本)》,法律出版社2014年版。

64.《欧洲议会和欧盟理事会〈关于提供数字内容和数字服务合同特定方面的第2019/700(EU)号指令〉》,张彤译,载张谷、张双根等主编:《中德私法研究》第21卷,北京大学出版社2022年版。

65. 彭岳:《贸易规制视域下数据隐私保护的冲突与解决》,载《比较法研究》2018年第4期。

66. 沈健州:《数据财产的权利架构与规则展开》,载《中国法学》2022年第4期。

67. 申卫星:《论数据用益权》,载《中国社会科学》2020年第11期。

68. 申卫星:《论个人信息权的构建及其体系化》,载《比较法研究》2021年第5期。

69. 申卫星:《论数据产权制度的层级性:"三三制"数据确

权法》，载《中国法学》2023年第4期。

70. 苏永钦：《私法自治中的国家强制》，中国法制出版社2005年版。

71. 苏永钦：《只恐双溪舴艋舟，载不动许多愁》，载《厦门大学法律评论》总第三十二辑，厦门大学出版社2021年版。

72. 孙新宽：《论数字内容合同的权利救济体系——以欧盟〈数字内容合同指令议案〉为中心》，载《北京航空航天大学学报（社会科学版）》2017年第6期。

73. 陶乾：《论数字作品非同质代币化交易的法律意涵》，载《东方法学》2022年第2期。

74. 王洪亮：《债法总论》，北京大学出版社2016年版。

75. 王利明：《迈进数字时代的民法》，载《比较法研究》2022年第4期。

76. 王利明、丁晓东：《数字时代民法的发展与完善》，载《华东政法大学学报》2023年第2期。

77. 王蒙：《经适房违规出租的合同效力与法律效果——兼论比例原则在合同效力认定中的运用》，载《华东政法大学学报》2019年第6期。

78. 王迁：《论NFT数字作品交易的法律定性》，载《东方法学》2023年第1期。

79. 王融：《数据跨境流动政策认知与建议——从美欧政策比较及反思视角》，载《信息安全与通信保密》2018年第3期。

80. 王天凡：《数字平台的"阶梯式"监管模式：以欧盟〈数字服务法〉为鉴》，载《欧洲研究》2023年第2期。

81. 王锡锌：《个人信息国家保护义务及展开》，载《中国法学》2021年第1期。

82. 王锡锌:《个人信息可携权与数据治理的分配正义》,载《环球法律评论》2021年第6期。

83. 王燕:《数据法域外适用及其冲突与应对——以欧盟〈通用数据保护条例〉与美国〈澄清域外合法使用数据法〉为例》,载《比较法研究》2023年第1期。

84. 王展鹏、夏添:《欧盟在全球化中的角色——"管理全球化"与欧盟贸易政策的演变》,载《欧洲研究》2018年第1期。

85. 武腾:《买卖标的物不适约研究》,中国政法大学出版社2017年版。

86. 武腾:《数据交易的合同法问题研究》,法律出版社2023年版。

87. 吴玄:《数据主权视野下个人信息跨境规则的建构》,载《清华法学》2021年第3期。

88. 吴烨:《论智能合约的私法构造》,载《法学家》2020年第2期。

89. 夏庆锋:《区块链智能合同的适用主张》,载《东方法学》2019年第3期。

90. 谢鸿飞:《个人信息泄露侵权责任构成中的"损害"——兼论风险社会中损害的观念化》,载《国家检察官学报》2021年第5期。

91. 谢鸿飞:《个人信息处理者对信息侵权下游损害的侵权责任》,载《法律适用》2022年第1期。

92. 谢远扬:《信息论视角下个人信息的价值——兼对隐私权保护模式的检讨》,载《清华法学》2015年第3期。

93. 邢会强:《论数据可携权在我国的引入——以开放银行为视角》, 载《政法论丛》2020年第2期。

94. 熊丙万:《论数据权利的标准化》, 载《中外法学》2023年第5期。

95. 许德风:《合同自由与分配正义》, 载《中外法学》2020年第4期。

96. 许多奇:《个人数据跨境流动规制的国际格局及中国应对》, 载《法学论坛》2018年第3期。

97. 许可:《数字经济视野中的欧盟〈一般数据保护条例〉》, 载《财经法学》2018年第6期。

98. 许可:《决策十字阵中的智能合约》, 载《东方法学》2019年第3期。

99. 许可:《自由与安全:数据跨境流动的中国方案》, 载《环球法律评论》2021年第1期。

100. 许可:《数据权利:范式统合与规范分殊》, 载《政法论坛》2021年第4期。

101. 姚佳:《知情同意原则抑或信赖授权原则——兼论数字时代的信用重建》, 载《暨南学报(哲学社会科学版)》2020年第2期。

102. 姚佳:《论个人信息处理者的民事责任》, 载《清华法学》2021年第3期。

103. 姚佳:《个人信息主体的权利体系——基于数字时代个体权利的多维观察》, 载《华东政法大学学报》2022年第2期。

104. 姚佳:《数据要素市场化的法律制度配置》, 载《郑州大学学报(哲学社会科学版)》2022年第6期。

105. 姚佳:《企业数据权益:控制、排他性与可转让性》,载《法学评论》2023年第4期。

106. 姚明斌:《〈合同法〉第113条第1款(违约损害的赔偿范围)评注》,载《法学家》2020年第3期。

107. 叶开儒:《数据跨境流动规制中的"长臂管辖"——对欧盟GDPR的原旨主义考察》,载《法学评论》2020年第1期。

108. 叶名怡:《个人信息的侵权法保护》,载《法学研究》2018年第4期。

109.[意]阿尔多·贝杜奇:《制定一个欧洲民法典?——〈共同参考框架草案〉(DCFR)及其历史根源》,罗智敏译,载《比较法研究》2010年第6期。

110. 翟志勇:《数据主权的兴起及其双重属性》,载《中国法律评论》2018年第6期。

111. 张茗:《"规范性力量欧洲":理论、现实或"欧托邦"?》,载《欧洲研究》2008年第5期。

112. 张彤:《欧洲一体化进程中的欧洲民法趋同和法典化研究》,载《比较法研究》2008年第1期。

113. 张彤:《欧洲合同法最新发展之探析》,载《比较法研究》2009年第2期。

114. 张新宝:《个人信息收集:告知同意原则适用的限制》,载《比较法研究》2019年第6期。

115. 赵精武:《数据跨境传输中标准化合同的构建基础与监管转型》,载《法律科学》2022年第2期。

116. 赵精武:《从保密到安全:数据销毁义务的理论逻辑与制度建构》,载《交大法学》2022年第2期。

117. 赵精武:《论数据出境评估、合同与认证规则的体系化》,载《行政法学研究》2023年第1期。

118. 中国商务部:《中国服务贸易发展报告(2020)》。

119. 中国信息通信研究院:《数字贸易发展白皮书(2020年)》。

120. 中国信息通信研究院:《全球数字经贸规则年度观察报告(2022年)》。

121. 中国信息通信研究院:《全球数字经济白皮书(2022年)》。

122. 周汉华:《探索激励相容的个人数据治理之道——中国个人信息保护法的立法方向》,载《法学研究》2018年第2期。

123. 周汉华:《〈个人信息保护法(草案)〉:立足国情与借鉴国际经验的有益探索》,载《探索与争鸣》2020年第11期。

124. 周汉华主编:《〈个人信息保护法〉条文精解与适用指引》,法律出版社2022年版。

125. 周汉华:《互操作的意义及法律构造》,载《中外法学》2023年第3期。

126. 周江洪:《典型合同原理》,法律出版社2023年版。

127. 朱立群:《欧盟是个什么样的力量》,载《世界经济与政治》2008年第4期。

128. 朱明哲:《中国近代法制变革与欧洲中心主义法律观——以宝道为切入点》,载《比较法研究》2018年第1期。

129. 朱庆育:《民法总论》,北京大学出版社2013年版。

130. 卓力雄:《数据携带权:基本概念,问题与中国应对》,载《行政法学研究》2019年第6期。

附录二
外文文献汇总

1. Abraham Newman, "European Data Privacy Regulation on a Global Stage: Export or Experimentalism?", in: Jonathan Zeitlin (ed.), *Extending Experimentalist Governance? The European Union and Transnational Regulation*, Oxford University Press, 2015.

2. Alan Watson, *Legal Transplants: An Approach to Comparative Law*, Athens: University of Georgia Press, 1993.

3. Alexander Golland, "Datenschutzrechtliche Anforderungen an internationale Datentransfers", *NJW*, 2020, Heft 36.

4. Andreas Sattler, "Neues EU-Vertragsrecht für digitale Güter-Die Richtlinie (EU) 2019/770 als Herausforderung für das Schuld-, Urheber- und Datenschutzrecht", *CR*, 2020, Vol. 36, Issue 3.

5. Ansgar Staudinger/Markus Artz, *Neues Kaufrecht und Verträge über digitale Produkte, Einführung in das neue Recht*, C.H.Beck, 2022.

6. Anu Bradford, "The Brussels Effect", *Northwestern University Law Review*, 107(1), 2012.

7. Anu Bradford, "Exporting Standards: The Externalization of the EU's Regulatory Power via Markets", *International Review of Law & Economics*, 42, 2015.

8. Anu Bradford, *The Brussels Effect-How the European Union Rules the World*, Oxford University Press, 2020.

9. Anu Bradford, *Digital Empires*: *The Global Battle to Regulate Technology*, Oxford University Press, 2023.

10. Artur-Axel Wandtke, "Ökonomischer Wert von persönlichen Daten: Diskussion des Warencharakters von Daten aus persönlichkeits- und urheberrechtlicher Sicht ", *MMR*, 2017, Heft 01.

11. Aurelia Colombi Ciacchi/Esther van Schagen, *Conformity under the Draft Digital Content Directive: Regulatory Challenges and Gaps-An Introduction*, in: Reiner Schulze/Dirk Staudenmayer/Sebastian Lohsse (eds.), *Contracts for the Supply of Digital Content: Regulatory Challenges and Gaps*, Münster Colloquia on EU Law and the Digital Economy II, Nomos, 2017.

12. Axel Freiherr von dem Bussche, in: Flemming Moos (Hrsg.), *Datenschutz-und Datennutzung*, 3. Aufl., ottoschmidt, 2021.

13. Axel Metzger, "Dienst gegen Daten: Ein synallagmatischer Vertrag", *AcP*, 2016, Vol. 216, Issue 6.

14. Axel Metzger, "Verträge über digitale Inhalte und digitale Dienstleistungen: Neuer BGB-Vertragstypus oder punktuelle Reform?", *JZ*, 2019, Heft 12.

15. Beata A. Safari, "Intangible Privacy Rights: How Europe's GDPR Will Set a New Global Standard for Personal Data Protection", *Seton Hall Law Review*, 2017, Vol. 47, Issue 3.

16. Boris P. Paal/Daniel A. Paul (Hrsg.), *Datenschutz-Grundverordnung Bundesdatenschutzgesetz (DS-GVO BDSG)*, C.H.Beck,

3. Aufl. 2021.

17. Brigitta Zöchling-Jud, *Vertragsmäßigkeit von Waren und digitalen Inhalten-(rechtzeitige) Bereitstellung digitaler Inhalte*, in: Markus Artz/Beate Gsell (Hrsg.), *Verbrauchervertragsrecht und digitaler Binnenmarkt*, Mohr Siebeck, 2018.

18. Bruce G. Carruthers/Naomi R. Lamoreaux, "Regulatory Races: The Effects of Jurisdictional Competition on Regulatory Standards", *Journal of Economic Literature*, 54(1), 2016.

19. Charlotte Wendland, "Abtretungen und Verbraucherschutz unter der Rom I-Verordnunginhalt", *ZvglRWiss*, 2019, Heft 4.

20. Christian Twigg-Flesner, *Disruptive Technology-Disrupted Law? How the Digital Revolution Affects (Contract) Law*, in: Alberto De Franceschi (ed.), *European Contract Law and the Digital Single Market: The Implications of the Digital Revolution*, Intersentia, 2016.

21. Christiane Wendehorst, "Die Digitalisierung und das BGB", *NJW*, 2016, Heft 36.

22. Christiane Wendehorst, *Sale of goods and supply of digital content-two worlds apart? Why the law on sale of goods need to respond better to the challenges of the digital age?*, In-depth analysis, Directorate General for Internal Policies, Policy Department C: Citizens' Rights and Constitutional Affairs, Legal Affairs, PE 556 928, 2016.

23. Christiane Wendehorst, "Die neuen kaufrechtlichen Gewährleistungsregelungen-ein Schritt in Richtung unserer digitalen

Realität", *JZ*, 2021, Heft 20.

24. Clayton M. Christensen, "The Innovator's Dilemma: When New Technologies Causes Great Firms to Fail", *Harvard Business School Press*, 1997.

25. Daniel Rücker/Tobias Kugler, *New European General Data Protection Regulation, A Practitioner's Guide, Ensuring Compliant Corporate Practice*, C.H.Beck, 2018.

26. Daniel W. Drezner, "Globalization, Harmonization, and Competition: The Different Pathways to Policy Convergence", *Journal of European Public Policy*, 12, 2005.

27. David G. Post, "How the Internet is making jurisdiction sexy (again)", *International Journal of Law and Information Technology*, 2017, Vol. 25.

28. David Vogel, "Trading Up and Governing Across: Transnational Governance and Environmental Protection", *Journal of European Public Policy*, 4, 1997.

29. Dirk Looschelders, *Schuldrecht Allgemeiner Teil,* 11. Aufl., Verlag Franz Vahlen München, 2013.

30. Dirk Looschelders/Dirk Olzen/Schiemann Gottfried, *Staudingers Kommentar BGB §§241-243*, §241, De Gruyter, 2019.

31. Dirk Staudenmayer, "Die Richtlinien zu den digitalen Verträgen", *ZEuP*, 2019, Heft 4.

32. Edwin Peel/Treitel, *The Law of Contract*, 14th ed., Sweet & Maxwell, 2015.

33. Ernst Rabel, *Das Recht des Warenkaufs, Eine rechtsverglei-*

chende Darstellung, 2. Band, Tübingen-Berlin, 1958.

34. EuGH, "Ungültigkeit der Safe-Harbor-Entscheidung der EU betreffend die USA", *NJW*, 2015, Heft 43.

35. EuGH, "Übermittlung personenbezogener Daten von Facebook Ireland in die USA-Schrems II", *NJW*, 2020, Heft 36.

36. EuGH, "EU-US-Datenschutzschild ungültig-Schrems II", *MMR*, 2020, Heft 9.

37. EuGH, "Datenschutzrecht: Übermittlung personenbezogener Daten von Facebook Ireland in die USA-Privacy Shield", *EuZW*, 2020, Heft 21.

38. Evgeny Morozov, *Digital Intermediation of Everything: At the Intersection of Politics, Technology and Finance*, Council of Europe, 4th Council of Europe Platform Exchange on Culture and Digitisation, Karlsruhe, 2017.

39. Florencia Marotta-Wurgler, "Self-Regulation and Competition in Privacy Policies", *The Journal of Legal Studies*, 45 (2), 2016.

40. Florian Faust, *Digitale Wirtschaft-Analoges Recht: Braucht das BGB ein Update ? Gutachten A zum 71. Deutschen Juristentag*, in: Ständigen Deputation des Deutschen Juristentages (Hrsg.), *Verhandlungen des 71. Deutschen Juristentages Essen 2016, Band I Gutachten*, C.H.Beck, 2016.

41. Francesca Casalini/Javier López González, *Trade and Cross-Border Data Flows*, OECD Trade Policy Papers, No. 220, 23. 01. 2019, OECD Publishing, Paris.

42. Frank Rosenkranz, "Spezifische Vorschriften zu Verträgen

über die Bereitstellung digitaler Produkte im BGB", *ZUM*, 2021, Heft 2.

43. Franzika Boehm, "Herausforderungen von Cloud Computing-Verträgen: Vertragstypische Einordnung, Haftung und Eigentum an Daten", *ZEuP*, 2016, Heft 2.

44. Friedrich Graf von Westphalen, *Contracts with Big Data: The End of the Traditional Contract Concept?*, in: Sebastian Lohsse/Reiner Schulze/Dirk Staudenmayer (eds.), *Trading Data in the Digital Economy: Legal Concepts and Tools*, Münster Colloquia on EU Law and the Digital Economy III, Nomos, 2017.

45. Gerald Spindler, "Verträge über digitale Inhalte-Haftung, Gewährleistung und Portabilität-Vorschlag der EU-Kommission zu einer Richtlinie über Verträge zur Bereitstellung digitaler Inhalte", *MMR*, 2016, Heft 4.

46. Gerald Spindler, "Digital Wirtschaft-analoges Rechts: Braucht das BGB ein Update?", *JZ*, 2016, Heft 17.

47. Gerald Spindler, "Umsetzung der Richtlinie über digitale Inhalt in das BGB, Schwerpunkt 1: Anwendungsbereich und Mangelbegriff", *MMR*, 2021, Heft 6.

48. Gerhard Wagner/Reinhard Zimmermann, "Vorwort: Sondertagung der Zivilrechtslehrervereinigung zum Vorschlag für ein Common European Sales Law", *AcP*, 2012, Heft 4-5.

49. Hans Brox/Wolf-Dietrich Walker, *Allgemeines Schuldrecht*, C.H.Beck, 47. Auflage, 2023.

50. Hein Kötz, *Europäisches Vertragsrecht*, Mohr Siebeck, 2.

Aufl., 2015.

51. Hilke Herrchen, "Die Transformation des deustchen Privatrechts", *NJW*, 2022, Heft 43.

52. Horst Eidenmüller/Nils Jansen/Eva-Maria Kieninger/Gerhard Wagner/Reinhard Zimmermann, "Der Vorschlag für eine Verordnung über ein Gemeinsames Europäisches Kaufrecht-Defizite der neuesten Textstufe des europäischen Vertragsrechts", *JZ*, 2012, Heft 6.

53. Ian Manners, "Normative Power in Europe: A Contradiction in Terms?", *Journal of Common Market Studies*, 40(2), 2002.

54. Ian Manners, "The European Union as a Normative Power: A Response to Thomas Diez", *Journal of International Studies*, 35(1) Millennium, 2006.

55. Ian Manners, "The Normative Ethics of the European Union", *International Affairs*, 84(1), 2008.

56. Ira Rubinstein, "Big Data: The End of Privacy or a New Beginning?", *International Data Privacy Law*, 2013, Vol. 3, No. 2.

57. Ivo Bach, "Neue Richtlinien zum Verbrauchsgüterkauf und zu Verbraucherverträgen über digitale Inhalte", *NJW*, 2019, Heft 24.

58. Jan Albrecht Philipp, "Die EU-Datenschutzgrundverordnung rettet die informationelle Selbstbestimmung!-Ein Zwischenruf für einen einheitlichen Datenschutz durch die EU", *ZD*, 2013, Heft 12.

59. Janja Hojnik, "Technology neutral EU law: digital goods within the traditional goods/service distinction", *International Jour-

nal of Law and Information Technology, 2017, Vol. 25, No. 1.

60. Kai-Uwe Plath (Hrsg.), *Kommentar zu DSGVO, BDSG und TTDSG*, ottoschmidt, 4. Aufl., 2023.

61. Katharina Holzinger/Thomas Sommerer, " 'Race to the Bottom' or 'Race to Brussels'? Environmental Competition in Europe", *Journal of Common Market Studies*, 49(2), 2011.

62. Klaus Tonner/Christoph Brömmelmeyer, *Schuldrecht Besonderer Teil: Vertragliche Schuldverhältnisse*, Nomos, 5. Auflage, 2022.

63. Kristina Schreiber, "EU-U.S.-Privacy Shield ungültig, Standardvertragsklauseln zu prüfen", *GRUR-Prax*, 2020, Heft 16-17.

64. Kristina Schreiber, "Ein neues Vertragsrecht für digitale Produkte", *MMR*, 2021, Heft 8.

65. Laura Somaini, "Regualting the Dynamic Concept of Non-Personal Data in the EU: From Ownership to Portability", *European Data Protection Law Review*, 2020, Vol. 6, Issue 1.

66. Lea Katharina Kumkar, "Herausforderungen eines Gewährleistungsrechts im digitalen Zeitalter", *ZfPW*, 2020, Heft 3.

67. LIN Liwen, "Legal Transplants through Private Contracting: Codes of Vendor Conduct in Global Supply Chains as an Example", *The American Journal of Comparative Law*, 57(3), 2009.

68. Louisa Specht, "Daten als Gegenleistung-Verlangt die Digitalisierung nach einem neuen Vertragstypus? ", *JZ*, 2017, Heft 15-16.

69. Luiz Costa, "Privacy and the Precautionary Principle", *Computer Law and Security Review*, 2012, Vol. 28.

70. Madalena Narciso, "'Gratuitous' Digital Content Contracts in EU Consumer Law", *EuCML*, 2017, Heft 5.

71. Magda Wicker, "Vertragstypologische Einordnung von Cloud Computing-Verträgen-Rechtliche Lösungen bei auftretenden Mängeln", *MMR*, 2012, Heft 12.

72. Magda Wicker, "Haftet der Cloud-Anbieter für Schäden beim Cloud-Nutzer?-Relevante Haftungsfragen in der Cloud", *MMR*, 2014, Heft 11.

73. Manfred Wolf/Walter F. Lindacher/Thomas Pfeiffer, *AGB-Recht Kommentar*, 7. Auflage, C.H. Beck München, 2020.

74. Marc L. Holtorf, "Cloud Computing-Ein Überblick (Teil 1)", *MPR*, Heft 2, 2013.

75. Marco Loos, *Machine-to-Machine Contracting in the Age of Internet of Things*, in: Reiner Schulze/Dirk Staudenmayer/Sebastian Lohsse (eds.), *Contracts for the Supply of Digital Content: Regulatory Challenges and Gaps*, Münster Colloquia on EU Law and the Digital Economy II, Nomos, 2017.

76. Markus Lang, in: Flemming Moos (ed.), *Datenschutz und Datennutzung*, ottoschmidt, 2021.

77. Martin Eßer/Philipp Kramer/Kai von Lewinski, *Auernhammer DSGVO BDSG Datenschutz-Grundverordnung, Bundesdatenschutzgesetz und Nebengesetze Kommentar*, Carl Heymanns Verlag, 2017.

78. Michael Denga, "Gemengelage privaten Datenrechts", *NJW*, 2018, Heft 19.

79. Michael Grünberger, "Verträge über digitale Güter", *AcP*, 2018, Heft 2-4.

80. Michael Stürner, "Verträge über digitale Produkte: die neuen §§327-327u BGB, Teil 1: Grundlagen und vertragliche Pflichten", *Juristische Ausbildung*, 2022, Vol. 44, Issue 1.

81. N. Helberger/M. B. M Loos/Lucie Guibault/Chantal Mak/ Lodewijk Pessers, "Digital Content Contracts for Consumer", *Journal of Consumer Policy*, 2013.

82. Nadezhda Purtova, "The Law of Everything. Broad Concept of Personal Data and Future of EU Data Protection Law", *Law, Innovation and Technology*, 10(1), 2018.

83. Nick Szabo, *Smart Contracts: Building Blocks for Digital Markets*, 1996.

84. Nikolas Guggenberger, *The Potential of Blockchain Technology for the Conclusion of Contracts*, in: Reiner Schulze/Dirk Staudenmayer/Sebastian Lohsse (eds.), *Contracts for the Supply of Digital Content: Regulatory Challenges and Gaps*, Münster Colloquia on EU Law and the Digital Economy II, Nomos, 2017.

85. Nikolaus Forgo/Brigitta Zöchling-Jud, *Zivilrecht Das Vertragsrecht des ABGB auf dem Prüfstand-Das Vertragsrecht des ABGB auf dem Prüfstand: Überlegungen im digitalen Zeitalter*, Verhandlungen des 20. Österreichischen Juristentages, Manz Verlag Wien, 2018.

86. OECD, *Policy Issues in Data Protection and Privacy*, in: OECD Informatics Studies, No. 10, OECD, 1974.

87. OECD, *Guidelines Governing the Protection of Privacy and the Transborder Flows of Personal Data*, 23.09.1980.

88. OECD, *Transborder Data Flow Contracts in the Wider Framework of Mechanisms for Privacy Protection on Global Networks*, OECD Digital Economy Papers No. 66, 21.09.2000, OECD Publishing, Paris.

89. OECD, *Mapping Approaches to Data and Data Flows, Report for the G20 Digital Economy Task Force*, Saudi Arabia, 2020.

90. Oliver Hart/John Moore, "Incomplete Contracts and Renegotiation", *Econometrica*, 1988, Vol. 56, No. 4.

91. Oliver Hart/John Moore, "Foundations of Incomplete Contracts", *The Review of Economic Studies*, 1 January 1999, Vol. 66, Issue 1.

92. Orla Lynskey, From Market-Making Tool to Fundamental Right: The Role of the Court of Justice in Data Protection's Identity Crisis, in: Serge Gutwirth/Ronald Leenes/Paul de Hert/Yves Poullet (ed.), *European Data Protection: Coming of Age*, Springer, 2013.

93. Orla Lynskey, *The Foundations of EU Data Protection Law*, Oxford Studies in European Law, Oxford University Press, 2015.

94. Paul De Hert/Serge Gutwirth, *Data Protection in the Case Law of Strasbourg and Luxemburg: Constitutionalisation in Action*, in: Serge Gutwirth/Yves Poullet/Paul De Hert/Cécile de Terwangne/ Sjaak Nouwt (ed.), *Reinventing Data Protection?*, Springer, 2009.

95. Paul Voigt/Axel von dem Bussche, *The EU General Data Protection Regulation (GDPR), A Practical Guide*, Springer Interna-

tional Publishing AG, 2017.

96. Peter H. Klickermann, "Die Privilegierung des Lösungs-rechts, Das Recht auf Vergessenwerden im Fokus der beruflichen Tätigkeit", *MMR*, 2018, Heft 04.

97. Peter Swire/Yianni Lagos, "Why the Right to Data Porta-bility Likely Reduces Consumer Welfare: Antitrust and Privacy Cri-tique", *Maryland Law Review*, 2013, Vol. 72.

98. Philipp C. Räthcr/Nicolai Seitz, "Ausnahmen bei Daten-transfer in Drittstaaten-Die beiden Ausnahmen nach §4c Abs. 2 BDSG: Vertragslösung und Code of Conduct", *MMR*, 2002, Heft 8.

99. Pierluigi Cuccuru, "Beyond bitcon: an early overview on smart contracts", *International Journal of Law and Technology*, 2017, Vol. 25, Issue 3.

100. Reiner Schulze, *Supply of Digital Content: A New Chal-lenge for European Contract Law*, in: Alberto De Franceschi (ed.), *European Contract Law and the Digital Single Market, The Implica-tions of the Digital Revolution*, intersentia, 2016.

101. Reiner Schulze, "Die Digitale-Inhalt-Richtlinie-Innovation und Kontinuität im europäischen Vertragsrecht", *ZEuP*, 2019, Heft 4.

102. Rodolfo Sacco, "Legal Formants: A Dynamic Approach to Comparative Law (Installment I of II)", *The American Journal of Com-parative Law*, 39(1), 1991.

103. Rodolfo Sacco, "Legal Formants: A Dynamic Approach to Comparative Law (Installment II of II)", *The American Journal of Comparative Law*, 39(2), 1991.

104. Rolf H. Weber, "Liability in the Internet of Things", *EuC-ML*, 2017, Heft 5.

105. Ron Davies, *Cloud Computing: An overview of economic and policy issues*, Europran Parliamentary Research Service (EPRS), Member's Research Service, 2016, PE 583.786.

106. Ruth Janal/Jonathan Jung, "Spezialregelung für Verträge über digital Inhalte in Theorie und Praxis", *VuR*, 2017, Heft 9.

107. Sascha Stiegler, "Indizwirkung der §§327 ff. BGB für den unternehmerischen Geschäftsverkehr?", *MMR*, 2021, Heft 10.

108. Sebastian Martens, *Schuldrechtsdigitalisierung, Einführung in die Änderungen des Kauf- und Verbraucherrechts, insbesondere in die Regelungen der Verträge über digitale Produkte (§§327ff. BGB)*, C.H. Beck, 2022.

109. Spiros Simitis, in Spiros Simitis (Hrsg.), *Bundesdaten-schutzgesetz*, Nomos, 2011.

110. Stefan Hessel, "Der neue Angemessenheitsbeschluss für Datenübermittlungen in die USA", *NJW*, 2023, Heft 41.

111. Stefan Grundmann, "Kosten und Nutzen eines optionales Europäischen Kaufrecht", *AcP*, 2012, Heft 4-5.

112. Stojan Arnerstål, "Licensing digital content in a sale of goods context", *Journal of Intellectual Property Law & Practice*, 2015, Vol. 10, Issue 10.

113. Tal Z. Zarsky, "Incompatible: The GDPR in the Age of Big Data", *Seton Hall Law Review*, 2017, Vol. 47, Issue 4.

114. Thomas H. Fischer/Roland Steidle, "Brauchen wir neue

EG-Standardvertragsklauseln für das 'Global Outsourcing'?", *CR*, 2009, Vol. 25, Issue 10.

115. Thomas Zerdick, in: Eugen Ehmann/Martin Selmayer (Hrsg.), *Datenschutz-Grundordnung Kommentar*, C.H.Beck, 2018.

116. Tomaso Ferrando, "Private Legal Transplant: Multinational Enterprises as Proxies of Legal Homogenisation", *Transnational Legal Theory*, 5(1) , 2014.

117. United Nations Conference on Trade and Development, *Digital Economy Report 2021-Cross-border Data Flows and Development: For Whom the Data Flow*, United Nations Publications, 2021.

118. Vanessa Mak, *The new proposal for harmonized rules on certain aspects concerning contracts for the supply of digital content*, In-depth analysis, Directorate General for Internal Policies, Policy Department C: Citizens' Rights and Constitutional Affairs, Legal Affairs, PE 536 494, 2016.

119. Werbach Kevin/Cornell Nicolas, "Contracts Ex Machina", *Duke Law Journal*, 2017, Vol. 67.

120. Winfried Veil, in: Gierschmann/Schlender/Stentzel/Veil (Hrsg.), *Kommentar Datenschutz-Grundverordnung*, Bundesanzeiger Verlag, 2018.

附录三
欧盟政策法律文件汇总

1. Agreement on the European Economic Area-Final Act-Joint Declarations-Declarations by the Governments of the Member States of the Community and the EFTA States-Arrangements-Agreed Minutes-Declarations by one or several of the Contracting Parties of the Agreement on the European Economic Area, OJ L 1, 3.1.1994, pp. 3-36.

2. ASEAN/European Commission, Joint Guide to ASEAN Model Contractual Clauses and EU Standard Contractual Clauses, 24.05.2023.

3. Commission Staff Working Document, On the free flow of data and emerging issues of the European data economy, Accompanying the document Communication Building a European data economy, 10.01.2017, SWD (2017) 2 final.

4. Council Directive 93/83/EEC of 27 September 1993 on the coordination of certain rules concerning copyright and rights related to copyright applicable to satellite broadcasting and cable retransmission, OJ L 248, 06.10.1993, pp. 15-21.

5. Council of Europe, Convention for the protection of human rights and fundamental freedoms, 04.11.1950; Council of Europe,

Parliamentary Assembly Recommendation 509, Human rights and modern scientific and technological developments, 31.01.1968.

6. Council of Europe, Committee of Ministers, Resolution (73) 22 on the protection of the privacy of individuals vis-à-vis electronic data banks in the private sectors, 26.09.1973.

7. Council of Europe, Committee of Ministers, Resolution (74) 29 on the protection of the privacy of individuals vis-à-vis electronic data banks in the public sector, 20.09.1974.

8. Council of Europe, Convention for the protection of individuals with regard to automatic processing of personal data, ETS No 108, 28.01.1981.

9. Document 52014AP0159, P7_TA(2014)0159 Common European Sales Law ***I European Parliament legislative Resolution of 26 February 2014 on the Proposal for a Regulation of the European Parliament and of the Council on a Common European Sales Law (COM(2011)0635 - C7-0329/2011 - 2011/0284(COD))P7_TC1-COD(2011)0284 Position of the European Parliament Adopted at First Reading on 26 February 2014 with a View to the Adoption of Regulation (EU) No .../2014 of the European Parliament and of the Council on a Common European Sales Law, OJ C 285, 29.08.2017, pp. 638-724.

10. Directive 95/46/EC of the European Parliament and of the Council of 24 October 1995 on the protection of individuals with regard to the processing of personal data and on the free movement of such data, OJ L 281, 23.11.1995, pp. 31-50.

11. Directive 97/66/EC of the European Parliament and of the Council of 15 December 1997 concerning the processing of personal data and the protection of privacy in the telecommunications sector, OJ L 24, 30.1.1998, pp. 1-8.

12. Directive 1999/44/EC of the European Parliament and of the Council of 25 May 1999 on Certain Aspects of the Sale of Consumer Goods and Associated Guarantees, OJ L 171, 07.07.1999, pp. 12-16.

13. Directive 2000/31/EC of the European Parliament and of the Council of 8 June 2000 on certain legal aspects of information society services, in particular electronic commerce, in the Internal Market, OJ L 178, 17.07.2000, pp. 1-16.

14. Directive 2002/58/EC of the European Parliament and of the Council of 12 July 2002 concerning the processing of personal data and the protection of privacy in the electronic communications sector (Directive on privacy and electronic communications), OJ L 201, 31.7.2002, pp. 37-47.

15. Directive 2003/98/EC of the European Parliament and of the Council of 17 November 2003 on the re-use of public sector information, OJ L 345, 31.12.2003, p. 90.

16. Directive 2009/136/EC of the European Parliament and of the Council of 25 November 2009 amending Directive 2002/22/EC on universal service and users' rights relating to electronic communications networks and services, Directive 2002/58/EC concerning the processing of personal data and the protection of privacy in the elec-

tronic communications sector and Regulation (EC) No 2006/2004 on cooperation between national authorities responsible for the enforcement of consumer protection laws (Text with EEA relevance), OJ L 337, 18.12.2009, pp. 11-36.

17. Directive 2011/83/EU of the European Parliament and of the Council of 25 October 2011 on consumer rights, amending Council Directive 93/13/EEC and Directive 1999/44/EC of the European Parliament and of the Council and repealing Council Directive 85/577/EEC and Directive 97/7/EC of the European Parliament and of the Council, OJ L 304, 22.11.2011, pp. 64-88.

18. Directive (EU) 2016/680 of the European Parliament and of the Council of 27 April 2016 on the protection of natural persons with regard to the processing of personal data by competent authorities for the purposes of the prevention, investigation, detection or prosecution of criminal offences or the execution of criminal penalties, and on the free movement of such data, and repealing Council Framework Decision 2008/977/JHA, OJ L 119, 04.05.2016, pp. 89-131.

19. Directive (EU) 2019/770 of the European Parliament and of the Council of 20 May 2019 on Certain Aspects Concerning Contracts for the Supply of Digital Content and Digital Services, OJ L 136, 22.05.2019, pp. 1-27.

20. Directive (EU) 2019/771 of the European Parliament and of the Council of 20 May 2019 on Certain Aspects Concerning Contracts for the Sale of Goods, Amending Regulation (EU) 2017/2394 and Directive 2009/22/EC, and Repealing Directive 1999/44/EC, OJ

L 136, 22.05.2019, pp. 29-50.

21. European Commission, Communication to the Council on a community data-processing policy SEC (73) 4300 final, 21.11.1973.

22. European Commission, Commission Recommendation of 29 July 1981 relating to the Council of Europe Convention for the protection of individuals with regard to automatic processing of personal data, OJ L 246, 29.08.1981, p. 31.

23. European Commission, Proposal for a Council Directive concerning the protection of individuals in relation to the processing of personal data〔1990〕OJ C 277, 05.11.1990.

24. European Commission, Working Party on the Protection of Individuals with regard to the Processing of Personal Data, Transfers of personal data to third countries: Applying Articles 25 and 26 of the EU data protection directive, DG XV D/5025/98, WP 12, 24.07.1998, p. 18.

25. European Commission, Commission Decision of 26 July 2000 pursuant to Directive 95/46/EC of the European Parliament and of the Council on the adequacy of the protection provided by the safe harbour privacy principles and related frequently asked questions issued by the US Department of Commerce, OJ L 215, 25.08.2000, pp. 7-47.

26. European Commission, Commission Decision of 15 June 2001 on standard contractual clauses for the transfer of personal data to third countries, under Directive 95/46/EC, OJ L 181, 04.07.2001, pp. 19-31.

27. European Commission, Commission Decision of 30 June 2003 Pursuant to Directive 95/46/EC of the European Parliament and of the Council on the Adequate Protection of Personal Data in Argentina, 2003/490/EC, OJ L 168, 05.07.2003, pp. 19-22.

28. European Commission, Commission Decision of 27 December 2004 amending Decision 2001/497/EC as regards the introduction of an alternative set of standard contractual clauses for the transfer of personal data to third countries, OJ L 385, 29.12.2004, pp. 74-84.

29. European Commission, Commission Decision of 5 February 2010 on standard contractual clauses for the transfer of personal data to processors established in third countries under Directive 95/46/EC of the European Parliament and of the Council, OJ L 39, 12.02.2010, pp. 5-18.

30. European Commission, A Comprehensive Approach on Personal Data Protection in the European Union, COM(2010) 609 final, 04.11.2010.

31. European Commission, Proposal for a Regulation of the European Parliament and of the Council on a Common European Sales Law, 11.10.2011, COM(2011) 635 final, 2011/0284 (COD).

32. European Commission, Safeguarding Privacy in a Connected World-A European Data Protection Framework for the 21st Century, COM(2012) 9 final, 25.01.2012.

33. European Commission, Commission Staff Working Paper, Impact Assessment, Brussels, 25.1.2012 SEC(2012) 72 final.

34. European Commission, Commission Implementing Decision of 21 August 2012 Pursuant to Directive 95/46/EC of the European Parliament and of the Council on the Adequate Protection of Personal Data by the Eastern Republic of Uruguay with regard to Automated Processing of Personal Data, 2012/484/EU, OJ L 227, 23.08.2012, pp. 11-14.

35. European Commission, Proposal for a Directive of the European Parliament and of the Council concerning measures to ensure a high common level of network and information security across the Union, 07.02.2013, COM (2013) 48 final.

36. European Commission, Rebuilding Trust in EU-US Data Flows, COM(2013) 846 final, 27.11.2013.

37. European Commission, Communication from the Commission to the European Parliament, the Council, the European Economic and Social Committee and the Committee of the Regions Commission Work programme 2015-A New Start, COM(2014) 910 final, 16.12.2014.

38. European Commission, Communication from the Commission to the European Parliament, the Council, the European Economic and Social Committee and the Committee of the Regions, A Digital Single Market Strategy for Europe, COM(2015) 192 final, 06.05.2015.

39. European Commission, Proposal for a Directive of the European Parliament and of the Council on Certain Aspects Concerning Contracts for the Supply of Digital Content, 09.12.2015, COM(2015)

634 final, 2015/0287 (COD).

40. European Commission, Proposal for a Directive of the European Parliament and of the Council on Certain Aspects Concerning Contracts for the Online and Other Distance Sales of Goods, 09.12.2015, COM(2015) 635 final, 2015/0288 (COD).

41. European Commission, Transatlantic Data Flows: Restoring Trust through Strong Safeguards, COM(2016) 117 final, 29.02.2016.

42. European Commission, Commission Implementing Decision (EU) 2016/1250 of 12 July 2016 pursuant to Directive 95/46/EC of the European Parliament and of the Council on the adequacy of the protection provided by the EU-U.S. Privacy Shield, OJ L 207, 01.08.2016, pp. 1-112.

43. European Commission, Commission Implementing Decision (EU) 2016/2297 of 16 December 2016 amending Decisions 2001/497/EC and 2010/87/EU on standard contractual clauses for the transfer of personal data to third countries and to processors established in such countries, under Directive 95/46/EC of the European Parliament and of the Council, OJ L 344, 17.12.2016, pp. 100-101.

44. European Commission, Exchanging and Protecting Personal Data in a Globalised World, COM(2017) 7 final, 10.01.2017.

45. European Commission, Proposal for a Regulation of the European Parliament and of the Council concerning the respect for private life and the protection of personal data in electronic communications and repealing Directive 2002/58/EC (Regulation on Privacy

and Electronic Communications), 10.01.2017, COM (2017) 10 final.

46. European Commission, Proposal for a Regulation of the European Parliament and of the Council on a framework for the free flow of non-personal data in the European Union, 13.09.2017, COM (2017) 495 final.

47. European Commission, Amended Proposal for a Directive of the European Parliament and of the Council on certain aspects concerning contracts for the sale of goods, amending Regulation (EC) No 2006/2004 of the European Parliament and of the Council and Directive 2009/22/EC of the European Parliament and of the Council and repealing Directive 1999/44/EC of the European Parliament and of the Council, COM (2017) 637 final, 31.10.2017.

48. European Commission, Stronger Protection, New Opportunities-Commission Guidance on the Direct Application of the General Data Protection Regulation as of 25 May 2018, COM(2018) 43 final, 24.01.2018.

49. European Commission, Communication from the Commission to the European Parliament, the Council, the European Economic and Social Committee and the Committee of the Regions "Towards a common European data space", 25.4.2018, COM/2018/232 final.

50. European Commission, Commission Recommendation (EU) 2018/790 of 25 April 2018 on access to and preservation of scientific information, OJ L 134, 31.04.2018, pp. 12-18.

51. European Commission, Proposal for a Regulation of the European Parliament and of the Council establishing the European Cy-

bersecurity Industrial, Technology and Research Competence Centre and the Network of National Coordination Centres A contribution from the European Commission to the Leaders' meeting in Salzburg on 19-20 September 2018, COM(2018) 630 final, 12.09.2018.

52. European Commission, Implementing Decision (EU) 2019/419 of 23 January 2019 pursuant to Regulation (EU) 2016/679 of the European Parliament and of the Council on the adequate protection of personal data by Japan under the Act on the Protection of Personal Information, C(2019) 304, OJ L 76, 19.03.2019, p. 1-58.

53. European Commission, European Commission Cloud Strategy-Cloud as an enabler for the European Commission Digital Strategy, 16.05.2019.

54. European Commission, Data Protection Rules as a Trust-enabler in the EU and Beyond-Taking Stock, COM(2019) 374 final, 24.07.2019.

55. European Commission, White Paper on Artificial Intelligence-A European Approach to Excellence and Trust, COM(2020) 65 final, 19.02.2020.

56. European Commission, A European Strategy for Data, COM(2020) 66 final, 19.02.2020.

57. European Commission, Shaping Europe's Digital Future, COM(2020) 67 final, 19.02.2020.

58. European Commission, Data Protection as a Pillar of Citizens' Empowerment and the EU's Approach to the Digital Transition-Two Years of Application of the General Data Protection Regu-

lation, COM(2020) 264 final, 26.06.2020.

59. European Commission, Proposal for a Regulation of the European Parliament and of the Council on a Single Market For Digital Services (Digital Services Act) and amending Directive 2000/31/EC, COM(2020) 825 final, 15.12.2020.

60. European Commission, Proposal for a Regulation of the European Parliament and of the Council on contestable and fair markets in the digital sector (Digital Markets Act), COM(2020) 842 final, 15.12.2020.

61. European Commission, 2030 Digital Compass: the European Way for the Digital Decade, COM(2021) 118 final, 09.03.2021.

62. European Commission, Proposal for a Regulation of the European Parliament and of the Council laying down harmonised rules on Artificial Intelligence (Artificial Intelligence Act) and amending certain Union legislative acts, COM(2021) 206 final, 21.04.2021.

63. European Commission, Commission Implementing Decision (EU) 2021/914 of 4 June 2021 on standard contractual clauses for the transfer of personal data to third countries pursuant to Regulation (EU) 2016/679 of the European Parliament and of the Council, OJ L 199, 07.06.2021, pp. 31-61.

64. European Commission, An EU Strategy on Standardisation Setting Global Standards in Support of a Resilient, Green and Digital EU Single Market, COM(2022) 31 final, 02.02.2022.

65. European Commission, Commission Implementing Decision (EU) 2022/254 of 17 December 2021 pursuant to Regulation

(EU) 2016/679 of the European Parliament and of the Council on the adequate protection of personal data by the Republic of Korea under the Personal Information Protection Act, C(2021) 9316, OJ L 44, 24.02.2022, pp. 1-90.

66. European Commission, Proposal for a Regulation of the European Parliament and of the Council on Harmonised Rules on Fair Access to and Use of Data (Data Act), COM(2022) 68 final, 2022/0047(COD), 28.02.2022.

67. European Commission, Regulation (EU) 2022/2065 of the European Parliament and of the Council of 19 October 2022 on a Single Market For Digital Services and amending Directive 2000/31/EC (Digital Services Act), OJ L 277, 27.10.2022, p. 1-102.

68. European Commission, Commission Implementing Decision of 10.7.2023 pursuant to Regualtion (EU) 2016/679 of the European Parliament and of the Council on the adequate level of protection of personal data under the EU-US Data Privacy Framework, Brussels, 10.07.2023, C(2023) 4745 final.

69. European Data Protection Board, Recommendations 01/2020 on measures that supplement transfer tools to ensure compliance with the EU level of protection of personal data, Version 2.0, 18.06.2021.

70. European Economic Area, Decision of the EEA Joint Committee No 154/2018 of 6 July 2018 amending Annex XI (Electronic communication, audiovisual services and information society) and Protocol 37 (containing the list provided for in Article 101) to the

EEA Agreement ［2018/1022］, OJ L 183/23, 19.07.2018.

71. European Parliament, Resolution on the protection of the rights of the individual in the face of developing technical progress in the field of automatic data processing, OJ C 60/48, 13.03.1975.

72. European Parliament, Resolution on the protection of the rights of the individual in the face of developing technical progress in the field of automatic data processing, OJ C 100/27, 03.05.1976.

73. European Parliament, Resolution on the protection of the rights of the individual in connection in the face of technical developments in data processing, OJ C 140/34, 05.06.1979.

74. Europäisches Parlament, Legislative Entschließung v. 26.2.2014, ABl. 2017 C 285, 635, 650.

75. European Parliament, Policy Department for Economic, Scientific and Quality of Life Policies, Kristina Irion, Public Security Eception in the Area of Non-personal Data in the European Union, PE 618.986, April 2018.

76. Regulation (EC) No 2006/2004 of the European Parliament and of the Council of 27 October 2004 on cooperation between national authorities responsible for the enforcement of consumer protection laws, OJ L 364, 09.12.2004, pp. 1-11.

77. Regulation (EU) No 2016/679 of the European Parliament and of the Council of 27 April 2016 on the protection of natural persons with regard to the processing of personal data and on the free movement of such data, and repealing Directive 95/46/EC (General Data Protection Regulation), OJ L 119, 4.5.2016, pp. 1-88.

78. Regulation (EU) 2018/1807 of the European Parliament and of the Council of 14 November 2018 on a Framework for the Free Flow of Non-personal Data in the European Union, OJ L 303, 28.11.2018, pp. 59-68.

79. Regulation (EU) 2022/2065 of the European Parliament and of the Council of 19 October 2022 on a Single Market for Digital Services and amending Directive 2000/31/EC (Digital Services Act), OJ L 277, 27.10.2022, pp. 1-102.

80. Regulation (EU) 2022/1925 of the European Parliament and of the Council of 14 September 2022 on Contestable and Fair Markets in the Digital Sector and amending Directives (EU) 2019/1937 and (EU) 2020/1828 (Digital Markets Act), OJ L 265, 12.10.2022, pp. 1-66.

附录四
欧盟法院裁判汇总

1. C-101/01, Bodil Lindqvist, 06.11.2003.

2. T-259/03, Nikolaou v. Commission, 12.09.2007.

3. C-275/06, Productores de Música de España (Promusicae) v. Telefónica de España SAU, 29.01.2008.

4. C-73/07, Satakunnan Markkinaporssi and Satamedia, 16.12.2008.

5. C-553/07, Rijkeboer, College van burgemeester en wethouders van Rotterdam v. M. E. E. Rijkeboer, 07.05.2009.

6. C-28/08, Commission v. Bavarian Lager, 29.06.2010.

7. C-92/09, Volker und Markus Schecke and Eifert, 09.11.2010.

8. C-28/08, Commission v. Bavarian Lager Co., 29.06.2010.

9. C-70/10, Scarlet Extended SA v. Societe Belge des auteurs, compositeurs et dditeurs SCRL (SABAM), 24.11.2011.

10. C-461/10, Bonnier Audio Ab et al. v. Perfect Communication Sweden, 19.04.2012.

11. C-291/12, Schwartz, 17.10.2013.

12. C-131/12, Google Spain and Google, Google Spain SL and Google Inc. v. Agencia Española de Protección de Datos (AEPD) and Mario Costeja González, 13.05.2014.

13. C-230/14, Weltimmo, 01.10.2015.

14. C-362/14, Schrems, Maximillian Schrems v. Data Protection Commissioner, 06.10.2015.

15. C-201/14, Bara and Others, 01.10.2015.

16. C-582/14, Patrick Breyer v. Bundesrepublik Deutschland, 19.10.2016.

17. Avis 1/15, Accord PNR UE-Canada, Opinion of the Court of 26.07.2017.

18. C-25/17, Jehovan todistajat, 10.07.2018.

19. C-345/17, Buivids, 14.02.2019.

20. C-311/18, Facebook Ireland and Schrems, Data Protection Commissioner v. Facebook Ireland Limited and Maximillian Schrems, 16.07.2020.

图书在版编目（CIP）数据

数据交易法：欧盟模式与中国规则 / 金晶著. --北京：中国民主法制出版社, 2023.3

ISBN 978-7-5162-3053-4

Ⅰ . ①数… Ⅱ . ①金… Ⅲ . ①数据管理—科学技术管理法规—研究—中国 Ⅳ . ① D922.174

中国国家版本馆 CIP 数据核字 (2023) 第 005725 号

图书出品人：刘海涛
图书策划：麦　读
责任编辑：逯卫光　靳振国

书名 / **数据交易法：欧盟模式与中国规则**
作者 / 金晶　著

出版·发行 / 中国民主法制出版社
地址 / 北京市丰台区右安门外玉林里 7 号（100069）
电话 /（010）63055259（总编室）63058068　63057714（营销中心）
传真 /（010）63055259
http：//www.npcpub.com
E-mail：mzfz@npcpub.com
经销 / 新华书店
开本 / 32 开　880 毫米 × 1230 毫米
印张 / 12.5　字数 / 268 千字
版本 / 2024 年 5 月第 1 版　2025 年 1 月第 2 次印刷
印刷 / 北京天宇万达印刷有限公司

书号 / ISBN 978-7-5162-3053-4
定价 / 78.00 元
出版声明 / 版权所有，侵权必究